U0451206

中国与世界秩序研究丛书
主　编：杨光斌

# 和谐社会与竞争力：
## 瑞士和奥地利"共识民主"模式及其面临的挑战

唐虹　著

Harmonious Society and Competitiveness:
Model and Challenges of the Swiss and
Austrian "Consensus Democracy"

中国社会科学出版社

## 图书在版编目（CIP）数据

和谐社会与竞争力：瑞士和奥地利"共识民主"模式及其面临的挑战／唐虹著. —北京：中国社会科学出版社，2019.3

（中国与世界秩序研究丛书）

ISBN 978-7-5203-4270-4

Ⅰ.①和… Ⅱ.①唐… Ⅲ.①民主政治—研究—瑞士②民主政治—研究—奥地利 Ⅳ.①D752.221②D752.121

中国版本图书馆 CIP 数据核字（2019）第 060546 号

| | |
|---|---|
| 出 版 人 | 赵剑英 |
| 责任编辑 | 王　茵　马　明 |
| 责任校对 | 周　昊 |
| 责任印制 | 王　超 |

| | |
|---|---|
| 出　　版 | 中国社会科学出版社 |
| 社　　址 | 北京鼓楼西大街甲 158 号 |
| 邮　　编 | 100720 |
| 网　　址 | http://www.csspw.cn |
| 发 行 部 | 010-84083685 |
| 门 市 部 | 010-84029450 |
| 经　　销 | 新华书店及其他书店 |
| 印　　刷 | 北京明恒达印务有限公司 |
| 装　　订 | 廊坊市广阳区广增装订厂 |
| 版　　次 | 2019 年 3 月第 1 版 |
| 印　　次 | 2019 年 3 月第 1 次印刷 |
| 开　　本 | 710×1000　1/16 |
| 印　　张 | 20.5 |
| 插　　页 | 2 |
| 字　　数 | 281 千字 |
| 定　　价 | 85.00 元 |

凡购买中国社会科学出版社图书，如有质量问题请与本社营销中心联系调换
电话：010-84083683
版权所有　侵权必究

# 《中国与世界秩序丛书》编委会

**主　　　编**　杨光斌

**副 主 编**　时殷弘　黄嘉树　陈　岳

**编委会成员**　（以拼音字母为序）

陈　岳　黄大慧　黄嘉树　金灿荣　蒲国良
陈新明　王续添　方长平　王英津　房乐宪
郭春生　许勤华　李庆四　田　野　王义桅
保建云　吴征宇　韩彩珍　宋　伟　蒲　俜
尹继武　李　巍　时殷弘　宋新宁　杨光斌
周淑真

# 《中国与世界秩序研究丛书》总序

## 杨光斌*

人类正经历百年不遇之大变局，世界秩序正处在大变革中。美国不断"退群"、很多国家的无效治理以及以中国为代表的新兴经济体的崛起，正在根本性地改变第二次世界大战以来美国主导的"自由世界秩序"，正在改变着三百年来西方主导的世界体系。

此时此刻，中国关于世界政治的知识存量严重短缺。与中国正在进行的经济结构转型升级相比，中国社会科学知识体系的转型升级甚至更为迫切，只不过文化迟滞性和思想惰性使得这种迫切性被掩蔽了。中国已经发展成为令世界各国刮目相看并倍受尊重的国家，是很多国家包括部分发达国家年轻人的就业目的地，但是很多国人依然在用西方中心主义的知识体系和思想观念来"观照"中国，中国好像处处不符合"标准答案"，然而符合"标准答案"的很多非西方国家又当如何呢？

应该认识到，来自西方中心主义的"标准答案"是一种阶段性历史。改革开放对谁开放？当然是西方发达国家，我们不仅要吸纳西方人的投

---

\* 杨光斌，中国人民大学国际关系学院院长，教育部长江学者特聘教授，中国政治学会副会长。

资,还要学习人家的经济管理和科学技术,乃至思想体系,中国社会科学的知识体系就是在这种背景下形成的。作为社会科学体系中的世界政治学科(过去习惯称国际政治学或国际关系理论),基本上是按照西方尤其是美国的国际关系理论建立起来的,马克思主义的国际关系理论如著名的阶级论、帝国主义论被边缘化,结构现实主义、新自由制度主义、建构主义(简称"三大范式")则无处不在。了解并理解西方知识体系是重要的,否则就不知道别人怎么想怎么说,无从学习,无法和人家对话。但是,一定要认识到,从比较政治学中的现代化和民主化的"转型学范式",到国际关系理论的"三大范式",都是为既定的西方国内政治结构和西方主导的世界秩序而建构起来的,或者说西方国际关系理论以学术范式的形式维护着西方发达国家的国家利益,中国人按照这一套思维方式和方法论去研究中国政治、中国的对外关系,事实上在自觉不自觉地强化着他人的话语权。更重要的是,来自西方知识体系的世界政治学科(包括比较政治学和国际关系理论)乃至整个社会科学的发展,已经严重滞后于中国的大战略需要。

"改革开放已经进入下半程"的判断同样适应于中国的世界政治学科建设。如果说前几十年的改革开放是面对西方,那么现在,中国的大战略有了新动向,那就是"一带一路"倡议和亚投行所代表的中国国家安全战略的新布局。"一带一路"研究已经成为世界政治学科中的显学中的显学,但是我们对"一带一路"沿线国家理解多少呢?在中国世界政治学界,无论是研究非洲问题的还是研究东南亚政治的,出国留学或者进修的目的地基本上都是美国或欧洲,这种现象意味着还是在学习和研究欧美,而不是研究非西方国家,以致于我们的世界政治学科面临着严重的知识短缺。

学界对于印度尼西亚这样的大邻居关怀甚少,对于如此重要的"雅万高铁"为什么迟迟不能开工并没有多少研究。这个大案例意味着,对于印度尼西亚这样的巨型国家，我们的知识尚且如此匮乏，对于非洲国家、南亚次大陆国家、拉丁美洲国家等广大的非西方国家，我们的知识积累也不会好到哪去，而非西方国家已经是中国的战略利益所在。不同于人文哲学学科，世界政治这样的应用型学科必须服务于重大现实战略，这是其学科性质所决定的；反之，其学科发展也是国家战略带动起来的，没有国家战略的需要，就没有动力去发展这些学科，因此知识滞后也属于正常现象。第二次世界大战之后美国比较政治学的兴起以及发展理论的诞生（包括发展经济学、发展政治学和发展社会学），均是由美国战略需要带动起来的。20世纪60年代后，美国年轻学者纷纷走向非洲，进入近邻拉丁美洲，前往亚洲，把自己的理论运用到非西方社会研究，并试图去改造非西方国家。

国家战略需要和学科性质的关系，决定了中国的世界政治学科关注的焦点应该有一个大转身。一方面，"存量"知识依然是重要的，因为欧美依然是中国的战略关键所在。另一方面，中国迫切需要知识"增量"，即对非西方国家的深度研究和深刻理解。正如我们有很多美国、欧洲、日本问题专家一样，中国需要更多的非西方国家的国别问题专家。研究非西方国家不但是一种知识转型，更将是中国世界政治科学的升级。中国是非西方国家的典型，研究历史上的中国对外关系就能强烈地感受到，很多来自西方国家的国际关系理论不适用，比如怎么能用国强必霸的民族国家理论如现实主义理论来诠释一个奉行"天下观"的文明型中国呢？同样，"修昔底德陷阱"针对的是城邦政治和民族国家之间的关系，怎么可以用来分析中国这样的"文明型国家"呢？以研究古巴导弹危机出名的哈佛大学教授格雷厄姆·阿里森（Graham Allison）认为中美之间难逃"修昔底德陷阱"，他对中国文明有多少理解？哈佛教授们只关心美国主导的"自由世界秩序"，对"人类命运共同体"又有多少理解？或者说他们愿意理解吗？理解中国有助于国际关系理论的反思和发展，而研究不同于儒家文明的其他文明的非西方国家,势必会给流行的国际关系理论带来更多的挑战。

因此,中国人民大学国际关系学院组织的《中国与世界秩序研究丛书》,既基于国家安全战略需要的背景,又有学科建设、知识转型升级的知识论考虑。

2018 年 6 月 26 日

于中国人民大学国际关系学院

# 前　言

"共识民主"与盎格鲁—撒克逊式的"多数民主"是两种不同的民主形式，中欧和北欧的一些小国家的"共识民主"模式在20世纪六七十年代达到顶峰，人们看到其突出的优势是一方面坚持市场经济的运作，另一方面捍卫所有社会群体参与决策并实现自身利益诉求的强大民主，市场经济与民主政治之间实现了一种平衡，而且正是由于广泛的社会参与决策，因而推动了福利国家的建设和拓展，而社会保障制度的完善让弱势群体得到了来自"集体"的最有力支持，因此，在"共识民主"模式下，公平和效率之间实现了平衡。[1]

"共识民主"是荷兰政治学家利普哈特（Arend Lijphart）通过荷兰民主的成功运作总结出来的"模式"，它的突出特点是协商、合作与妥协。社会的不同"阵营"——世俗国家或教会，资本或劳动，核心或外围群体——持续地在各个领域寻求共识，特别是在公共政策领域。

而人们同样熟知的"协商"（consociationalism）和"共识"（consensus）事实上是两个概念。前者代表一种政治文化（联合主义），后者表明一个政治体系是如何组织，如何运作的；前者是一个政治社会学概念，后者是政

---

[1] Goesta Esping-Andersen, *Politics Against Markets: The Social Democratic Road to Power*, Princeton, N.J.: Princeton University Press, 1985.

治学的理想模型。前者指在一个被分隔的社会，在政治精英层面上寻求以不同次文化为基础的共识；后者却可能被相对同质化的社会所采用，比如北欧国家。

"共识民主"与"多数民主"是两种可以进行对比的不同类型。主要在两个维度上进行比较："议—行"维度（议会党派如何组建政府，组建成何种类型的政府），即权力在横向上（立法机构议会和行政机构政府之间）的关系如何；"中央—地方"维度，即权力在纵向上如何分配。

在"议—行"维度上，"共识民主"主要有以下几个特点：呈碎片化状态的多党制，比例选举制度以使尽可能多的社会群体的政治代表都有机会脱颖而出，涵盖多党派的大联盟政府，社会利益集团利益诉求的表达和传递呈现"新合作主义"的特征，在此基础上相关"社会伙伴"对短期及长期政策达成一致意见从而推动社会整体利益的实现。① 在"中央—地方"维度上，"共识民主"的主要特点是联邦制、地方分权主义、议会两院制、固定的且修正难度较大的宪法、由宪法法院进行宪法审查。② 应该说，经济合作与发展组织（OECD）国家中的很多欧洲国家，无论是欧洲中部德国以及德国周边的瑞士、奥地利、荷兰、比利时、卢森堡等，还是北欧的瑞典、芬兰、挪威、丹麦、冰岛等，都被视为实行"共识民主"模式的国家。

莱姆布鲁赫（Gerhard Lehmbruch）在对瑞士和奥地利的长期研究中，提出了"比例制民主"概念，主要指在两个国家中政治权力是按照一定比例在政治行为体之间进行分配的，而其中最重要的政治行为体即政党和社会利益集团，尤其是经济利益集团；并且由此进一步引入了"协商式民主"（在政治决策过程中各行为体之间的博弈和讨价还价）和"一致性民主"（协商后各行为体取得"共识"）的概念，来帮助人们认识瑞士和奥地利的

---

① Arend Lijphart, *Patterns of Democracies*, *Government Forms and Performance in Thirty-six Countries*, New Haven, C.T.: Yale University Press, 2012, pp. 31–50.

② Ibid..

民主制度运行方式。①

"共识民主"的相关概念帮助人们更好地认识这些国家民主体制的运作，那就是合作高于冲突和碰撞，妥协优于多数民主决策，通过协商将少数人的诉求和立场也能够整合起来；这样，在这个体系里至少在心理层面上没有"失意者"，即让所有的行为体都尽可能地"获得"而不是"失去"。

那么"共识民主"的确立需要哪些必要的条件？首先，从体制上说，这些实行"共识民主"的欧洲国家，无一例外都是多党制国家，而且其政党的发展呈现出某种"碎片化"的趋势，即不仅存在很多政党，而且政党的规模都不是很大。这样的政党格局使得所有的社会群体都能够有政党组织作为自身的利益代表和表达，从而保持社会的多样性及其所带来的活力。其次，运作"共识民主"还需要参与其中的政治行为体都能够自我约束，并且存在一种所有政治行为体之间相互信任的政治氛围，同时也要求参与的行为体拥有高超的谈判技巧。再次，对于上述"看不见"的文化观念和行为模式的要求，其实是运作"共识民主"最困难的部分，而且政治文化观念和政治行为模式的养成，并不是一蹴而就的事情，它必须经过漫长的历史发展，一代人接着一代人地磨炼、传承，最终成为这个国家的政治文化传统。因此，从政治文化角度看，它具有很强的"路径依赖"性，每个目前实行"共识民主"的国家，都可以追根溯源，找到其漫长的历史发展轨迹。如果探讨"共识民主"存在的条件，除了制度层面，政治文化和公

---

① Gerhard Lehmbruch, *Proporzdemokratie, Politisches System und politische Kultur in der Schweiz und Oesterreich*, Recht und Staat in Geschichte und Gegenwart. Eine Sammlung von Vortraege und Schriften aus dem Gebiet der Gesamten Staatswissenschaften, Tuebingen: J. C. B. Mohr (Paul Siebeck), 1967; *Das konkordanzdemokratische Modell in der vergleichenden Analyse politischer Systeme*, Vaduz: Verlag der Liechtensteinischen Akademischen Gesellschaft, 1991, pp. 13 – 24; Die korporative Verhandlungsdemokratie in Westmitteleuropa, *Swiss Political Science Review*, Vol. 2, Iss. 4, Winter 1996, pp. 1 – 24.

民社会素质也是必须考虑其中的重要因素，没有善于合作的公民和传统，"共识民主"很难真正地实现。

我们不难发现，一方面，欧洲这些运行"共识民主"的国家，都是高福利国家，社会财富在所有社会群体之间尽可能地实现公平分配；另一方面，这些国家同时又都是经济繁荣的国家，公平和效率兼顾，而公平的社会分配也是进一步高效率发展经济的动力。因此，在很多人眼中，"共识民主"是富裕繁荣与和谐社会的体制基础和保障。

20世纪80年代以来，国内外形势的巨大变化，让这些欧洲小国的"共识民主"运作面临巨大的挑战。从内部看，人口的老龄化和移民的增长，让这些国家人口的文化背景和各种利益诉求出现了非常大的分化。社会发展的变化催生了新的政党的产生，人们常常关注推动可持续发展的绿党在欧洲各国的崛起，并且在欧洲议会形成具有影响力的党团；而具有明显排他性的、主张强化民族文化认同的民粹主义政党同一时期的发展却不那么引人注目，直到近年来它们在欧洲各国以及欧洲议会的政治舞台上大显身手，深刻改变原有政治格局，才引发欧洲内外的广泛而强烈的关注。

从外部看，全球化特别是欧洲一体化的发展，不仅改变了欧洲国家的治理模式，也使欧洲各国内部的利益分化加剧。在2008年国际金融危机和欧洲主权债务危机爆发后，内忧外患的局面和民粹主义政党的煽动鼓噪，让人们不得不面对这一事实：曾经成功运作、带来财富增长与和谐社会的"共识民主"模式正处在风雨飘摇之中。

冷战后最大的国际环境变化是全球化的快速发展，特别是在欧洲，欧洲一体化也以前所未有的速度在推进，一些经济和社会事务的管理权限，正在逐渐地从主权国家"转移"至欧盟这样的区域一体化组织以及全球组织，这给实行"共识民主"模式的国家带来了空前的挑战。第二次世界大战后，在"共识民主"成功运作的时代里，国家是经济和社会各方面事务治理的中心；而目前国家这个唯一的中心正在被多个中心所取代，而且这些新的中心，不仅包括政府间国际组织，还包括非政府组织，比如在全球化浪潮中扮演举足轻重地位的跨国公司，以及大量活跃的非营利性非政府组织，它们在环保、人权等领域发挥着越来越重要的影响力。

"共识民主"模式如何在新的形势下运行？显然，在全球化时代，衡量一种政治体制的表现，很难单纯地用某一种量化的工具，但是有一个标准对民主政治体制来说是亘古不变的，那就是每个公民是否生活得更好？或者说，从经济、政治和社会生活几个角度看，每个公民的生活质量是否提高了？显然，雇主与雇员成为"社会伙伴"，其他的各个公民群体之间的关系都是"伙伴"关系，那么将有利于在一个不断变化、缺少确定性的全球化时代保持公民的生活质量；经济生活中的高度民主化也将是"共识民主"的重要因素。

瑞士和奥地利这样的欧洲小国，自身的市场规模有限，资源匮乏，对外部的依赖在不断地加深；因此，对它们来说，如何在今天的全球化和欧洲化进程中，在一切因素都在快速变化的世界里，维持其"共识民主"模式的稳定，是它们目前和今后一个历史时期面临的最大挑战。具体而言，这种挑战是全方位的，首先是在经济、政治、社会和文化维度上，其次是在地区、国家、欧盟和全球层面上，特别是不同"维度"和不同"层面"又不同程度地交织在一起，那么它们将如何应对？显然，原有体制已经不能像以往那样高效率地运作，因此适应新的形势，进行体制的调整，从而实现"共识民主"模式的再平衡，是瑞士和奥地利近些年一直在探索和尝试的。简单而言，这种适应和调整，主要针对外部世界的特别是经济层面的变化，如何在激烈的全球竞争中保持自身的竞争力，而且相关的方法和措施必须在自身的政治体制框架下拿出来，那么这个政治体制框架如何调整？在调整的过程中如何使每个公民群体在经济、政治、社会等层面都不沦为"失意者"？

必须承认，欧洲爆发的难民危机，使得作为富裕国家的瑞士和奥地利也成为难民的目标国,并且给它们带来巨大考验。正是在这样的背景下,瑞士和奥地利国内的民粹主义政党迅速"崛起",并且在联邦层面大选中获得了空前的胜利。无论是在瑞士还是在奥地利,民粹主义政党——瑞士人民党和奥地利自由党——的诉求非常明确,而且非常相似,即一方面反对政治精英,另一方面反对民族国家主权的衰落。

瑞士和奥地利的经济都是高度全球化和欧洲化的,而且为了适应欧洲共同市场和全球市场的要求,两国的经济都在不断地开放和自由化;那么,从经济的角度看,未来它们必须保持其早已确立的社会市场经济模式、有活力的资本和劳动关系,以及社会福利国家。这其中一个关节点是劳资关系,而"新合作主义"的核心也是以劳资双方为主要行为体展开各个社会利益代表群体之间的博弈和协商。但在瑞士和奥地利都出现了工会走向弱势的发展趋向,如何挽救"社会伙伴"关系,是能否维系共识民主的一个核心因素。

欧洲的社会发展,在全球化和欧洲一体化时代也面临巨大的挑战。社会流动性在加强,不仅人员在欧盟内部的迁移和流动在加强,而且社会阶层之间的流动也在加速,一些人在上升,同时一些原来的中产阶级跌落了。因此,中西欧国家的"共识民主"模式应该成为维护全球化和欧洲一体化背景下社会团结的有力武器;否则,社会的深刻变化和裂痕会滋生民粹主义,并推动民粹主义政党的发展。事实上,欧洲的很多国家——包括长期实行"共识民主"模式的瑞士、奥地利——的民粹主义政党,都已经给主流政治带来了前所未有的挑战。2015年瑞士联邦议会大选中,瑞士人民党成为得票率最高的第一大党;2017年奥地利联邦议会大选中,奥地利自由党取得了令人瞩目的胜利,并与中右翼政党奥地利人民党组成联合政府,登上执政舞台。极右民粹主义政党的"登堂入室"将会给现存的"共识民主"模式带来怎样的冲击和变化?这不仅是瑞士和奥地利,也是欧洲内外的人们普遍关注和探讨的新的政治现象。

# 目 录

## 第一部分 瑞士"共识民主"模式及其面临的挑战

**第一章 瑞士政治制度简介** ································ (3)
 第一节 和谐而富于竞争力的瑞士 ······················ (3)
 第二节 瑞士的基本政治制度 ···························· (8)
 第三节 瑞士的政党制度 ································· (10)
 第四节 瑞士的社会利益集团和"社会伙伴"关系 ······ (13)

**第二章 瑞士的"共识民主"模式** ·························· (16)
 第一节 "理想"的瑞士"共识民主"模式 ··············· (16)
 第二节 瑞士的"社会伙伴"关系与"共识民主"模式 ·· (20)
 第三节 瑞士的联邦制与"共识民主"模式 ············· (25)
 第四节 瑞士的直接民主制与"共识民主"模式 ········ (36)

**第三章 全球化和欧洲一体化给瑞士带来的挑战** ········· (46)
 第一节 全球化和欧洲一体化给瑞士"主权"带来的挑战 ······· (49)

  第二节　全球化和欧洲一体化对"瑞士模式"的挑战……………（54）
  第三节　全球化和欧洲一体化对瑞士联邦制的挑战………………（58）
  第四节　全球化和欧洲一体化对瑞士直接民主制的影响…………（64）

**第四章　瑞士"共识民主"模式的危机**……………………………（69）
  第一节　"共识民主"模式失灵了？…………………………………（69）
  第二节　政党：从"合作"到"极端化"与竞争……………………（72）
  第三节　"社会伙伴"：从"合作"到"分化"………………………（80）
  第四节　"共识民主"模式的危机……………………………………（82）
  第五节　"共识民主"危机的后果与影响……………………………（96）

**第五章　瑞士"共识民主"模式的未来**…………………………（106）
  第一节　"共识民主"真的是民主吗？………………………………（106）
  第二节　"欧洲模式"还是"瑞士模式"？…………………………（109）
  第三节　改革"共识民主"模式？……………………………………（117）
  第四节　社会变革：利益集团自由化、私有化……………………（120）
  第五节　瑞士模式和"后民主"时代………………………………（122）
  第六节　2019：瑞士的政治图景和瑞士的未来……………………（125）

# 第二部分　奥地利"共识民主"模式及其面临的挑战

**第六章　奥地利政治制度简介**……………………………………（139）
  第一节　和谐而富裕的奥地利…………………………………………（139）
  第二节　奥地利的基本政治制度………………………………………（144）
  第三节　奥地利的政党制度……………………………………………（145）

  第四节 奥地利的"社会伙伴"关系 ……………………………… (148)
  第五节 奥地利的联邦制 ………………………………………… (151)

## 第七章 奥地利的"共识民主"模式 ……………………………… (159)
  第一节 "社会伙伴"与"共识民主"模式 …………………… (159)
  第二节 "政党联盟"与"共识民主"模式 …………………… (162)
  第三节 联邦"集权"与"共识民主"模式 ………………… (167)
  第四节 "共识民主"模式与"生活水平一致性"的
      平衡发展 ………………………………………………… (169)

## 第八章 奥地利"共识民主"模式面临的挑战 ………………… (174)
  第一节 融入欧洲一体化带来的挑战 …………………………… (174)
  第二节 "非主流"政党的挑战 ………………………………… (186)
  第三节 "分权"潮流和奥地利联邦制的改革诉求 …………… (190)
  第四节 对"共识民主"模式的批评 …………………………… (196)

## 第九章 奥地利向"右"转及其给"共识民主"模式
     带来的冲击 …………………………………………………… (207)
  第一节 极右民粹主义政党在奥地利强势"崛起" …………… (207)
  第二节 "全民党"政治支持的流失 …………………………… (217)
  第三节 极右民粹主义政党对"共识民主"模式的挑战 …… (228)

## 第十章 奥地利"共识民主"模式往何处去? ………………… (238)
  第一节 奥地利"共识民主"模式迎来"文艺复兴"? …… (238)
  第二节 主流政党也对"共识民主"模式动摇了? ………… (241)

第三节 "执政联盟"的改革方案和奥地利"共识民主"
  模式的走向 ································(244)
第四节 "奥地利模式"给予欧盟的启示 ················(270)

**附录一 相关统计表格** ································(274)

**附录二 合作机制、社会平衡发展与提高竞争力**
  ——以德国的经验为例 ························(281)

**参考文献** ·············································(290)

# 第一部分

## 瑞士"共识民主"模式及其面临的挑战

# 第 一 章

# 瑞士政治制度简介

## ◇ 第一节 和谐而富于竞争力的瑞士

瑞士国土总面积只有 41285 平方公里，主要由汝拉山脉、高原和阿尔卑斯山脉三个区域组成，其中阿尔卑斯山脉和汝拉山脉占国土面积的 70%，所以瑞士是名副其实的"山地之国"。瑞士人口 800 万人，相比于狭小的国土面积，人口密度非常高，每平方公里 590 人。虽然领土面积和人口规模十分有限，但是瑞士却是非常多元化的国家，全国 63.5% 的人口、26 个州中的 19 个州主要使用德语，22.5% 的人口、4 个州主要使用法语，8.1% 的人口使用意大利语，0.5% 的人口使用罗曼什语。居民中外籍人占比非常高，22.7% 的人口不持有瑞士护照。宗教在瑞士联邦的建立和发展中扮演非常重要的角色，目前 38% 的人口信仰天主教，27% 的人口信仰基督教，另外还有如伊斯兰教、佛教和犹太教等其他宗教信仰者。[①]

2015 年的统计显示瑞士的人均 GDP 为 77943 瑞士法郎，相当于 73000 欧元或者 81000 美元，位居世界第二位。与此同时，瑞士是欧洲增值税率最低的国家，消费税仅为 8%，与很多欧洲国家 20% 左右的消费税率形成巨大

---

① 资料来源：https://www.myswitzerland.com/zh-cn/about-switzerland/general-facts/facts-about-switzerland/politics.html。

反差。尽管瑞士以奶酪闻名于世界，但是事实上，瑞士发达的农业对其GDP的贡献仅占不足1%，25%的GDP来自工业的贡献，而为国民经济发展贡献最大的是服务行业，占GDP总量的74%。在市场价值最高的世界500强企业中，有15家企业来自瑞士。瑞士雇员规模最大的跨国公司是雀巢，它在世界各地拥有32.8万名雇员，还有人们熟知的制药领域巨头罗氏和诺华、金融领域的瑞银集团和瑞信信贷银行、全球大宗商品交易巨头嘉能可斯塔拉塔等。尤为令人瞩目的是，为瑞士出色的经济发展做出贡献的瑞士企业99%都是雇员在250人以下的中小企业，它们提供了3/4的工作岗位。瑞士经济近年来持续健康发展，瑞士的公共债务占GDP的比率已经从1998年54.6%降至2014年的34.7%，这与自2008年后深陷主权债务危机，甚至至今难以自拔的一些欧盟成员国更是形成特别鲜明的对比。瑞士经济发展中最不容忽视的因素是瑞士与欧盟的关系，虽然瑞士不是欧盟成员国，但是欧盟是瑞士最重要的贸易伙伴，其43%的产品出口至欧盟，而78%的进口商品来自欧盟。①

从1979年开始"世界经济论坛"开始发布"全球竞争力报告"，目前已成为世界上从事竞争力评价的最著名的机构。它设置了12项主要的竞争力指标，包括法律和行政架构、基础设施、宏观经济环境、卫生和基础教育、高等教育和培训、商品市场效率、劳动力市场效率、金融市场发展、技术、市场规模、商业环境完备性和创新等，以全面地反映世界各国的竞争力状况。其发布的"2017—2018全球竞争力报告"②从基础条件、效能提升、创新成熟度三个层面，对全球137个经济体进行了评估，瑞士又一次拔得头筹，连续九年名列榜首。

---

① 资料来源：https://www.eda.admin.ch/aboutswitzerland/en/home/wirtschaft/uebersicht/wirtschaft—fakten-und-zahlen.html。

② 资料来源：http://www3.weforum.org/docs/GCR2017-2018/05FullReport/TheGlobalCompetitivenessReport2017%E2%80%932018.pdf。

瑞士之所以能够连续在全球竞争力排行榜上名列前茅，与其保持持续的创新力密不可分。2017年6月世界知识产权组织发布"全球创新指数报告"①。该报告以制度、人力资本与研究、基础设施、市场成熟度、商业成熟度、知识与技术产出、创意产出七大类80余项指标，对全球主要经济体进行排名，瑞士已经连续多年名列榜首。作为创新力最强的国家，特别引人注目的是瑞士每年将相当于GDP3%的资金投入到研发创新领域，而这么大规模的资金投入3/4都来自私人行业。②

瑞士出色的创新能力，使其在很多先进领域都走在世界的前列。例如，由信息技术推动的新的生产和经营方式，使得企业的大量数据必须及时和安全地保存，瑞士很早就看到了这一发展趋势，并投入巨资进行研发；加上瑞士在基础设施方面拥有一流的服务器、高速的互联网链接、供电系统稳定而价格低廉，并且拥有受过良好教育的信息和通信技术人才，使其成为世界敏感数据存储中心。除了硬件方面的因素，瑞士稳定的经济和政治体制，也为其成为全球的数据中心提供了保障。瑞士长期维持创新力在全球名列前茅，不仅得益于巨额的资金投入、先进的基础设施，还源于其集成研发战略。"集成"不仅意味着同行业特别是创业者集中在一个特定的地理区域，有利于吸引更多的投资和高技能的人才；也意味着一种成熟的创新体制，即一流的大学、研究机构和企业、私营部门密切而有效率的合作。③

具有持久性的创新能力和"强悍"的物质财富基础，使得瑞士成为世界上最具有应变能力的国家之一。2017年7月咨询公司毕马威KPMG公布"2017应变能力指数报告"（2017 Change Readiness Index，CRI），所谓CRI

---

① 资料来源：http://www.wipo.int/edocs/pubdocs/en/wipo_pub_gii_2017.pdf。

② 资料来源：https://www.eda.admin.ch/aboutswitzerland/en/home/wirtschaft/uebersicht/wirtschaft—fakten-und-zahlen.html。

③ 资料来源：http://www.s-ge.com/zh/publication/jianjie/ruishideshujuzhongxin。

旨在衡量一个国家或地区在发生剧烈变化时对所造成的破坏或者由此带来的各种挑战的应对能力，这种变化既可能是短期事件比如突发的自然灾害，也可能是长期的由人口结构、新技术、经济和社会发展等因素导致的。国家或地区应对变化主要依赖三个核心因素，即企业、公民社会和政府。在对全球136个国家和地区的分析中，瑞士的公民社会应变能力排在第一位，企业能力排在第二位，政府能力排在第四位，综合能力排在全球第一位。[①]在今天这个动荡不安的世界里，瑞士强大的应变能力让人对其未来更有信心。

联合国每年2月公布上一年度全球各国的基尼系数，作为反映社会财富分配悬殊程度最重要的指标之一，联合国的排行榜可以让人们直观地观察各国贫富差距的现实状况。2018年联合国公布的榜单上，瑞士排在第18位，相比之下，美国排在第23位。瑞士在全球范围内对比来看，在缩小贫富差距上，仍然排在全球的先进行列。

人们习惯于将瑞士视为一个和谐美好的社会，瑞士人生活在风景如画的国土上，过着无忧无虑的生活，因为每个公民都能够获得良好的社会保障，不必为未来担忧。以医疗和养老两个最重要的公共服务领域为例，与欧洲大陆其他国家相类似，瑞士的医疗保险体制也起步于19世纪末期。德国在19世纪80年代最早颁布"社会立法"，瑞士也紧随其后，早在19世纪90年代便将建立医疗和事故保险制度写入宪法。自1912年起，瑞士政府开始颁布医疗和事故保险方面的法律，搭建其医疗社会保障的制度框架。目前，瑞士的医疗保险资金由三个部分组成，雇主根据相关协议全部或按照一定比例部分承担雇员的医疗保险费用、个人承担的保险费用、国家按照相关规范和标准给予的补贴。所有有利于健康的药品和相关的医疗服务费用都涵盖在保险费用之中。医疗保险在瑞士以地方为基本单位，因此，保

---

① 资料来源：https://home.kpmg.com/xx/en/home/insights/2017/07/2017-change-readiness-index.html。

险费用的标准在各个州有所不同。非常值得关注的是，瑞士的保险公司都是私营的，依循市场规律运行并以营利为准绳。但是为了保障医疗保险服务，联邦政府专门设立了医疗保险基金，资金来自每年按照1位投保人1瑞士法郎的标准向各个保险公司收取的费用，由于长期积累和滚动式发展，联邦医疗保险基金积累了惊人数目的资金规模。如果哪一家保险公司经营不善无力支付保险费用，该基金将启动，按照相关的规定，向医院支付部分费用，以保护每个受保人的权益，确保医院与诊所良好运营。更为令人瞩目的是瑞士近2/3的医生都是在私人诊所服务的，公立医院仅占1/3左右，在竞争压力之下，各个医疗机构都努力提高医疗服务水平同时力争降低服务费用，从而使广大患者真正受益。瑞士政府在医疗服务方面发挥了决定性的作用，对医院许可证的发放、药品和医疗服务的定价、相关设备的采购、医疗领域的市场行为等进行严格的规范和监管。医疗服务作为公共服务的重要组成部分，主要由地方政府即州政府承担，保险费用往往50%由州政府补贴，而公立医院的运营也主要由州政府承担。[①]

以养老为例，瑞士的养老保险也采取国家、企业和个人三方共同承担的模式，国家和企业是主要的承担方，保证使退休者养老金替代率达到60%以上，个人的投保和积蓄只作为补充部分。在养老领域，以国家强制性保险为主、商业保险为辅。养老事业也是地方政府即州政府承担的公共职责，瑞士运营的养老院近2/3是公立的。对营利性和非营利性养老院，政府的监管措施有很大的差别。对于非营利性的养老院，不仅免除税收，而且还允许其接受社会的捐赠；营利性的养老院则可以市场化运营，并且在市场上融资。这样不同的监管方式，使得每一种类型的养老院都能够得到充分的资金，从而提供良好的服务。因此，瑞士的养老院既有市场竞争的机制，又有国家和社会的扶持，因而在不断的创新中，持续提供高水平的服

---

① 黎念青：《瑞士医疗体制特征及其启示》，《中国社会保障》2004年第11期，第26—27页。

务，满足社会多样化和个性化的养老需求。①

瑞士确实是一个医疗和养老无忧的高福利水平社会，不过这并没有使瑞士人变得"养尊处优"，削弱瑞士的竞争力。虽然2013年瑞士的一个公民团体"瑞士基本收入"征集到超过12万个公民签名，从而于2016年6月启动了瑞士"无条件基本收入"全民补助计划（即政府向每个成年人和未成年人每月无条件分别支付2500瑞士法郎和625瑞士法郎）的全民公投；但公投结果显示，瑞士只有23.1%的公民投了赞成票。这项公投在全世界引发热议，被称为瑞士人拒绝"天上掉馅饼"。瑞士政府专家和相关智库的研究显示，如果实施这项全民补助计划，瑞士每年的财政负担将高达2080亿瑞士法郎，相当于瑞士GDP的35%，瑞士每年的财政缺口将达到1500亿瑞士法郎。实施这样一项"非理性"的计划，不仅会拖累国家财政和瑞士的竞争能力，而且会对社会价值观带来错误的引导，因此持反对意见的公民认为这种"超级福利社会"是"懒汉们的疯狂计划"。② 由此可见，作为世界上最富裕的国家，瑞士努力在"和谐社会"和"竞争力"之间维持平衡。

## ◇◇第二节　瑞士的基本政治制度

瑞士在1848年以前是由各个独立的州组成的松散联盟，1848年瑞士建立了现代意义上的国家，颁布了宪法，施行联邦体制。瑞士的政治体系分为三级，即联邦、26个州和2250多个市镇。各州之间差别非常大，最大的州苏黎世有140万人口，而最小的州内阿彭策尔只有15000余人口。在这三

---

① 左凌英：《瑞士：全球最佳养老国家》，《沪港经济》2015年第11期，第75页。
② 凌馨：《全民发钱这种好事，瑞士人为什么是拒绝的》，2016年6月6日，新华网（https://www.xinhuanet.com//world/2016-06/06/c_129043-67.htm）。

级都实行立法、行政和司法三权分立。

瑞士是采取直接民主制的议会民主政体，联邦议会由200名人民代表组成国民院和各州代表46人组成的联邦院两部分组成，议员由选民直接选举产生。联邦委员会是集体国家元首，由联邦议会选举的7名成员担任。

具体而言，在联邦层面，约200名人民代表组成联邦议会即国民院，席位按照各州的人口比例分配，约4万人就拥有一个席位，但是即使是人口少于4万人的外阿彭策尔、内阿彭策尔、上瓦尔登、下瓦尔登、乌里和格拉鲁斯州也拥有一个代表议席。

各州平等地参与联邦决策，这主要体现在相当于联邦参议院的联邦院，每个州都拥有两个代表，26个州中的6个州即外阿彭策尔、内阿彭策尔、上瓦尔登、下瓦尔登、巴塞尔市和巴塞尔乡村在瑞士只拥有"半个州"的法律地位，因此在联邦院中只有1个代表，联邦院一共有46个代表。

议会两院的工作方式与其他西方民主制国家有显著的区别，即两院每年举行4次会议，每次会期为3周，而两院的联席大会每年通常在12月举行1次。

两院制定和修订法律、通过国际协定，但是如果修订宪法，两院只负责提出草案，然后交付全民公决。为了保障联邦体制中州的参与联邦决策权力，联邦院不仅对人民代表国民院通过的议案进行审核和表决，而且各州还有复决权，即只要26个州中有8个州提出相应的诉求，就可以启动对联邦法律进行全民公投。

瑞士政治制度当中最为引发全球关注的是其全民公投。全民公投的最终目的不仅是体现民主体制里最终拥有决策权的是人民自己，而且以此为契机就全民关注的公共议题展开更深入和更广泛的讨论。瑞士的全民公投有三种主要的形式：人民动议——如果公民在18个月内能够征集到10万个签名，就可以就修订联邦宪法交付全民公决；非强制复决——在联邦法律公开100天内，征集到5万个公民签名，就可以交付全民公决；强制复决——主要涉及内政和外交的两件大事，即联邦议会对联邦宪法做的每一个修订和瑞士是否加入某一国际组织，必须交付全民公投，即进行强制复决。

## 第三节 瑞士的政党制度

自瑞士联邦1848年建立之后，坚持自由主义的精英一直致力于民族国家的建构，他们为现代瑞士联邦的发展做出了突出的历史贡献。时至今日，自由民主党（Freisinnige Demokratische Partei，FDP，Die Liberalen）仍然是瑞士政治的主要角色。直到1891年天主教保守势力才在联邦委员会获得一个席位，1912年瑞士保守人民党（Konservative Volkspartei der Schweiz, KVPS）正式成立。

1918年之前，瑞士实行多数民主制，1918年10月转变为比例代表制。之后，1919年议会大选中，激进自由派失去了多数席位，在联邦委员会中，天主教保守派获得了一个额外的席位。1929年，农民、小贸易商和公民政党（BGB）赢得了一个席位。瑞士社会民主党（the Social Democrats，SPS）则在很长时间里被排除在政治体制之外。1918年，瑞士工人在全国范围内展开罢工，在瑞士政府威胁武力介入终结罢工的背景下，瑞士社会民主党和其所属的工会（SGB）暂停了罢工。虽然瑞士在1919年议会大选中采用了比例代表制，但是在以后的很长时间里，由于社会民主党被视为激进政党，一直被瑞士政府排斥在主流政治生活之外，社会民主党只有借助直接民主的形式发挥其对瑞士联邦委员会的影响力。1937年通过的"和平协议"在冶金和机械行业建立了有序的劳资关系，劳资双方通过谈判来确立工人的工资水平和劳动条件，以此来换取社会和平。这对于社会民主党的发展是一个转折点，让其改变激进反体制的形象，开辟了其被纳入主流政治体制的空间，在 1943 年的大选中，社会民主党终于进入主流。在第二次世界大战结束之前，瑞士联邦委员会拥有三位自由民主党人、两位基督教民主党人、一位社会民主党人和一位农民、小贸易商和公民政党人。需要说明的是，农民、小贸易商和公民政党在 1936 年才正式建立自己的党组织，作为将自身定义为代表人民的保守派政党，该党致力于对抗大型利益集团。后来，该党在 1971 年更名为瑞士人民党。[①] 这是瑞士传统上四大主流政党的起源。

1959 年开始在联邦委员会实行"神奇比例制"，即两个自由民主党、两个社会民主党、两个基督教民主党和一个 BGB 党人共同组成联邦委员会，即瑞士联邦政府。这意味着瑞士"永久"实行涵盖所有主流政党的"大联盟"政府，由此瑞士也被视为实行"温和的多元主义"的典型。

从社会和文化形态来看，瑞士堪称欧洲最复杂的国家。在宗教方面，天主教和新教在历史上将瑞士划分为两个不同的区域；在语言文化方面，瑞士有德语区、法语区、意大利语区之分，而这些分区今天仍然清晰可见。这些对政党生态和发展不可避免地产生深刻的影响。

天主教政党自 19 世纪末期以来就是瑞士的主流政党，至今仍然是天主教占主要地位的州的强势政党，与其他欧洲国家以天主教信仰为基础的同类政党相比，瑞士的基督教民主党并没有成功地吸收新教徒加盟，仍然是天主教徒为主体，这种强烈的天主教色彩使得该政党与瑞士的世俗社会始终保持着距离，而相比之下瑞士福音派政党则规模要小得多。但是，毋庸置疑的事实是，虽然在 20 世纪 70 年代，宗教信仰还成为左、右阵营选民投票的重要因素；但是进入 90 年代之后，宗教的影响已经大为缩减。[②] 由于

---

① Erich Gruner, "Die Schweiz", in Frank Wende, ed., *Lexikon zur Geschichte der Parteien in Europa*, Stuttgart: Kroener Verlag, 1981, pp. 599 – 625.

② Peter Selb and Romain Lachat, *Wahlen 2003*, *Die Entwicklung des Wahlverhaltens*, Zuerich: Institut fuer Politikwissenschaft der Universitaet Zuerich, 2004, pp. 6 – 10.

瑞士主要由四个不同语言区组成，而且瑞士的政党往往都是以州为基础发展起来，所以德语区、法语区和意大利语区都有自己的政党；不过，与宗教信仰相比，语言的差别是排在第二位的，其对政党的影响作用没有那么突出。

与其他所有的欧洲国家相似，在影响政党结构方面最重要的因素是社会分层。瑞士的左翼政党社会民主党在20世纪60年代之前，还不得不与共产党竞争，目前在左翼阵营中社会民主党的主要竞争对手是绿党。不过，与其他欧洲国家相比，瑞士的左翼政党在瑞士社会和政治生活中影响力却相当脆弱，这主要是由历史因素造成的。在19世纪后半期第二次工业革命时期，劳资之间的对立十分尖锐，其他欧洲国家的社会民主党在当时轰轰烈烈的工人运动当中发挥了领导性作用，成为与保守派政党对峙的主流政治力量。而瑞士由于信仰天主教的工人阶级对天主教会的忠诚，加之天主教机构在扶贫救弱方面扮演了重要角色，所以从一开始社会民主党就失去了动员和组织瑞士工人阶级的历史机遇，这给右翼政党的发展"让"出了大量空间。右翼政党在瑞士长期占有主流地位，但是右翼政党之间的划分却非常复杂，不仅有宗教信仰派别上的划分，也有城乡之别。创建于1971年的瑞士人民党代表农村地区农场主和小商业者利益，其基本立场是对抗代表城市人群利益的自由民主党。这样，瑞士右翼选票主要由三个不同的右翼政党分享——自由民主党、基督教民主党和瑞士人民党。不过，近年来社会阶级分层在政党政治中的作用持续下降，资本和劳动之间的分野对政党结构的形成所产生的影响越来越小，主要原因是随着中产阶级的扩大，目前如果说还有阶级划分的话，那么，在瑞士主要表现在"新中产阶级"当中经理人和专业人员之间的分野。[1] 而20世纪90年代以来，所谓全球化中的"赢家"和"输家"之间的分野则越来越引人注目。

瑞士政党从自身的组织机构来看，其职业化水平与其他欧洲国家相比

---

[1] Daniel Oesch, *Redrawing the Class Map: Stratification and Institutions in Britain, Germany, Sweden and Switzerland*, Basingstoke: Palgrave, 2006, pp. 51–58.

非常低。政党机构人员不足、资金匮乏。瑞士的政治家大部分是志愿者或者非全职,尽管政党机构职业化一直在推进,比如20世纪90年代开始政党增加了一些全职的职位,不过与其他欧洲国家相比仍然存在非常大的差距。鉴于这种情况,地方的精英相互联结结成网络(network)来代表地方民众的意愿和诉求,在瑞士就成为常态,有人称之为"民兵式"模式,这是瑞士的历史传统,实际上也一直延续到今天。①

从政党的财政资源看,不同于其他国家,在瑞士,联邦层面对政党的总体资助极其有限,相比于众多政党的基本发展诉求,只能达到"杯水车薪"的水平,而州是各个政党发展的基础和大本营,但是州不给予政党以直接的资金支持。到20世纪90年代末的统计,瑞士四大政党在联邦层面上的年度预算一共加起来不超过1000万瑞士法郎,其花费甚至不足其他欧洲国家政党的零头,不过如果加上州层面的支出,会达到6500万—7500万瑞士法郎的规模。②

从政党的成员来看,由于瑞士政党组织的松散性,甚至有时统计每个政党究竟有多少党员都成为比较困难的一件事。③ 政党的这些特点综合起来,就不难理解为什么在瑞士的民调中,民众一直对政党的信任度比较低。

## ◇第四节 瑞士的社会利益集团和"社会伙伴"关系

瑞士利益集团主要出现在19世纪下半期,今天仍然有巨大政治和社会

---

① Andreas Ladner, "Swiss Political Parties: Between Persistence and Change", in Jan-Erik Lane, ed., *The Swiss Labyrinth: Institutions, Outcomes, Redesign*, London: Frank Cass., pp. 123 – 144.

② Ibid..

③ Peter Selb and Romain Lachat, *Wahlen 2003, Die Entwicklung des Wahlverhaltens*, Zuerich: Institut fuer Politikwissenschaft der Universitaet Zuerich, 2004, pp. 6 – 10.

影响力的主要社会利益组织有成立于1869年的瑞士工业与贸易协会（Schweizerischer Handels-und Industrieverein, SHIV）、成立于1879年的瑞士中小企业协会（Schweizerische Gewerbeverband, SGV）、1880年建立的瑞士工会联盟（Schweizerische Gewerkschaftsbund, SGB）和1897年建立的瑞士农业协会（Schweizcrische Bauernverband, SBV）。瑞士社会利益组织的基本特征体现在以下几个方面。从组织结构上看，一方面，瑞士的社会利益组织主要是以行业为单位而建立的，每个行业和职业群体都有自己的组织，从横向上，每个大行业里若干专业的组织往往整合成一个总协会，如瑞士工会联盟就是各个不同行业工会的整合；另一方面，由于瑞士是联邦制国家，在纵向上，不同的利益代表组织又划分为市镇、州和联邦三个层面。另外，非常能够体现瑞士特色的是自由加入的原则，不论是个人还是企业本身，其是否加入某一社会利益代表组织依其自身的意愿而定，即使是某个专业行业协会，其是否加入总行业协会也需要其成员投票进行表决。这是社会利益代表组织最根本的一条组织原则。虽然为了增强利益集团的影响力，利益集团的领导阶层总是希望同行业的组织都能够整合在一起，不过在瑞士的体制框架下和公共生活文化氛围里，各个专业的行业组织往往要求更多的选举和决定总协会负责人的权利，以此为"被整合"的条件。所以，在瑞士利益集团也需要"集权"来扩充影响力，但是"中央集权"是有限度的，主要受到其旗下的各个专业组织的牵制。[1]

与其他国家相比，瑞士的劳资关系显得非常和谐，但事实上直到20世纪两次世界大战之间，瑞士的劳资关系还张力十足。例如，1918年，瑞士工会曾号召大罢工以改善劳工的待遇和签订劳动合同的条件，但是被雇主组织和瑞士政府给拒绝了。1924年，工会又发起了公民复决，以抗议将每

---

[1] Klaus Armingeon, "Schweizer Gewerkschaften im internationalen Vergleich: Gemeinsamkeiten und Unterschiede", in Klaus Armingeon and Simon Geissbuehler, eds., *Gewerkschaften in der Schweiz*, Zürich: Seismo, 2000, pp. 391–407.

周劳动时间从 48 小时延长至 54 小时的政府法案，最后劳动时间降至 50 小时，尽管还是高于当时的其他欧洲国家，不过这是工会比较成功的一次集体行动。1935 年，工会发起了倡议，建议采用凯恩斯主义的调控措施以在瑞士创造更多的工作岗位，但是在全民公投中遭遇挫败。转折发生在两年之后的 1937 年，在政府的主导之下，当时在机械和钟表行业雇主协会和工会达成了和解协议，虽然在具体内容上并没有给劳工们带来更多的物质上的福利，但非常重要的是雇主一方把工会也视为集体谈判和协议的伙伴，并确立了以相互信任为出发点、双方协商来解决劳资冲突的基本原则，并在劳资双方意见冲突时引入"协调人"机制，从而使工会放弃用罢工这种比较激进的方式来解决问题。虽然这次的协议并没有解决具体的问题，但它具有标志性的意义，由此确立了一种解决劳资关系的典型模式，成为第二次世界大战后瑞士建立劳资之间"社会伙伴"关系的基础。现在，与其他欧洲国家相类似，瑞士的"社会伙伴"机制主要规范劳工的工资待遇、劳动条件和社会保障方面的福利。①

正是由于"社会伙伴"在各个行业和领域调节劳资关系方面的积极作用，在第二次世界大战后它们被纳入政府决策的咨询"圈子"里。"社会伙伴"作为不同社会利益群体的代表，在公共决策中，不仅将各个社会集团的诉求传递给政治决策系统，同时还发挥着不可或缺的相互协商和妥协的作用，从而降低和减少不同利益诉求相互碰撞、摩擦，甚至彼此产生纷争的风险，推动决策中"共识"的达成。因此，它们不仅是政治决策体系中重要的参与者，同时也成为我们正在探讨的瑞士"共识民主"模式的关键因素。

---

① Daniel Oesch, "Weniger Koordination, mehr Markt? Kollektive Arbeitsbeziehungen und Neokorporatismus in der Schweiz seit 1990", *Swiss Political Science Review*, Vol. 13, Iss. 3, Autumn 2007, pp. 337 - 368.

# 第 二 章

# 瑞士的"共识民主"模式

## ◇ 第一节 "理想"的瑞士"共识民主"模式

通常在研究资料中，瑞士长期以来被视为政治高度稳定，政治体制具有弹性，政治行为体之间善于妥协、谈判和整合的国家。根据政治学家利普哈特（Lijphart）富于影响力的民主类型划分，无论是横向（议会和行政机构之间的"合一"）还是纵向（联邦与州之间的"分权"）上，瑞士都接近"理想"类型，是"共识民主"的蓝本。① 卡赞斯坦（Katzenstein）在其著名的关于欧洲小国家研究中，曾经得出结论，认为瑞士是"自由、民主、合作主义"的典型。② 一方面，由于瑞士市场完全对外开放，因而不可避免地具有面对外部各种因素影响的脆弱性，这强烈要求瑞士能够具有整体的高效率的应对能力，促使国家、各个不同的利益集团和政党必须进行妥协和合作，以达成共识；另一方面，瑞士又是文化多样性国家，因此政治精英中占主流地位的"共识"是坚持政治决策的团结与弹性的基本原则。

---

① Arend Lijphart, *Patterns of Democracy, Government Forms and Performance in Thirty-six Countries*, New Haven: Yale University Press, 2012, pp. 31 – 50.

② Peter J. Katzenstein, *Corporatism and Change: Austria, Switzerland, and the Politics of Industry*, Ithaca (N.Y.): Cornell University Press, 1984, pp. 133 – 161.

## 第二章 瑞士的"共识民主"模式

瑞士与其他国家相比，在政治决策体制上具有自己的特殊性。除了联邦议会和联邦政府之外，瑞士公民和各个州都可以提出立法动议。除此之外，立法议程设置也可能来自国际条约。瑞士政府是立法动议的主体，超过50%的议程设置来自瑞士政府，而瑞士国会只提出约1/4，公民提出1/6，根据国际条约的动议仅占1/8左右。[①]

与奥地利等实行"共识民主"的欧洲国家一样，瑞士在政治决策的过程中，"前议会"阶段比"议会"（审议和表决）阶段更重要。"前议会"阶段分为两个部分，第一步是专家委员会起草方案。无论是联邦议会建议，还是公民倡议的关于修改宪法、制定法律或者具有特别意义的政策，即立法草案的拟定，在瑞士通常由相关部门的政府官员执笔；接下来，由联邦议会根据相关政府部门负责人的建议任命一个"专家委员会"，这个委员会被授权针对将要制定的法律或政策提交专业报告。同时，更为重要的是"专家委员会"提供一个"咨询"平台，让各方的利益诉求都能够在此"相会"，不同的党派、不同的社会利益集团、相关的联邦行政管理机构，以及各州政府都会表达自己的立场，不同社会群体的利益冲突点在这个阶段就能够充分显现出来。实际上，从这个阶段开始，各个不同的政治和社会利益群体就已经开始对即将出台的公共政策施加这样或那样的影响。比如专家的选择就大有文章可做。"专家委员会"通常引入外部的"专家"，他们来自学术界或者是相关领域有丰富实践经验的人，当然，选择专家时，其政治代表性和影响力是考量的重要因素。例如，影响力巨大的经济利益代表组织往往能够使自己的专家列入"专家委员会"，这样的专家不免带有某种先入为主的倾向性，因而，联邦议会的专家任命也不免时常面临着争议。

第二步是"审议"阶段。审议阶段也分为两个部分，一部分是各政党、经济利益代表团体和各州表达自己对"专家委员会"拟定的报告的意见，

---

① Boris Burri, "Statistik ueber die Erlasse der Bundesversammlung", *Leges-Gesetzgebung & Evaluation*, Vol. 18, Iss. 2, 2007, pp. 319–326.

可以提出书面的详细意见。一般情况下，一些大型的具有影响力的经济利益集团会公开自己的立场和意见，较大的州也会被邀请参加审议，但是中小规模的州政府对大量的法律草案的审议常出现"力不从心"的情况。这些意见表达出来之后，将由相关的联邦政府部门进行评估，不过哪些"意见"将被采纳，并没有明确的法律条文规定；因此，只能由联邦主管部门制定法律和政策的目标，以及对全民公投否决此法案的风险等进行综合性的考量。事实上，在这个"前期"阶段上，整合不同的社会利益集团的利益诉求是最为重要的任务。正是在此阶段上，通过不同的党派、不同的社会利益集团、相关的联邦行政管理机构，以及各州政府的复杂博弈、反复磋商、相互妥协，最终会达成一个"共识"，从而寻求一种现实可行的解决问题的方案。这当然不是瑞士独有的机制，在其他欧洲国家，特别是奥地利、荷兰、斯堪的纳维亚半岛国家都非常普遍采用这种方式；但是，瑞士独特的地方在于，这个"前期"阶段是最漫长的。之所以如此，是因为受到瑞士直接民主制的影响。瑞士公民可以对议会已经通过的法案，以全民公决的方式进行"复决"并予以推翻；所以，为了避免公民日后对该法案提出"复决"，在法案出台的这个"初始"阶段，瑞士的政治精英们就如履薄冰，尽可能地做到所有的参与方能够达成共识。

"审议"的另一部分体现在"专家委员会"的"咨询"程序结束后，联邦政府相关主管部门会拿出一个最终的草案版本，并附上包括立法的目标、具体内容和相关的财务预算等信息。然后将之交给联邦主管部门的咨询机构，经过其最后审核之后，由联邦委员会形成最后方案，提交联邦议会。

在联邦议会交给全体大会审议之前，先要在众议院由专门的委员会审议，然后在参议院同样如此。如果两院的意见相左，那么就要两院之间展开协商。经过来回两轮之后，如果两院意见还不能达成一致，就要成立协调委员会来解决双方之间的分歧。之后，调整后的法案将提交两院进行表决。

议院表决阶段也非常重要,因为在这个阶段上,公民的直接民主权利即可以启动和行使。根据瑞士宪法,如果公民对议会正在准备表决的方案持有异议,那么就可以根据宪法的相关规定,发动公民"复决",通过全民公决予以反对。不过,瑞士的统计显示,事实上瑞士国会两院对提交表决的法案,通常并不对已有法案的具体内容予以修正和调整,即使进行进一步调整,也是微不足道的"微调",① 发挥着类似"橡皮图章"般的"批准"作用。② 伴随着决策阶段的重心向"前议会"阶段转移,另一个不可避免的现象是重心从立法机构向行政管理机构转移。虽然这并不是瑞士独有的现象,但是瑞士的议会却表现得尤其脆弱。

其实,瑞士议会的脆弱与其强势的体制上的地位十分不相配。③ 在法律上,它的地位独立,拥有议程设置的权力、决策的权力和监控行政部门的手段。而议会之所以事实上弱势,单纯从体制上看,有以下几个方面的因素:首先,瑞士的政治制度具有独特的"民兵"性质,就议会本身来说,议员都是兼职,他们还有各自的谋生职业,因此,他们不仅缺乏时间、专业性,也缺乏必要的资金,对每个决策主题进行深入的调研和探讨,从而获得更为科学和全面的了解和认知;这样,他们的独立性和专业性不免受到损害,因而更加容易受到一些利益集团的影响,甚至是依赖利益集团的判断。其次,瑞士联邦行政与立法机构的关系也具有独特性,与多数民主体制国家不同,即议会作为人民代表机构,可以通过

---

① Ernst Zehnder, Die Gesetzueberpruefung Durch die Schweizerische Bundesversammlung, Ph. D. Dissertation, Universitaet St-Gallen, 1988.

② Hanspeter Kriesi, "Globalization and the Transformation of the National Political Space: Six European Countries Compared", *European Journal of Political Research*, Vol. 45, Iss. 6, 2006, pp. 921 – 956.

③ Ulrich Kloeti, "Consensual Government in a Heterogeneous Policy", *West European Politics*, Vol. 24, Iss. 2, 2001, pp. 19 – 34.

"不信任案"解职政府，人民代表对政府拥有最后的"掌控"权力；在瑞士，虽然联邦委员会由议会选举产生，并按照"神奇比例"由主要政党成员组成，但是在其任期之内，议会无权解职联邦委员会。最后，由于全民公决制度的存在，造成议会事实上并没有最后意义上的决策权，最终决策权掌握在每个有投票权的公民手中，全民公投的结果可以否决议会做出的政治决策。

## ◇ 第二节 瑞士的"社会伙伴"关系与"共识民主"模式

上述瑞士"共识民主"模式可见，在公共决策的过程中，拥有不同利益诉求的不同社会群体能够达成妥协和共识，社会利益代表集团发挥了核心的作用。

为什么社会利益集团在"共识民主"中扮演关键角色？

其实，瑞士与其他许多欧洲国家一样，把利益集团视为连接公民和国家的有效媒介。一方面，不同的利益集团都有自身的利益诉求，期待国家的回应和扶持来实现自己的利益，因为这些诉求的实现远远超出了利益集团作为社会组织和力量的能力限度，利益集团所发挥的重要作用就是把这些诉求传递到决策机构，并施加适当的影响和压力让其在公共政策中体现出来，从而得到真正的实现；另一方面，从国家的角度看，不同利益集团的诉求都在这样或那样的方面与国家的整体目标相吻合，都属于整体的公共利益的一个组成部分，因此国家愿意把不同的利益集团纳入国家的整体框架中，借助利益集团在不同行业和领域的媒介作用，通过它们顺利地推行国家的各种政策和措施，实际上等于是一种国家任务的"委托"，从而提高了国家在各行各业的治理效率。因此，借助利益代表组织的媒介作用，国家和社会实现了"双赢"。① 这是一种典型的"合作主义"模式，即国家通过利益代表集团这个媒介实现与社会的"合作"，而且国家作为代表公共利益的"协调人"，推动不同的社会群体借助社会利益代表组织的媒介作用实现相互妥协与"合作"。

而瑞士实现这种"合作主义"是长期历史发展积累的结果。在国家和经济的关系上，瑞士总体上是经济领域比较强势，而国家及其管理机构比较弱势，这种整体格局是历史发展的结果。经济利益代表集团在瑞士先于政党而存在，而且由于瑞士本身的市场规模非常小，资源又很匮乏，各个州之间长期的松散结盟，导致各个地区的治理模式差别很大；所以，企业一开始就倾向于自我组织、自我发展，自由主义和分权治理长期盛行而使得国家治理的传统比较薄弱，市场和社会的自我组织能力被凸显出来。经济利益代表集团在制定行业规范、协调行业内部关系、全方位服务行业内企业、提升行业竞争力方面积累了丰富的经验和传统，在推动经济和社会发展方面，具有很高的社会认同度和权威性。早在瑞士联邦成立之后的19世纪，一些大型利益集团就成为联邦行使经济政策职权的主角。例如，1874年修宪之后，利益集团推动了瑞士关税政策的实施，以保护本土农业。转折发生在1947年，这一年通过修宪，在宪法层面上确认了利益集团将被邀请参与所有经济政策的制定和执行的"听证会"，由此正式确认利益集团参与公共决策的权利和方式。

如前所述，利益集团主要在两个方面发挥政治影响，一个是在经济政策制定的过程中，另一个是执行已经出台的经济政策，显然在这两个领域它们比政党或者议会中的党团更能代表区域的和行业的利益。由于"民兵"性质，瑞士联邦政府、州政府的规模和能力都非常有限，所以提供各个行业、各个地区的经济和社会发展的即时信息，这一职责由社会利益集团承

---

① Charbel Ackermann, Vollzug und Durchsetzung von Berufsbildungsrecht in der Schweiz: eine empirische Untersuchung, Ph. D. Dissertation, Universität Zürich, 1984.

担起来，政府根据这些信息做出的决策，也进一步"仰赖"社会利益集团协助执行。正由于此，利益集团事实上在经济和社会发展中掌握了"权力"。[1] 正因为有了利益集团的参与和发挥作用，事实上，联邦政府放弃了相当一部分经济政策的倡议和经济管理的职能。从这个意义上说，瑞士的经济利益集团是国家在经济生活领域的"代理人"。[2] 在对外经济政策上，这一特点仍然十分突出。瑞士与欧盟的相关谈判都是由一个固定的代表团完成的，其成员构成主要是高级政府官员和利益集团的代表；而政党和议会在其中能够发挥的影响力是非常有限的。

利益集团如此强势，当然与瑞士的政治制度分不开，因为直接民主权利的存在，利益集团作为人力、财力资源强大的组织，非常有"实力"发起全民公投，因而这成为它们最重要的筹码，在制定政策过程中成为施加压力的手段，以达成自己的诉求。即使在全民公投发起后——无论发起者属于哪个政党、哪个利益代表组织、哪个地区，利益集团的立场也至关重要，它们有资金和能力进行"造势"，如果它们站在议会一边，将是对政府的强有力支持，但是如果它们站在议会决策的对立面，将会对政府已经推出的决策构成严峻的挑战。[3]

也正是从这个意义上看，瑞士的经济政策某种程度上似乎不是出自国家，利益集团在制定和实施中都发挥核心作用，经济政策究竟应该解决什么问题——议程的提出，利益集团有很大的主导权；解决问题应该采用什么样的方式——解决方案的形成，利益集团有非常大的影响力。政策似乎出自利益集团，只不过政策出台的形式和兑现政策所采用的资源来自国家。

---

[1] Wolf Linder, *Politische Entscheidung und Gesetzgebung in der Schweiz*, Bern: Haupt, 1987, pp. 144 – 145.

[2] Erich Gruner, *Die Wirtschaftsverbaende in der Demokratie*, Erlenbach-Zuerich: Rentsch, 1956, pp. 105 – 106.

[3] Wolf Linder, *Politische Entscheidung und Gesetzgebung in der Schweiz*, Bern: Haupt, 1987, pp. 144 – 145.

瑞士是一个强调分权和自主性的国家，国家权力不仅"下沉"到地方层面，从经济政策的角度出发来看的话，国家的政策权力也"下沉"到了利益集团层面。

接下来的问题是，为什么资本一方利益代表组织更强势？

虽然实行"合作主义"模式，各个不同的利益群体需要相互妥协而达成"共识"，而其中最为核心的是涵盖资本和劳动双方的"社会伙伴"之间的"合作""共识"，不过在这对"伙伴"中，瑞士有一个非常突出的特征，那就是雇主集团相较于工会组织化的程度更高，在化学、食品和机械制造等领域参与利益集团组织平均指数达到70%以上，而相比之下，这些行业参与工会的雇员比例平均仅达到45%。① 在经济利益集团中，因为其承担的制定和实施经济政策的"使命"，因而在长期历史发展中也形成了分工：瑞士雇主协会（Der Schweizerische Arbeitgeberverband）主要"负责"社会伙伴关系及与之相关的社会政策；而瑞士经济协会（Economiesuisse）则"负责"秩序政策、对外经济政策和财政政策等与工商业发展密切相关的领域。因此，资本一方的利益代表组织，无论是对经济发展还是对社会分配，都有长期的专业研究和积累，在经济政策领域确立了自身专业性的地位。

由此不难理解，瑞士企业和生产者利益集团在政治决策中发挥的影响力更大，远远大于工会的力量，它们的专家能够顺利进入"专家委员会"并为其利益进行相关的政策研究，因此，企业和生产者一方总是从各种政策中受益，而劳工和消费者则成为相对弱势的一方。经济领域联邦政府的专业咨询委员会几乎被主流的利益代表组织的专家所"占领"，在联邦立法方面，经济界的影响力甚至高于政党，也高于州政府。

在"前议会"的咨询和协商阶段，特别是瑞士的工商协会和雇主协会，

---

① Peter Farago and Hanspeter Kriesi, *Wirtschaftsverbaende in der Schweiz: Organisation und Aktivitaeten von Wirtschaftsverbaenden in vier Sektoren der Industrie*, Gruesch: Ruegger, 1986, pp. 45–102.

有举足轻重的作用。因为瑞士是出口导向型的"外向型"发展经济模式的国家，拥有一些大型的跨国公司，它们在瑞士经济中扮演重要角色，因而代表这些大型公司的利益集团具有重大的决策影响力，相对于工会它们的影响力几乎是"压倒性"的。而这种社会精英层面的"前议会"阶段的协调和整合，一方面让瑞士的政治、经济和社会发展都很稳定；另一方面，面对国际市场的变化，瑞士又能够做出及时和灵活的应对。能够集自由、民主和稳定于一身，瑞士模式一直被视为最为成功的"小国"模式。①

另外，在瑞士模式中，人们关注的是，利益集团与政党甚至政府之间是如何"渗透"的？

在瑞士"共识"政治模式中，政党、社会利益集团、政府的相关主管部门都是参与协商谈判的"行为体"，但是在现实政治生活中，不同行为体之间的"渗透"现象非常引人注目。工会与政党的关系十分密切，当然这也是长期历史发展的产物。如瑞士工会联合会（SGB）就"隶属"于左翼政党社会民主党，而基督教国家工会联合会（Christlich-Nationaler Gewerkschaftsbund）一直在发展中与基督教社会党或者说CVP关系密切，因为最初这一组织是天主教徒的组织，现在则"隶属"于基督教政党。而政治结盟更突出地体现在工商利益集团和中右翼政党的结盟，主要是自由民主党，因为该党的成员也控制着政府中的政治精英。因而政治冲突不仅体现在工商利益集团与工会，也体现在左右翼政党之间。特别是在1973年石油危机之后，整个西方经济陷入困难境地，在这样的大背景下，在与社会分配和福利相关的议题上，工商利益集团和工会、左右政党之间的冲突张力很强。总体上看，权力态势上，几个工商利益集团的影响力远高于工会，它们在"前议会"阶段主要与联邦委员会、政府主管部门和三个执政党（右翼）进行谈判和博弈，所以工商协会、雇主协会与右翼政党的"权力"压倒了相

---

① Peter J. Katzenstein, *Corporatism and Change: Austria, Switzerland, and the Politics of Industry*, Ithaca (N.Y.): Cornell University Press, 1984, pp. 133 – 161.

对弱势的工会和左翼政党。

这样一来非常值得注意的是，利益集团和政党之间、利益集团和联邦政府主管部门之间"相互渗透"，以至于界限模糊，无法严格地划分清楚哪些是纯粹的"国家行为体"，哪些是纯粹的"非国家行为体"，而从利益集团与政党和政府部门官员的整合度来看，左翼政党和工会之间协调和整合得最好，当然这并不意味着其政治影响力更大。但是瑞士联邦委员会与其他的联邦政府主管部门不同，它主要采取中立立场，尽可能地不偏向任何一方，从而塑造公共利益代表者的形象。虽然瑞士的模式在外部世界备受赞誉，但我们看到的事实是，这一"合作主义"的美好时代，仍然是以工商利益群体的强势为标志的。①

## ◇◇第三节 瑞士的联邦制与"共识民主"模式

### 一 瑞士体制的基础：联邦与州的分权

联邦制是现代瑞士得以建立的基础，是理解瑞士政治体制的"钥匙"，如果对瑞士联邦制有一个系统化的认识，不仅有助于理解瑞士过去的成功，也有助于理解为什么瑞士今天面临着前所未有的挑战。瑞士的"共识民主"体制与其联邦制密不可分，不仅是其成功运作的"推手"，也是其面临挑战的重要因素。

1. "自下而上"建立的瑞士联邦和地方高度自治的传统

瑞士联邦建立的历史对其中央与地方事权与财权的划分产生了重大的影响。1789 年至 1848 年是现代瑞士联邦建立的最重要的历史时期，主张中

---

① Hanspeter Kriesi, *Entscheidungsstruktur und Entscheidungsprozesse in der Schweizer Politik*, Frankfurt: Campus Verlag, 1980, pp. 693 – 697.

央集权的自由派和主张地方独立的保守派之间围绕瑞士联邦建立展开的激烈斗争，构成了这一时期瑞士历史发展的主线。①

(1) 未获成功的建立统一共和国的尝试

早在 13 世纪，乌里（Uri）、施维茨（Schwyz）和下瓦尔登（Unterwalden）3 个州脱离了哈布斯堡王朝，建立了一个联盟。随着时间的推移逐渐有其他州参与其中，到法国大革命时期共有 13 个州成立了一个松散的邦联。法国大革命后拿破仑的军队入侵瑞士，1798 年 10 个州在阿尔高（Aarau）参照法国模式建立"一个统一的不可分割的瑞士共和国"，但是并没有获得成功，因为"老的"州不能够认同"新的"州在共和国的框架下与它们享有同等的权力。为了避免不肯放弃地方独立及其"特权"的"旧秩序"的州和支持建立统一新国家的州之间爆发内战，拿破仑批准修改宪法，这部 1803 年的宪法给予州一定限度的自治权。

拿破仑失败后法国在瑞士的影响被削弱。1815 年"维也纳条约"使瑞士获得了完全独立，各州自治的主张又开始重新抬头，这种背景下 25 个州组成了一个松散的共同体，并承诺通过各个州之间的互助保障其成员的安全，不过由于各州的代表都以本州的利益为准绳并且唯本州政府之命是从，这个建于 1815 年的共同体很难做出统一的决策②，各州仍然是各行其是。

(2) 自由派与保守派的激烈斗争与"自下而上"建立的瑞士联邦

接下来的几十年里瑞士历史的发展围绕着自由派和保守派之间的斗争展开，瑞士也被划分为两个阵营。自由派主张政治统一，而保守派坚决反对，坚持地方自治。在选择瑞士国家体制上的这种冲突实际上体现了经济、文化和宗教在瑞士不同地区的发展状况：自由派的阵营集中在新教和工业发达地区，他们希望通过政治统一推动统一市场的建立，从而进一步促进

---

① Wolf Linder, *Schweizerische Demokratie, Institutionen, Prozesse, Perspektiven*, Bern: Verlag Paul Haupt, 1999, pp. 27 – 29.

② Ibid..

资本主义经济的发展；而保守派则立足于以天主教为主、封建特权意识浓厚的农村地区，这些地区的人们仍然坚持认为天主教会应该在国家政治生活中发挥不容忽略的作用①。

两派之间随后爆发了内战，最终在1846年自由派战胜了保守派，1848年9月通过了以自由派主张为核心的新宪法，根据这部宪法，瑞士摆脱了由各州构成一个松散共同体的国家形态，成为一个新的现代联邦制国家，25个州成为瑞士联邦不可分割的组成部分，同时也拥有其自治权。

（3）1848年宪法的妥协和地方高度自治传统的形成

现代瑞士国家体制是在1848年宪法基础上最终确立起来的，这部宪法实际上是在支持和反对瑞士新国家体制的自由派与保守派之间进行妥协的结果。从瑞士联邦建立之初，绝大部分的事权及相应的财权都保留在各州，联邦政府拥有的权力很有限。不仅如此，根据1848年联邦宪法，在联邦决策层面，最小的乌里州和最大的苏黎世州在联邦参议院拥有同样的表决权，这样，较小的以农业为主的天主教各州在联邦决策中实际上拥有超出其实力的影响力，这些小州有能力修正由自由派主导的在联邦议会和政府都占有优势的州所做出的决策。这不仅给予这些最初反对新国家体制的天主教各州以更多的自由和权力，同时也给它们时间，适应新的现代国家体制，特别是政教分开、宗教信仰只是私人事务这种新国家模式。因此，19世纪自由派与保守派之间的冲突在新的政治体制框架下获得了最终的解决，联邦和州之间权力的划分兼顾了自由派和保守派双方不同的诉求，并在两者之间取得了平衡。② 而这种"自下而上"的历史建构进程也模铸了瑞士联邦

---

① Wolf Linder, *Schweizerische Demokratie, Institutionen, Prozesse, Perspektiven*, Bern: Verlag Paul Haupt, 1999, pp. 27 – 29.

② Wolf Linder, *Villmergen und der Lange Weg Zum Religioesen Frieden*, Vortrag an der Gedenkfeier vom 11. August, 2012, https：//www.ag.ch/media/kanton_aargau/bks/dokumente_1/kultur/erinnerungskultur_1/BKSAK_villmergen-gedenken_Linder.pdf.

制,即高度的地方自治和自主性成为瑞士联邦制的主要基调,而且这个基调一直延续到今天。

瑞士联邦得以建立,本身就是妥协和共识的结果,在处理最重要的联邦与联邦主体的关系上,依循的也是妥协与共识的原则,这不仅是瑞士联邦建立的重要原则,也成为瑞士全部政治生活运行的首要原则,这一原则在瑞士的政党体系、社会组织体系的建立和发展中体现出来,也在处理各个政治、经济和社会行为体之间的关系中体现出来,这一原则让所有的行为主体既能够保留自己的传统特色、捍卫自己的独立自主,同时又在"共赢"的基础上实现统一行动。

具体而言,无论是瑞士政党左、右阵营的划分,特别是右翼阵营内部的宗教和地区分野,以及为什么右翼政治阵营至今仍然在瑞士占有优势地位;还是工商协会、雇主协会和工会、农会等社会利益集团的产生与发展,以及为什么代表资本一方的社会组织始终处于比较强势的地位,包括影响政党与利益集团之间"渗透"或者说"结盟"的意识形态、宗教、地区等因素,如果要更好地理解共识民主模式中的这些基本要素及其之间的复杂关联,瑞士联邦制及其产生的过程,将提供丰富而有启发性的素材。

而传统自由派和保守派所代表的宗教信仰差别、社会阶层差别、城乡差别等,虽然随着社会发展、时间推移,已经发生了巨大的变化,但是在今天瑞士的政治和社会生活中,依然能够发现其历史的"遗迹"和线索,而且在新的时代背景下,以新的形式呈现出来,在瑞士共识民主模式面临的挑战中,我们将对此作进一步的探讨。

### 2. 州的自主权力

在瑞士联邦建立之初,联邦政府获得了一些"传统上"属于中央政府的权力,如军事、外交、邮政,以及统一关税、货币和度量衡等,但是其他属于地方职权范围内的事务联邦不得予以干涉,地方享有充分的自主性。① 第二次世界大战之后,由于工业化和城市化的快速推进,瑞士与其他国家类似,都出现了一种新的发展趋向,即越来越多的原本属于州的职权不断地向联邦层面转移。但是与其他国家相比,地方政府拥有更多的自治权力仍然是瑞士联邦制的基调。②

具体来说,在2008年瑞士推动战后规模最大的联邦与州财政关系改革之前,瑞士联邦与州的事权划分主要如下:除联邦政府拥有的国防、外交、经济政策和社会政策等管辖权力之外,州政府主要对切关民生的公共安全(司法与警察)、教育和医疗等事务负责。除此之外,还有一些联邦与州共同承担的职责,其中农业发展、民事权利保障和税收事务由联邦和州共同承担,而道路交通、贸易、工业政策、劳动保护、社会保险和环境保护等事务由联邦决策、州来执行。

但是,如果没有财政自主权,州政府很难施行其公共事务的管理权力。在瑞士联邦建立之初,州拥有的税收自主权就获得了宪法保障。州政府可以征税,州税和联邦税都是国家税收的重要组成部分。理论上来说,州可以征收仅限于联邦征收(如增值税)之外的所有种类的税,最重要的州税包括所得税、财产税、资本税等。③ 州不仅可以自主征税,而且还有权确定税率。

因此,瑞士联邦政府在19世纪最主要的税收收入来自关税,进入20世纪后,联邦政府几次尝试获取更多的征税权,以便有能力平衡各州之间的

---

① Jan Fivaz and Andreas Ladner, *Fallstudie*: *Neugestaltung des Finanzausgleichs und der Aufgabenverteilung (NFA) Zwischen Bund und Kantonen*, Forschungsbericht, Bern: Universitaet Bern, Oktober 2005.

② Adrian Vatter, "Die Kantone", in Ulrich Kloeti, Peter Knoepfel, Hanspeter Kriesi, Wolf Linder, Yannis Papadopoulos and Pascal Sciarini, eds., *Handbuch der Schweizer Politik*, Zuerich: Verlag Neue Zuercher Zeitung, 2006, pp. 203 – 232.

③ Roland Fischer, Tobias Beljean and Jan Fivaz, "Mehr Chancengleichheit und Eigenverantwortung. Der neue Schweizer Finanzausgleich zwischen Bund und Kantonen", *Vierteljahreshefte zur Wirtschaftsforschung*, Vol. 72, Iss. 3, 2003, pp. 407 – 422.

收入差距,但都无功而返。只是在第一次世界大战和第二次世界大战期间,在特殊的历史背景下,联邦才于1915年和1941年得以征收新的税种"战争赢利税"和"商品赢利税"。瑞士联邦政府在很长的历史时期里,都只限于征收非直接税,瑞士也是世界上唯一中央政府只能有限期地征收所得税的国家。①

表2-1显示,与联邦制国家及非联邦制国家相比较,瑞士中央政府的财政收入和支出占整个国家财政收入和支出的比重是非常小的,它充分反映了瑞士地方政府所拥有的高度自主性。

表2-1  中央政府的收入和支出占全部国家收入和支出的比重(%)

| 国家 | 收入 | 支出 |
| --- | --- | --- |
| 联邦制国家 | | |
| 瑞士 | 31.9 | 32.7 |
| 德国 | 30.0 | 31.5 |
| 奥地利 | 52.0 | 56.0 |
| 美国 | 43.9 | 58.4 |
| 非联邦制国家 | | |
| 丹麦 | 64.0 | 65.1 |
| 英国 | 76.9 | 92.0 |
| 法国 | 43.3 | 45.2 |
| 荷兰 | 57.7 | 58.5 |

注:收入根据1997年、2000年和2005年的平均值统计,支出根据1995年、2000年和2005年的平均值统计。

资料来源:Wolf Linder, *Schweizerische Demokratie: Institutionen, Prozesse, Perspektiven*, Bern: Haupt Verlag, 2012, p. 170。

---

① Philippe Koch and Daniel Kuebler, "Aufbruch zu neuen Grenzen? Debatten um den Schweizer Foederalismus", *Zeitschrift fuer Staats-und Europawissenschaften*, Vol. 9, Iss. 2, 2011, pp. 262 – 280; Wolf Linder, "Die deutsche Foederalismusreform-von aussen betrachtet. Ein Vergleich von Systemproblemen des deutschen und des schweizerischen Foederalismus", *Politische Vierteljahresschrift*, Vol. 48, Iss. 1, 2007, pp. 3 – 16.

从上述介绍可见，瑞士是非常"联邦制"的国家，其地方政府拥有实实在在的事权与财权，能够真正在地方事务中发挥实质性的作用，这对瑞士的政治生活和政治图景产生了重大的影响，所有的政治和社会组织，其公共领域活动的展开，都是围绕着联邦制来进行的。

3. 在21世纪维护"竞争联邦制"

"非中央集权化"和地方自治是瑞士联邦制的传统价值观念。而在全球化不断演进、国际竞争日趋激烈的新的历史背景和条件下，地方政府必须不断进行新的尝试和创新，才能够使本地区在区位竞争中占据有利的位置，从而获得更好的经济和社会发展机会。2008年，联邦与州关系改革，通过分解"交叉"权限以克服联邦和州在事权与财权划分上存在的弊端，新的权力划分使州的自主性得到了加强，这无疑促使瑞士地方自治的传统价值在新的历史背景下重新焕发生机。

通过联邦与州之间更清晰的事权和财权划分，有利于实现纳税人、决策者和公共产品享有者"三位一体"，这不仅对于税收贡献者来说更公平，更重要的是有利于加强各州之间的竞争。① 由于自主性的提高，各州会竞相进行政治创新和实验，通过不断的学习寻找新的更好的解决公共问题的方法，更快、更灵活地适应环境的最新变化，提供更让人满意的公共产品和服务，从而使自己始终保持竞争力。从这个意义上来说，联邦与州之间新的权力划分能够激发整个瑞士联邦体制的活力。②

瑞士各州的事权和财权拥有宪法层面的保障。如果联邦要获取原本属于州的权力，必须有充分的依据说明这项权力不适宜放在州这一政府层面

---

① Rene L. Frey, "Standortwettbewerb und Finanzausgleich", in Rene L. Frey, ed., *Foederalismus-zukunftstauglich?* Zuerich: Verlag Zuercher Zeitung, 2005, pp. 11–42.

② Wolf Linder, "Die deutsche Foederalismusreform-von aussen betrachtet. Ein Vergleich von Systemproblemen des deutschen und des schweizerischen Foederalismus", *Politische Vierteljahresschrift*, Vol. 48, Iss. 1, 2007, pp. 3–16.

施行，而且必须经由必要的程序即修改宪法，而修改宪法不仅需要各州批准，还需要全民公投通过。宪法第47条为州在管理权限和财政方面的自主性提供了保障：第一，联邦要保障州的自主性；第二，联邦要保障州充分行使其自主权力，并且保障其拥有充分的财政来源使其能够有必要的财力完成其所承担的公共职责。每次修改宪法必须由各州批准和全民公投同意，特别值得注意的是，在全民公投中人口规模较小州的公民拥有双倍的表决权，以保障他们的诉求得到充分的表达，不致被人多势众的州的主张淹没。[1] 而全民公投对修改宪法具有重大影响，1848年至1997年共计有188次修改宪法的建议交由全民公投，其中的1/4即48次在全民公投中被否决。[2]

由于州拥有高度的自主性，不仅拥有事权，也拥有与之相配的财权，地方事务和地方政治是瑞士政治生活的重要组成部分，因此联邦体制对瑞士政党体系的发展、"社会伙伴"之间的合作、瑞士共识民主模式的发展，都产生了极其深刻的影响。

## 二 联邦制度对政党体系的影响

联邦制度对瑞士政党体制的影响是最为突出的。在不同的州呈现出来的政党发展状态有非常大的差别，相比之下，如果哪个联邦层面发展的党想在联邦层面维持政党的统一性，比州层面发展的党但在联邦层面整合起来更困难，从这个意义上很难说，政党展开了联邦层面的竞争，而更确切

---

[1] Wolf Linder, "Die deutsche Foederalismusreform-von aussen betrachtet. Ein Vergleich von Systemproblemen des deutschen und des schweizerischen Foederalismus", *Politische Vierteljahresschrift*, Vol. 48, Iss. 1, 2007, pp. 3–16.

[2] Wolf Linder, *Schweizerische Demokratie, Institutionen, Prozesse, Perspektiven*, Bern: Paul Haupt, 1999, p. 136.

的是，在不同的地域空间或者说州层面根据不同党派各自关注的焦点展开竞争。甚至有人形容，瑞士不存在一个政党体系，而是有多少个州，就存在多少个政党体系。①

那么这样一种主要在州层面发展的非常联邦制式的政党体制，对主要的大政党来说就呈现出碎片化的特点。同样，一个政党在不同的州主要诉求就可能非常不同。例如，瑞士的主流政党——基督教民主党，在天主教占主导地位的州它具有垄断的地位，是卓尔不群的执政党，但在德语和法语"双语制"的伯尔尼州，基督教民主党几乎一直作为反对党存在，其核心的使命就是捍卫这个州里的信仰天主教的法语区少数群体。

在了解瑞士联邦建立历史之后，不难理解各个州复杂的政党政治背景。一些以天主教信仰为主的州，共同的特点是它们实现工业化的进程晚于以新教信仰为主的州，传统的宗教信仰派别上的冲突至今仍然以基督教民主党和自由民主政党之间的政党对峙形态表现出来。因为社会阶层之间的矛盾不突出，或者确切地说都掩盖在信仰差别里面了，所以，在这些州左翼政党的影响力十分脆弱，而且这些州城乡之间的矛盾也不明显；同样是有信仰问题的遮盖，因为农村地区以天主教信仰为主，而城市地区更世俗化，倾向于支持自由民主党，后来也支持左翼政党。在存在不同宗教信仰的德语州，传统的宗教和阶级差别早已平息，所以在这些州左翼政党具有较大的影响；而在宗教信仰混合的法语区，左翼政党的势力更加强大，与保守的自由派和进步的自由民主党形成竞争。

因为地方有真实的事权与财权，可以独立收税，所以地方政治拥有区别于联邦和其他地区的自主性，地方政治是政党发挥作用的重要场所，从政党政治角度看，瑞士的地方政治图景千差万别，非常复杂、丰富，各地的发展水平和诉求、产业分布、人口规模、文化和宗教传统都各具特色，

---

① Klaus Schumann, *Das Regierungssystem der Schweiz*, Cologne: Karl Heymanns Verlag KG, 1971, p. 125.

因此，公共政策运用的空间很丰富。在联邦"共识"之外，政党还可以在地方层面保有"自主"的空间，满足当地公民的需求；同时，地方政治也可能成为联邦政治的"反对派"，从而推动在联邦层面的"共识"中，本地的利益能够被更多地关注。

从政党与人民的"联结"来看，瑞士政党体系的碎片化还体现在政党在市镇层面发展非常活跃。瑞士全国的2000余个市镇，约有1/3的市镇没有政党群体的活动；但是如果看到以下事实，即瑞士的60%的市镇居住人口都在1000人以下，不得不让人对瑞士基层的政党活动印象深刻，可以说，瑞士人口超过2000人的市镇就会有政治群体在活动，而这其中70%的政治群体都分别属于瑞士的四大政党。①

事实上，在瑞士的地方层面，比如州和城市层面，不仅有主流政党，还有众多的其他党派参与执政，包括人们所熟知的绿党甚至还有法语区的瑞士共产党。

另外一个不容忽视的因素——瑞士是实行直接民主制的国家，因此即使是非常小的政党，也能够在不同政府层面发动全民公投请示时，发挥重要的作用。而每个政党，都坚持自己独特的政治诉求和取向，各政党的意识形态非常不同，从这个意义上来看，瑞士的政党体系又呈现出了"分化的多元主义"特色。

## 三 联邦制度对社会利益集团的影响

瑞士人在"社会伙伴"机制的实践中更多地采取"分权"、灵活的操作方法。相较于在德国几乎80%、在瑞典几乎全部的劳资关系状态都是由

---

① Andreas Ladner, "Die Schweizer Lokalparteien im Wandel. Aktuelle Entwicklungstendenzen gefährden die politischen Stabilität", *Swiss Policitical Science Review*, Vol. 2, Iss. 1, 1996, pp. 1 – 24.

"社会伙伴"共同来规范的,在瑞士只有50%的情况如此。之所以有如此的差别,是因为在瑞士的"社会伙伴"看来,国家介入的,应该只是超越"社会伙伴"职能之外的事物,尽管国家对劳动条件和待遇,以及解决劳资冲突的方式有相关的规范,但是劳资双方都认为他们有"自治权",即使在国家规范之外,他们仍可以灵活地自行签订双方都认可的协议。由于瑞士高度自治的联邦体制,在劳资协议上面也充分体现出来,比如一些行业的"社会伙伴"在地区层面上推出自己的工资协议。不仅有地区层面的"自治"性质的协议,还有更"微观"的企业层面的,一些企业即使行业协会已经达成了协议,但是在企业内部的劳资双方的协定中仍然可以将行业的总协议否决,而采用企业自身的协议。①

地区层面的"社会伙伴"之间的合作,显然给联邦层面"共识民主"之下"统一"决策之外,各个地区由于区域发展存在的差异而可能产生的具有独特性诉求的满足,开辟了更灵活的政治空间。在联邦层面参与磋商的行为体,往往都是大型的利益集团,代表全国层面整体的利益诉求和意愿,但是在联邦相关决策难以覆盖的领域,比如位于阿尔卑斯山区的一些州,以农牧业为主,它们的经济和社会发展,与苏黎世这样非常国际化的地区有很大的差异,苏黎世地区有很多国际化程度很高的企业和相关行业,它们如何与欧盟和全球经济融合,从而进一步提高自身的竞争力,是其必须面对的主要课题;而对于阿尔卑斯山区的居民来说,如何维持单个农户或者小型农场的经营则是头等大事,因此,地区层面的解决方案可以作为一种有效的补充,让所有行业和地区的公民各得其所。另外,即使联邦决策覆盖了所有地区,但是在瑞士的地方分权体制之下,地方仍然有做出自己选择的权力。换一个角度看,这种地方自我选择的可能性,也与公民拥

---

① Daniel Oesch, "Weniger Koordination, mehr Markt? Kollektive Arbeitsbeziehungen und Neokorporatismus in der Schweiz seit 1990", *Swiss Political Science Review*, Vol. 13, Iss. 3, 2007, pp. 337 – 368.

有的直接民主权利一样,这种地方成为"反对派"的可能性,会反过来推动联邦层面的"共识"更具有多元包容性。

因此,联邦制让"共识民主"具有更大的"弹性":既可以刺激和强化"共识",以实现最大范围和限度的"共赢",同时也拥有从"共识"中"逃离"的自由和出路。联邦制在某种意义上让"共识民主"能够维持一种"平衡"。

## 第四节 瑞士的直接民主制与"共识民主"模式

西方民主体制的运行近些年来一直遭受很多批评和质疑,主要集中在三个方面:投票率和其他形式的政治参与下滑,政治决策越来越远离民众最初的诉求和意愿,民众对政府的信任及对民主的满意度都在发生动摇,这些都给民主体制的合法性带来严峻的挑战。[1] 而直接民主无疑是修正这几个严重问题的有效形式。[2] 虽然对现行体制失望,但是民众仍然忠诚于民主的基本原则和规范。事实上,对目前民主体制运行状况的不满,恰恰反映了民众对民主的期望值已经提高了;而直接民主能够以更直接的方式给富于批评性的民众更多的政治参与机会。[3] 另外,受教育水平的普遍提高和技术的不断进步,使公民参与政治的能力也不断增强,因而近年来世界范围

---

[1] Arndt Leininger, "Direct Democracy in Europe: Potentials and Pitfalls", *Global Policy*, Vol. 6, Iss. 1, 2015, pp. 17-27.

[2] David Altman, "Does an Active Use of Mechanisms of Direct Democracy Impact Electoral Participation? Evidence from the US States and Swiss Cantons", *Local Government Studies*, Vol. 39, Iss. 6, 2012, pp. 739-755.

[3] Pippa Norris, *Democratic Deficit: Critical Citizens Revisited*, Cambridge: Cambridge University Press, 2011, pp. 1-17.

内可以说掀起了一股要求扩大直接民主并且将其进一步制度化的浪潮。① 对于普通民众来说，直接民主可以使他们有机会修正由人民代表已经做出的政治决策；同时，直接民主的运用也可以督促决策者们必须更多地倾听选民们的真正诉求究竟是什么。

据统计，世界上58个民主国家中，在1975年至2000年之间，有39个国家至少在全国层面上进行过一场全民公投（公民复决），而从没有在全国层面上进行过全民公投的国家有美国、印度、日本和德国。② 如果与世界上其他国家相比，欧盟成员国在第二次世界大战后一共发起全民公投286次；而瑞士在1990年至2009年间全民公投达186次；在同一历史时期，美国加利福尼亚州发起州内公投123次。从欧盟的整体来看，2/3的欧盟成员国都在全国层面上将直接民主机制化，9个欧盟成员国允许就公民的动议举行全民公投，23个成员国允许就政府动议进行全民公投复决，后者是欧洲直接民主的主要形式。比利时、塞浦路斯、捷克、德国和荷兰在欧盟成员中缺少全国层面上直接民主的相关规范，而其中只有德国在第二次世界大战后从未举行过全民公投。15个成员在决定加入欧盟时举行了全民公投。与此相对应的一个令人关注的数字是，与20世纪50年代相比，进入21世纪后，欧盟28个成员国在国会大选中的选民投票率从81.9%降至67.5%。不过直接民主也被质疑是繁荣还是埋葬代议制民主，以及全民公投的投票率事实上还低于同级的议会选举。正面意义上，通过全民公投复决，首先，复决造势和相应的媒体讨论，能够给公民提供更多的信息，总体上也可以潜在地提升公民对政治的兴趣

---

① David Altman, "Does an Active Use of Mechanisms of Direct Democracy Impact Electoral Participation? Evidence from the US States and Swiss Cantons", *Local Government Studies*, Vol. 39, Iss. 6, 2012, pp. 739 – 755.

② David Altman, *Direct Democracy Worldwide*, Cambridge: Cambridge University Press, 2010, pp. 1 – 29.

特别是对选举的兴趣;其次,激发和推动公民之间对相关政治议题的讨论,提高政治效率;最后,复决常态化有助于营造政治参与文化。①

从苏黎世大学"直接民主研究中心"的相关统计来看,自1848年瑞士联邦正式成立至2017年,公民公投(包括强制性公民复决、公民复决和公民动议三种不同的形式)举行了600余次,最集中的议题是"间接税收"(44次)、联邦与州关系(43次)、环境政策(36次)、基本权利(34次)、移民政策(30次)。

## 一 瑞士的"全民公投"

现代民主政治的重要发展体现在拥有投票权不再是某个有产阶级或者利益群体的特权,而是属于每个公民个人的基本权利。这一发展经历了不平凡的历程,它的最初创意来自法国大革命中的法国政治思想家,19世纪在实践层面上获得了进一步的发展。在瑞士,直接民主最早在州层面逐渐获得发展。1831年奉行自由主义的伯尔尼、卢尔茨、沙夫豪森、阿尔高、圣加仑、瓦特和巴塞尔,实行宪政体制,国家权力三权分立,议会和政府由人民选举产生,并在"人民主权"名义下发起了一场直接民主运动,并在这几个州尝试实践直接民主。到19世纪60年代,形成今天我们所熟悉的直接民主的"两步走"的基本程序:先征集签名,然后交付全民公投,并最终以多数意见为准。也形成两个直接民主的基本形式:一个是公民动议,它是在议会表决之前形成,是对人民代表政治决策的建议;另一个是公民复决,即在议会已经表决之后,对其进行全民重新检视。直接民主在瑞士联邦层面的发展比地方层面的发展要滞后一些:1848年现代瑞士联邦建立时,仅宪法修改有全民公决"复决"的规范,对其他立法的公民"复决"

---

① Arndt Leininger: "Direct Democracy in Europe: Potentials and Pitfalls", *Global Policy*, Vol. 6, Iss. 1, 2015, pp. 17 – 27.

和公民立法动议则是在1874年和1891年才正式确立下来。瑞士著名的政治学家林德（Linder）认为，如果严格地定义，"直接民主"就是指公民是政治决策的唯一主体，而像瑞士这样的政治体制，把政府机构议会的决策和公民的决策两者相结合的方式，实际上是一种"半直接民主"的体制。当然这种民主体制与其他的民主体制相比有很大的不同，多数的民主体制中，公民的决策权利往往只体现在选举当中。在瑞士这种"半直接民主"体制中，三个要素相结合：人民，拥有最高级别的民主合法性，不仅参与决策，而且在宪法意义上对政治议题拥有最后的决策权力，它主要通过公民动议和强制性公民复决来实现。议会，拥有第二级别的合法性，在法律意义上，对政治议题具有次等的决策权力。因为它的决策具有被公民复决否决的可能性。政府，比人民和议会的民主合法性更弱一级。政府制定其职责范围内的一般性规范，并具有独立性。政府的规范和措施通常不受全民公投的约束。[1]

全民公投是瑞士政治体制独特性最突出的体现。瑞士的政治体制与人们熟知的两种西方民主体制都不同：以英国为代表的议会民主制重点在于执政者和反对派之间不断轮流执政，权力在执政者和反对派之间不断转移；以美国为代表的总统制的重点在于立法、行政和司法权力之间的制衡。这些体制都只有一个目标：通过权力之间的相互制衡来保障让政治权力始终运行在为公民服务的轨道上，因为政治权力的本质是属于人民的。而瑞士在19世纪探讨和确立公民政治权利时，也碰到这样一个必须有效给予解决的问题：既然人民是政治权力的主人，那么具体而言，哪些是人民应该决策的事务，哪些是属于议会和政府负责的范畴？否则，在每个具体的决策过程中都可能会产生各种问题和摩擦。而最后由瑞士宪法解决了这个问题，即把最后的决策权交给人民，并且规定了议会和政府在宪法、一般立法和

---

[1] Wolf Linder, *Schweizerische Demokratie. Institutionen, Prozesse, Perspektiven*, Bern: Haupt Verlag, 2012, pp. 264–265.

行政规范等领域的不同立法阶段承担的职责。当然，并不是所有的立法都由全民公投来进行最后决策，而是涉及宪法和其他重要立法或者有争议的法案时，才由人民来决定。这样，在瑞士的政治决策中，就有一个非常明确的工作程序：所有重大决策归人民，重要规则的决策归议会，其他决策归政府。其他国家也运用全民公投作为直接民主的实现方式，但是它们通常由政府或者议会根据政治局势的发展来决定，是否把某些法案最后交由全民公决；瑞士与之不同的是，全民公投权利是一种宪法保障的权利。虽然"重要"的决定交予全民公投，但是议会和政府没有可能通过把所有决策都定义为"非重要"，从而逃避公投，根据瑞士宪法，只要在公民中产生异议的决策，都可以启动全民公投程序。这是瑞士政治体制独特性和优越性的体现。① 瑞士公民普遍以其全民公投权利和制度安排为骄傲，直接民主制度的长期实践，也推动了瑞士政治文化观念的形成，瑞士政治文化的一个核心就是对通过直接民主保障合法性的坚定信念，因此，瑞士人认为公民动议和公民复决比选举更为重要。直接民主权利的实施，也不仅仅局限在政治领域，而是"蔓延"到其他领域，例如在社会组织、企业和社团等管理中，这种方式也广泛地被采用，"直接民主"不仅是瑞士人的"情怀"，而且成为瑞士人的"生活方式"，成为"瑞士"的重要组成部分和"标识"。

瑞士是联邦制国家，州和社区都有相当的自主性，直接民主的施行也拓展到州和社区层面，州宪法和重要立法、社区层面的重要事务，也采取全民公决的形式，把最后的决定权交给人民。瑞士目前通行的做法是，一旦在联邦、州和社区层面启动了公民动议或者复决，并且进入交付全民公投的阶段，将由政府设置一个统一的投票日，在同一天（通常是一个月最后一周的星期日）公民可以就联邦、州和社区的公投主题分别进行投票，

---

① Wolf Linder, *Schweizerische Demokratie. Institutionen, Prozesse, Perspektiven*, Bern: Haupt Verlag, 2012, pp. 266–269.

做出自己的选择。而投票前，每个公民都收到三级政府分别邮寄的相关材料，包括公投的主题是什么、为什么启动公投等的说明。联邦议会会给每位选民在公投前发放相关的信息手册，手册中包括公投的选票和政府的基本立场，同时还包括议会少数的意见以及公民复决或者公民动议的意见。而联邦议会的意见是与此分开的，议会的意见这里是指议会多数的意见，涉及其对公共的长远的利益和国家政策的影响。联邦政府方面常常由政府主管部门的负责人，在关注度高的电视节目中出现，阐明政府的意见，或者与各持己见的其他行为体一起参与讨论节目；但是与其他国家不同的是，瑞士政府在这个环节上非常克制和谦虚，尽可能地展示一种"中立"的立场和尊重选民的态度。而在瑞士的邻国法国，发动全民公投是宪法赋予总统的权力，在公投举行前总统通常会发表专门的电视讲话，让人们记忆犹新的是戴高乐时期，戴高乐总统经常借助电视发表富有感染力的讲话，呼吁法国公民在公投中对其予以支持。瑞士社区层面往往就非常具体的问题进行公投，比如修建社区道路，社区为此必须向每个公民说明为什么修这条道路，它将给社区带来哪些便利，它的具体预算和工程工期怎样……公民投票的时间和方式也多样灵活，包括可以提前通过邮寄的方式寄出自己的选票等。

另外，不容忽视的是，瑞士公民都有权利发起全民公投，但是，在实际操作中政党和社会组织发挥着更为核心的作用。在瑞士，公民动议的启动需要10万名选民的签名。据统计，每征集一个签名花费2—6瑞士法郎，一个动议的签名需要20万—60万瑞士法郎。这对于发动动议的小型公民组织来说，是比较大的财政负担。近些年来，随着互联网和社交媒体的广泛应用，可以采取电子方式收集签名，使签名征集的费用大大降低。相较于政府，各个政党及其政治家都在全民公投前非常活跃，它们认为全民公投甚至比在议会的咨询阶段更为重要，因为它能够向选民更清楚地表明各个政党在具体的问题上究竟采取何种立场。各个社会利益集团如经济、职业等不同行业的利益代表组织，以及各种社会组织如环保组织、教会等，在全民公决前通常都很活跃，如果公决的主题与之相关。它们与政党相类似，对其成员的立场和选择有着非常大的影响力。一些成员强大的社会组织，甚至还会投入资金，进行宣传和动员。事实上，一些经济利益团体，其动员和发挥影响力的能量非常大，不仅过去如此，至今仍不容忽视。

## 二 全民公投与"共识民主"模式

全民公投与共识民主就像一枚硬币的正反面，二者实际上是相辅相成的关系，如果没有全民公投，也不会有稳定、持续的"共识民主"模式运行；而离开了共识民主，全民公投也失去了其积极和正面的意义。

从瑞士的实践来看，全民公投直接民主的实行，强化了"共识民主"。因为启动全民公投是公民的基本政治权利，任何政党、社会组织、公民团体和个人，都有权利依法发动公民动议和复决，这样，公民和公民团体实际上都可能在某项公共议程或者决策上，成为政府的"反对派"。[①] 正是由于公民公投在瑞士"威力"巨大，所以迫使瑞士无论是在政治制度的设计上还是在政治体制的实际运作中，都尽可能地把社会各个利益群体都包容在一起，并通过协商的方式，进行整合。这里最明显的体现就是瑞士政府是一个"全政党"政府，联邦委员会的席位是根据一定比例在各政党之间划分的。特别是全民公投的压力，使政府和议会都不想已经通过的法案受到某些利益群体和社会组织的质疑，而走全民公投的程序；因为一旦走直接民主程序，就有50%被否决掉的可能性；因此致力于在法案正式通过前，能够把各个利益相关方召集在一个平台上进行相互磋商，相互妥协，以达成"共识"。这是瑞士政治的一个突出特征，"前议会"阶段具有突出的重

---

① Wolf Linder, *Schweizerische Demokratie. Institutionen, Prozesse, Perspektiven*, Bern: Haupt Verlag, 2012, pp. 266 – 269.

要性。

　　什么情况下会启动公民复决？通常是议会的某项决策，使某个群体的利益受到损害。那么怎样避免公民复决程序的启动？前提是政府和议会的决策必须不损害任一群体的利益。这从经济学角度来看，就是典型的实现了"帕累托最优"社会资源分配。而这从政治的角度来看，是非常难以实现的。虽然瑞士的"前议会"磋商和妥协机制非常发达，受到各方重视，但是即使达成"共识"，即多数参与方或者说行为体认可的方案，不能够完全排除仍然有"少数派"对这个"多数派"通过的方案不满意，因此不仅发动公民请愿，更愿意将之付诸全民公投。"少数派"一旦在全民公投中获胜，那么就否决了新方案，回到"以前"的状态，以避免利益受到损害。因此，直接民主制度实际上在"多数派"和"少数派"的关系上形成一种张力和变化的可能性。这种可能性对议会作为最重要的决策机构来说，也是一种风险。如何避免风险，关键环节还在于"前议会"磋商。[①] 这个阶段的战略绝不应该是"零和博弈"、非此即彼，而应该是尽可能地把所有利益相关方都包括进来，然后，进行相互妥协。妥协到什么程度？最低是 0.5 的指数，即这个方案会最大的可能性成功获得通过；同时，少数反对派发动请愿和公投的可能性最低。当然，即使如此，也不能排除本来已经达成妥协协议的某一行为体，在法案获得通过后，从之前的协议中退出，而发动全民复决。

　　直接民主的制约推动瑞士的"共识"政治，核心在于利益"整合"。因为任何一个利益群体，即使是规模非常大的群体如果失去对政治决策的影响力，其生存就会遭遇挑战，如瑞士工会，曾经在社会自由主义时期声势浩大，但是进入 20 世纪 90 年代后，其影响力的萎缩也造成了成员的大量流失；同时，任何一个即使拥有巨大影响力的群体，也不可能操作通过以其

---

① Wolf Linder, *Schweizerische Demokratie. Institutionen, Prozesse, Perspektiven*, Bern: Haupt Verlag, 2012, pp. 278–287.

他利益群体的牺牲为代价的立法。直接民主从这个意义上看，是少数对多数的反驳方式，它说明任何多数都不具有永远的效力，多数和少数之间的平衡是不断变化的。因为少数派总是有"翻盘"的可能性存在，所以"整合"是必需的。全民公投制度的存在，虽然制约了"创新"，但是推动了"整合"。

前面谈到的是关于公民复决对共识民主的意义。在瑞士，公民动议同样是直接民主的形式，但二者在政治生活中扮演的角色却各有千秋。公民复决是充当"反对派"的角色，某种意义上阻碍了创新，因为任何超出"共识"范围的创新都带有很大的风险性，在公民复决中往往形成应和者寥寥，取得预期成功的可能性非常低；而与之相比，公民动议则是以创新为出发点的，它的核心目的就是推动变化、推动改革，特别是针对瑞士政治决策模式的特点，公民的创意就是要打破各方妥协、达成共识的方案。① 当然，公民动议也有以诉诸公民复决形式出现的。公民动议相比之下获得成功的比例历史上看非常小，大约是1/10，而成功的案例里，大都是公民复决形式的。

那么为什么还有很多瑞士公民采用这种直接民主形式？首先，这正是瑞士的"共识"和"整合"决策模式特点决定的。这种模式比其他国家的少数服从多数的议会民主决策更能够照顾到尽可能多的社会群体利益，但对于没有被"共识"和"整合"覆盖到的群体，他们的机会大门就被关上了。而公民动议，则迫使政府不能够无视或者低估瑞士社会发展中存在的重要现象或者趋势。例如，取得成功的公民动议：早些年禁止修建新的穿过阿尔卑斯山的交通隧道（1994），还有近些年来在欧洲和全球范围内都引发轰动效应的禁止建穆斯林祷告报时的光塔（2009），把犯罪的外国人驱逐出境（2010）……这些似乎"逆潮流而上"的"动议"跟瑞士融入欧洲和

---

① Wolf Linder, *Schweizerische Demokratie. Institutionen, Prozesse, Perspektiven*, Bern: Haupt Verlag, 2012, pp. 278–287.

世界、瑞士经济和社会的开放等"主流"价值观以及世界对瑞士的认知存在很大的差距，也是"少数派"发起的，但是，结果却令人大跌眼镜，最后这些方案成为多数瑞士公民的"选择"。

除了经由全民公投获得胜利这样的直接方式外，公民动议还有非直接的方式推动政治和社会进步，因为一旦公民有了新的创意，并且已经形成了方案，给政府形成了无形的压力，迫使政府在其拟定的相关法案中必须考虑公民的倡议，这样，公民动议就是与政府博弈的"筹码"，而公民动议中的诉求后来在议会的法案中体现出来，这样的例子在瑞士屡见不鲜。

当然，公民动议的创新性是其最显著的特点。在"共识"政治中完全被忽略的议题，却可以以公民动议的形式引发政府和全社会的重新审视；这样，借由这种形式，政治考量的可能性和空间被大大地拓展了，尤其是迫使政府去看到新的问题、新的现象，并开始着手用新的方式解决问题。公民动议是创新的开路先锋。

# 第 三 章

# 全球化和欧洲一体化给瑞士带来的挑战

瑞士虽然不是欧盟成员国,但是与欧盟建立了紧密、独特的关系,经过几十年的发展,双方已经"休戚相关"。

根据瑞士外交部2018年4月提供的报告,[①] 瑞士作为世界上最发达的国家,2016年的经济增长率为1.4%,2017年则下降为1.0%;与之相比,欧盟28国2016年增长率为2.0%,2017年升至2.4%,德国2016年和2017年的数据为1.9%和2.2%,法国则为1.2%和1.8%,意大利为0.9%和1.5%,奥地利为1.5%和2.9%。2016年瑞士人均的国内生产总值为57900欧元,欧盟28国2016年和2017年的数据为27000欧元和27600欧元,瑞士的邻居德国为34700欧元和35300欧元,法国为31700欧元和32200欧元,意大利为25900欧元和26300欧元,奥地利为36300欧元和37100欧元。瑞士作为一个小规模的经济体,其人均创造财富的能力远远高于其欧盟成员国邻居和欧盟整体。在高效率创造财富的同时,另一项统计数据也让瑞士表现突出,瑞士在2016年和2017年的失业率为5.0%和4.8%,欧盟整体为8.6%和7.6%,瑞士的邻居德国为4.1%和3.8%,法国为10.1%和9.4%,意大利为11.7%和11.2%,奥地利为6.0%和5.5%。在青年就

---

[①] Eidgenoessisches Department fuer auswaertige Angelegenheiten EDA, Schweiz-EU in Zahlen, April 26, 2018, https://www.eda.admin.ch/dam/dea/de/documents/faq/schweiz-eu-in-zahlen_de.pdf.

业上，瑞士也表现上佳，2016年和2017年的失业率仅为8.6%和8.1%，而同期欧盟28国则高达18.7%和16.8%，德国为7.1%和6.8%，法国则为24.6%和22.3%，意大利为37.8%和34.7%，奥地利为11.2%和9.8%。虽然瑞士的失业率比很多欧盟国家要低得多，但是纵向比较来看，瑞士的失业率近些年来呈向上攀升之势，因此，很多瑞士人将此归咎于瑞士与欧盟的人员自由往来协议，一些欧盟成员国的公民，尤其是瑞士的邻居，抢走了瑞士人的饭碗。

瑞士与欧盟的贸易关系是双方关系中最重要的部分，以2017年为例，瑞士的总出口额为2200亿瑞士法郎，其中出口欧盟的货物占整体瑞士货物出口的53.00%，已经超过出口额的一半；出口德国占比为18.66%；出口美国则排在单个国家市场的第二位，占比为15.28%；出口法国、意大利和奥地利占比为6.17%；而相比之下，出口中国占比为5.17%，接近瑞士的邻居。从进口来看，瑞士2017年总货物进口额为1857亿瑞士法郎，其中71.42%自欧盟28国进口，自德国、法国、意大利和奥地利的进口占比为18.18%、7.95%、9.7%和4.21%，相比之下来自中国和美国的进口占比为7.00%和6.83%。从以上统计可见，欧盟是瑞士最为重要的贸易伙伴，承载了绝大多数瑞士产品的进出口，瑞士与欧盟的经济相关性极其强烈。如果反向进行比较的话，2017年欧盟的总货物出口额为18787亿欧元，其中出口美国占总货物出口额的20.00%，出口中国的占比为10.55%，出口瑞士则占8.03%，美国和中国是世界上经济体量和出口规模最大的国家，对于欧盟来说，瑞士作为其出口市场的地位，仅随在美国和中国之后，瑞士对欧盟也有不容忽视的重要作用。相比之下，欧盟货物出口俄罗斯在总体出口中占比仅为4.59%，出口日本占3.22%。欧盟2017年总进口额为18559亿欧元，进口来源主要为中国和美国，占欧盟总进口额的20.18%和13.77%，俄罗斯为欧盟提供大量能源，进口占比为7.82%，而瑞士排在俄罗斯后面，为5.95%，也超过了日本的3.7%。而在服务贸易领域，瑞士有着传统优势，与欧盟的贸易关系更显紧密和重要，2017年欧盟的服务贸易出口额为8816亿欧元，出口美国占比为26.38%，而出口瑞士紧随其后，占比为13.98%，出口中国和日本仅占4.80%和3.77%。欧盟2017年服务贸易进口额为7002亿欧元，其中来自美国的进口额占比30.69%，瑞士紧随其后，占比为10.06%，中国和日本仅占4.12%和2.43%。从欧盟贸易进出口统计看，瑞士无论是在货物上还是在服务贸易上，都是欧盟重要的伙伴。

从直接投资角度看，瑞士2016年在国外的总投资额为12147亿瑞士法郎，其中52.00%投资在欧盟28国，超过总投资额的一半，投资美国的资金占19.30%，不足20%，投资中国仅占1.76%。反向统计显示，瑞士2016年吸引外资总额9654亿欧元，其中来自欧盟的直接投资占总额的78.37%，来自美国的资金占12.86%，来自日本的资金仅占0.55%。由此可见，无论是吸收资金，为经济的持续发展注入新鲜血液，还是"走出去"投资，寻求更大规模的赢利，欧盟都是瑞士最为重要的合作伙伴（没有之一）。从直接投资角度看，瑞士离不开欧盟。

移民方面的统计，是瑞士与欧盟关系的一大痛点。2016年的统计显示，瑞士居民总数为841万人，其中外国人有210万人，数量相当庞大。其中，来自欧盟28国的常住居民有138万人，是最大的外国人群体；相比之下，来自俄罗斯的常住居民只有15516人。2017年最新统计的跨境工作的"通勤"人员总数为31万人，主要来自瑞士的周边国家，其中来自法国约17万人，来自意大利约7万人，来自德国约6万人，8000余人来自奥地利。瑞士自20世纪90年代以来，人口快速增长，迅速突破700万人大关，并且目前的增长速度仍然不减，让瑞士的公共空间和公共服务负担日益加重。从统计数据可见，增长人口的来源主要是欧盟成员国，而增长的原因与瑞士和欧盟签订的人员自由流动协议直接相关。因此，在对待与欧盟关系上，来自欧盟的移民推动瑞士人口快速增长是一个绝不容忽视的客观因素。但是，瑞士人很少换位思考。统计数据显示，2017年居住在国外的瑞士人高达75万人，其中超过45万人居住在欧盟28国。居住在美国的瑞士人仅有7.9万人，因此这才是人员自由流动的真正含义。不过，众多的瑞士人仍然坚持认为，瑞士是一个规模非常小的国家，领土局促，而就近些年来的统计来看，居住在瑞士的欧盟居民和居住在欧盟成员国的瑞士居民并不成比例，显然欧盟移民的涌入，超出了瑞士的承载能力。

## ◇第一节 全球化和欧洲一体化给瑞士"主权"带来的挑战

瑞士是世界上最富裕的国家，也是经济开放度非常高的国家，瑞士的经济国际化程度很高，让瑞士有机会拥抱全球化，并从全球自由经济和贸易发展中获益。但是全球化的演进也给瑞士带来了前所未有的巨大挑战。

瑞士公民一向以其中立国地位而自豪。1986年举行的全民公投中，瑞士公民以3/4多数否决的方式，拒绝成为联合国的成员，这场公投也在世界范围内引发反响和讨论。直到16年之后，世界风云变幻，国际形势发生了天翻地覆的变化，2002年的全民公投中，54%的瑞士公民同意瑞士加入联合国，2003年瑞士正式成为联合国的成员国。加入联合国，在某种程度上，成为瑞士融入国际社会的一个标识和象征。

对瑞士来说，全球化更多地意味着"欧洲一体化"，因为瑞士与欧盟的关系日益紧密，欧盟也深刻地影响了瑞士和瑞士人生活的方方面面。欧洲经济共同体与瑞士的谈判始于1989年，欧共体（EEC）提供给瑞士一个机会，邀请瑞士加入欧洲经济区（European Economic Area，EEA），因为瑞士是欧洲自由贸易联盟国家，欧共体主张由其成员国和欧洲自由贸易联盟国家共同组建一个自由贸易区即欧洲经济区。在20世纪90年代初期，瑞士经济增长出现困难，而失业率的攀升让社会对未来经济发展前景感到不安；因而，主流政党无论是左翼政党还是右翼政党都认为，加入欧洲经济区，使瑞士的经济活动空间大大拓展，无疑会为瑞士的经济发展注入活力。瑞士的主流政党除了人民党和绿党之外都赞同瑞士成为欧洲联盟的一员。为此，瑞士举行了第二次世界大战后最为声势浩大的全民公投，投票率高达创纪录的78.7%，最后有超过50.3%的选民投了否决票，比赞成票仅多23100票，最终将瑞士排除在欧盟之外。这个公投结果，被当时的媒体评价为几乎将瑞士分裂，因为在法语区超过70%的选民投票支持瑞士加入；但是，在苏黎世州人民党主席克里斯托弗·布劳赫推动并用个人财产资助下，力主为捍卫瑞士主权和高品质富裕生活而投反对票，另外还有一个"为了瑞士独立和中立而行动"（Action for an Independent and Neutral Switzerland）的组织也发挥了重要作用。从投票结果看，布劳赫取得了最后的胜利，反对阵营中以德语区经济发展落后的农村地区选民为主。这场公投对瑞士产生了深远的影响，由此引发的关于瑞士与欧盟关系的争议，时至今日也愈演愈烈。不得不提的是，这场公投也让布劳赫开始成为瑞士政坛的风云人物，并将人民党发展为瑞士最大的政党，在2015年的大选中，仍然保持其领先其他政党的地位。[1]

但是，在全民公投拒绝加入欧盟之后，瑞士政府于1994年展开与欧盟的双边谈判，至1999年结束。谈判主要涉及科研、陆地和空中交通、政府采购、人员自由流动、技术性贸易壁垒和农业等7个领域，谈判结果长达800余页。作为"一揽子"条约，瑞士要么全盘接受要么全盘拒绝。2000年5月的全民公投中，超过3/4的选民选择支持瑞士政府与欧盟的双边协议。2002年之后，瑞士与欧盟又展开了更深入的双边谈判，瑞士在一些政

---

[1] Wolf Linder, "Europe and Switzerland: Europeanization without EU Membership", in Christine Traumpusch and Andre Mach, eds., *Switzerland in Europe: Continuity and Exchange in the Swiss Political Economy*, London: Routledge, 2011, pp. 43-59.

策领域单方面地采纳欧盟的规范,即所谓"自动采纳",成为一种非直接的欧洲一体化,也被称为"定制的准成员国身份"。① 2007 年在两次全民公投中,瑞士公民接受了申根协定以及将与欧盟之间的人员自由流动拓展到新加入欧盟的 10 个中东欧国家;2009 年,将人员自由流动拓展到保加利亚和罗马尼亚。②

虽然与欧盟的关系不断地深化,但是"欧洲化"却带来一个分化渐深的瑞士社会。近年来,瑞士每次关于与欧盟关系的公投,不仅引发欧洲也吸引了全球的注意力。瑞士在 2014 年 2 月 9 日就"反对大批移民"举行全民公投,决定是否为来瑞士的欧盟公民设置人数上限。投票的结果显示,超过 56% 的选民参与了公投,远远超过公投的平均参与率 44%,50.3% 的选民赞成为欧盟移民设限。这个议题在瑞士近年来变得日趋敏感,每年大约有 8 万移民涌入瑞士,外国人占瑞士总人口的比例高达 23%,所以在普通公民的职场、教育机构和日常生活当中,都能够感受到这个问题的存在,它成为瑞士人普遍关注的问题。

这次公投是由保守派也是议会最大的党派——瑞士人民党发起的,它提出的反对大批移民的理由主要是房屋价格上涨、教育卫生系统超载、公路铁路交通系统拥挤等普通老百姓确实在生活中能够感受到的现象和问题。瑞士作为仅有 800 万人口的小国,如果与欧盟的 5 亿公民享有共同的在瑞士就业市场上的就业权,也许从一开始就是一个错误。从公投的结果来看,显然人民党的主张获得了多数选民的共鸣。但是这一问题也在瑞士引发巨大分歧和争议,如雇主联合会认为,瑞士作为外向型发展的经济体,为保

---

① Hanspeter Kriesi, "Globalization and the Transformation of the National Political Space: Six European Countries Compared", *European Journal of Political Research*, Vol. 45, Iss. 6, 2006, pp. 921 – 956.

② Wolf Linder, "Europe and Switzerland: Europeanization without EU Membership", in Christine Traumpusch and Andre Mach, eds., *Switzerland in Europe: Continuity and Exchange in the Swiss Political Economy*, London: Routledge, 2011, pp. 43 – 59.

持自身在国际市场竞争力，外来移民对瑞士经济发展是必要的。大部分政党和瑞士政府也对人民党发动的此次公投持反对的立场。

此前，瑞士与欧盟曾经签署人员自由流动协议，并且也在全民公投中获得通过。显然二者之间存在矛盾。瑞士公投后的做法是维持此前与欧盟的相关协定，而给移民设限有赋予政府三年的提出具体实施方案的期限。

这一公投结果出来之后，欧盟表示遗憾。作为与之相关的措施，瑞士不与2013年正式加入欧盟的克罗地亚签署人员自由流动的协议；作为反制措施，欧盟限制瑞士科学家参与欧盟新一轮的科研创新框架计划"地平线2020"，而此前欧盟推出的创新框架计划中，瑞士获得与欧盟成员国几乎同等的待遇。令人担心同时也很困惑的问题是瑞士与欧盟之间有超过100个双边协议，而且很多都是捆绑式的协议，像人员自由流动就是与单一市场捆绑的协议，如果终止实行其中一个协议，是不是意味着也否定与其相捆绑的其他协议。

在英国举行脱欧公投后，瑞士与欧盟的关系开始发生变化。欧盟希望用一个"一揽子"式的"框架"条约来规范和处理欧盟和瑞士的双边关系，双方并就此展开了谈判。在2016年底，瑞士政府决定不再全面实行反移民计划，而保持与欧盟的包括人员自由流动在内的双边协议，以继续扩大在欧盟单一市场上享有的权限；但同时为了回应公民公投的诉求，给予本地居民优先就业权，以此作为一种"折中"方案。2017年11月，瑞士同意向欧盟提供援助，因此瑞士也将在欧盟单一市场获得更广阔的发展前景；但是到12月底，欧盟却做出一项新决定，即承认瑞士证券市场与欧盟的"恒等性"，但仅给予一年期限，即到2018年底结束。这在瑞士看来，是想为瑞士与欧盟的双边框架协议施加更大的压力，打击瑞士金融中心的地位，抑制瑞士从欧盟单一市场获利太多。

关于移民的议题在21世纪的瑞士变得非常敏感。但是如果与20世纪

70年代相比，1970年6月7日公民动议"降低外国人数量"在全民公投中仅获得46%的支持率，但是参与投票率高居74.7%；1974年10月20日就相同的公民动议投票，仅34.2%的选民赞成，而投票率也非常高，达到70.3%；1977年3月13日第四次就此议题公民动议展开公投，支持的人数降至29.5%的新低，而参与投票率仅仅45.2%。[1] 从历史发展来看，时过境迁，瑞士的移民政策不仅近年来成为热点，而且变得日趋复杂。

由移民这一敏感而突出的问题可见，瑞士在全球化和欧洲化背景下面临的压力、社会分歧，以及充满不确定性的前景。

虽然从经济发展的角度看，绝大多数人都认同，瑞士"融入"欧洲对瑞士的发展十分有利，今天瑞士仍然能够保持其财富地位，在竞争力和创新力方面仍然能够排在世界前列，与其欧洲化和全球化的努力分不开。事实上随着全球化和欧洲一体化的发展，瑞士也发生了深刻的变化，出现了新的"获益者"和"失意者"。外向型发展的大型跨国公司获得了前所未有的发展机遇，消费者也因为市场的开放和竞争加强而获益，比如瑞士电信市场的开放，让成千上万的消费者因此收获了物美价廉的良好服务。不过，瑞士内向型发展的产业比如农业和小型企业的发展却面临挑战和困难，因为瑞士本土市场不再被保护。而这种"获益者"和"失意者"的分化在瑞士不同行业和地区都呈现出复杂的面貌，是瑞士政治决策必须面对的现实。

另外一个突出而深刻的变化是，瑞士的内政和外交交织在一起，难以明确划分。在瑞士与欧盟接轨之前，瑞士的各项事业包括经济、环境、交通、科研等，都属于瑞士民族国家管辖的范围，奉行瑞士的法律和管理标准，但是今天欧盟的标准和国际规范越来越多地取代了瑞士标准和规范。尤其是"欧洲化"带来的布鲁塞尔的影响日益渗透到各个领域和每个普通

---

[1] 资料来源：苏黎世大学"直接民主研究中心"，www.zda.uzh.ch。

公民生活的方方面面，这让瑞士内政方面的决策也难以仅局限在"内部"，外部的影响特别是欧盟的因素几乎无处不在，成为瑞士政治决策中不能不考虑的重要因素，而内政和外交的这种错综复杂、相互交织，让瑞士即使仅涉及内部事务的决策，也摆脱不了外部的影响，国家的独立性和公民自由选择的空间受到相当大的限制。

这些重大的变化，前所未有地挑战了瑞士已经成功运行多年的"共识民主"模式。

## ◈第二节 全球化和欧洲一体化对"瑞士模式"的挑战

首先，共识民主国家都是实行社会市场经济的国家。那么在全球化和欧洲一体化的背景下，这种协调性的资本主义运行模式将受到怎样的影响？而讨论这种影响，有一个关键因素，那就是劳资关系，或者在欧洲的语境下被称为工业关系。

自由市场经济强调的是竞争与市场资源配置，共识民主模式国家实行与自由市场经济不同的协调经济模式，是依靠合作（社会伙伴关系是其枢纽）和非市场关系来进行信息交换。自由市场经济的平衡依靠竞争中的相互作用来实现，而协调经济则依靠企业和其他主体（行为体）有策略的相互作用实现平衡。而这其中的核心是企业和各种社会经济机制之间的关系，主要是四种机制，即企业管理机制、企业之间关系、工业关系和教育体系。[1] 第一，从公司治理来说，自由市场经济体制下股市在公司治理机制中

---

[1] Peter A. Hall and David Soskice, "An Introduction to Varieties of Capitalism", in Peter A. Hall and David Soskice, eds., *Varieties of Capitalism: The Institutional Advantages of Comparative Advantage*, Oxford: Oxford University Press, 2001, pp. 1 – 68.

扮演关键角色，其赢利是极具竞争性的；而协调经济体制下企业不依赖股市，而是与银行建立长期的合作关系，德国是非常典型的协调经济体制国家。第二，自由市场经济体制下企业之间的关系是充满竞争性的，而后者则是强调合作和在设定的框架下鼓励企业之间展开信息沟通。第三，前者的工业关系脆弱，而后者调整工业关系是国家政治经济的核心问题。第四，前者拥有一般性的教育体系，而后者除了一般性的教育体系之外，还有由国家和雇主共同资助的强大的职业教育体系。

但是欧洲一体化和全球化的快速发展对协调经济体制造成很大的冲击，目前这一体制的基本特征仍然明显区别于自由市场体制，但无疑正处在调整中，即从国民经济走向欧洲经济和全球经济，这在瑞士和奥地利都有明显的反映。

欧洲一体化进程最突出的成果是建立统一的市场和货币，奥地利是被其所覆盖的欧盟成员国，而瑞士则通过双边协议，深度地融入了欧洲统一市场。无论是瑞士还是奥地利都无法再设置边界来保护自己的市场，瑞士虽然在四个主要方面具有协调经济的特征，但是它始终是欧洲大陆最具开放性的市场，在20世纪80年代特别是冷战后这一轮的欧洲化和全球化的冲击之下，瑞士已经转化成为自由市场经济模式。[①]

从公司治理角度看，对于很多欧盟成员国来说，如果采用欧盟和国际标准，将会吸引到更多的特别是外国投资者，而透明度和监管一体化，则使各国投资者增强信心。国际标准和实行共识民主的国家在公司治理方面有很大的不同，前者只有一个有效率的理事会，而后者还包括一个以保护雇员权利为宗旨的监事会。不过，在欧盟成员国中，采用欧盟的标准已经成为一股发展潮流。瑞士已经采取了欧盟公司治理指南，使股东的权利大

---

① Martin R. Schneider and Mihail Paunescu, "Changing Varieties of Capitalism and Revealed Comparative Advantages from 1990 to 2005: A Test of the Hall and Soskice Claims", *Socio-economic Review*, Vol. 10, Iss. 4, 2012, pp. 731–753.

大的加强，而外国人收购瑞士公司也不再能够被阻止。从两者来看，原有体制中对雇员权利的保护将难以为继。①

普通教育和职业教育两大教育体系并行是德语区国家的突出特点，虽然职业教育由国家和企业共同承担，但是近年来，瑞士在公司治理转型中面临的压力主要是企业能够提供的职业教育场所越来越少。②

接下来看最重要的工业关系的变化。劳资关系的协调有新合作主义理论在前，即在制定国家重要的社会经济政策时，相关政府部门将社会利益集团（通常是在中央层面整合和组织起来的大型利益代表集团，往往它们与主流政党关系密切）整合，纳入讨论平台，通过共同探讨达成一致意见。③ 采纳新合作主义方式的往往是高度发达的工业化社会，实行民主政治体制，由国家、中央层面的工会和雇主协会通过合作，协调、系统性地管理国民经济，以期使三方都获益。④ 实行新合作主义形式的国家通常都采取协调经济模式，而实行自由市场经济模式的国家通常采取多元主义的利益博弈和表达形式，所有的社会利益群体都在努力通过发挥自身的影响力而参与博弈和竞争，以期自身的诉求能够获得高度关注，并最终体现在公共

---

① Konrad Lachmayer, "*Demokratierechtliche Analyse des Oesterreichischen Corporate Governance Kodex*", Vienna: Arbeiterkammer, 2013, https://media.arbeiterkammer.at/PDF/Analyse_des_Corporate_Governance_Kodex.pdf; Gerhard Schneyder and Frederic Widmer, "Swiss Corporate Governance: Institutional Change in the Law and Corporate Practices", in Christine Trampusch and Andre Mach, eds., *Switzerland in Europe: Continuity and Change in the Swiss Political Economy*, London: Routledge, 2011, pp. 105 – 123.

② Linda Rohrer and Christine Trampusch, "Continuity and Change in the Swiss Vocational Training System", in Christine Trampusch and Andre Mach, eds., *Switzerland in Europe: Continuity and Change in the Swiss Political Economy*, London: Routledge, 2011, pp. 144 – 161.

③ Philippe Schmitter, "Reflections on Where the Theory of Neo-corporatism has Gone and Where the Praxis may be Going", in Gerhard Lehmbruch and Philippe Schmitter, eds., *Patterns of Corporatist Policy Making*, London: Sage, 1982, pp. 259 – 279.

④ Alan Siaroff, "Corporatism in 24 Industrial Democracies: Meaning and Measurement", *European Journal of Political Research*, Vol. 36, Iss. 2, 1999, pp. 175 – 205.

决策当中。新合作主义形式主要由西欧国家采用。相比较而言，奥地利是非常突出的新合作主义模式的典型代表，而瑞士则是比较温和的合作主义模式，介于多元主义和合作主义之间。①

而合作主义模式中的核心和起枢纽作用的因素是工业关系，即劳资关系。在合作主义模式中劳资双方可以平等地就相互关注的利益诉求进行探讨，这样，从根本上改变了劳资冲突的本质，将劳资双方变成了可以和平、合作、共同达成一致解决方案的"社会伙伴"，完全摆脱无产阶级和资本集团的尖锐对立，无产阶级甚至通过颠覆现有体制来实现诉求的状况。而参与协商与合作的必须是在中央层面"集中化"或者说"集权化"的大型利益代表组织，这样可以与政府相关部门一起，就宏观的经济管理展开磋商，从而达成共识。这种磋商与合作往往以自愿和非正式的形式展开，并且就矛盾和冲突点展开持续的探讨和合作，因此能够形成"机制"和"模式"，除了作为"社会伙伴"的劳资双方利益代表集团外，政府的主管部门和政党也是重要的参与者。②

两者比较来看，奥地利的劳资关系能够维持一种平衡，是合作主义的典型；而瑞士的工会要弱势很多，更倾向于自由主义模式。

从以上四个具体的"专业"领域来看，在"欧洲化"的背景下，与欧盟深度"接轨"，让瑞士模式更加向"自由主义"倾斜。

欧洲一体化对欧盟成员国的主权的影响是十分巨大的，以欧债危机为例，为了严格财政纪律，欧盟出台了严格的财政制度，而且在各成员国将预算案交予本国议会讨论之前，需提交欧盟，并由欧盟监督各国的公共支出不能超过欧盟所设的警戒线。从这个意义上讲，欧盟成员国的经济和社会调控能力受到很大的限制，特别是在遭遇危机时刻，也难以通过扩大公共开支、兴建

---

① Alan Siaroff, "Corporatism in 24 Industrial Democracies: Meaning and Measurement", *European Journal of Political Research*, Vol. 36, Iss. 2, 1999, pp. 175 – 205.

② Peter Katzenstein, *Corporatism and Change: Austria, Switzerland and the Politics of Industry*, Ithaca, N. Y.: Cornell University Press, 1984, pp. 133 – 161.

公共项目的方式刺激就业和经济增长。尽管瑞士不是欧盟成员国,以双边协议的方式处理其与欧盟的关系,但是作为不是成员国的欧洲一体化的一员,瑞士采取一种"自动"采纳和落实欧盟法律的机制,即随着欧盟法律的出台,瑞士的法律将以欧盟的相关法律为准绳,这种双方"不对称"的关系,最终将使瑞士成为欧盟事实上的成员国。① 这意味着欧盟对瑞士的"约束"或者说巨大影响将是未来瑞士经济、社会发展必须面对的首要条件。

## 第三节　全球化和欧洲一体化对瑞士联邦制的挑战

关于瑞士联邦制的发展,有一个时间点非常重要,那就是 1959 年瑞士开始实行"神奇比例",组成"全政党政府";接下来,在联邦政府、各党派、"社会伙伴"通力合作的推动下,瑞士的"共识民主"迅速成熟并进入高潮。瑞士不仅经济高速发展,在社会福利建设方面也不断进步,特别是减少区域不平衡方面,瑞士从 1959 年正式起步,由联邦政府建立"财政平衡体制",以实现在联邦范围内更为均等和公平的公共服务。

由于地理位置和历史发展状况的差别,瑞士也存在地区之间发展不平衡的现象。例如,平原地区和山区之间、交通便捷地区和交通困难地区之间经济和社会发展的机会存在较大的差别,在市场经济条件下无论是资本还是劳动力都流向具有区位竞争力的地方,在瑞士就表现为从山区流向平原地区,从农村流向城市特别是大都市。瑞士的区域发展差别在很长的历史时期里主要表现为城乡之间发展存在着差距。另外,公共

---

① Wolf Linder, "Europe and Switzerland: Europeanization without EU Membership", in Christine Traumpusch and Andre Mach, eds., *Switzerland in Europe: Continuity and Exchange in the Swiss Political Economy*, London: Routledge, 2011, pp. 43–59.

管理即"政府之手"也给这种现象推波助澜。在瑞士,越是富裕的地区政府征税率反而越低,因而吸引了较多的富人,其公共服务却因此能够维持在较高的水准;而越是贫穷的地区,必须提高征税率才能够获得充足的财政资源以支持其提供一定水平的公共服务,赋税率的差别使地区差距进一步加大了。[1]

但是,自1959年起瑞士建立了财政平衡体制——主要是纵向平衡体制,通过联邦向财政实力脆弱的州提供补贴的形式,致力于缩小各州经济和财政实力上存在的差别。[2]

得益于财政平衡体制,在瑞士并没有出现类似其他联邦制国家如美国那样的突出现象,即由于各地区之间的竞争和由此产生的经济和社会发展差别,使得公民"用脚投票",纷纷迁往对自己有吸引力的地区,这样就易于陷入一种恶性循环:富裕的州吸引越来越多的富人,贫穷的州越发贫穷。瑞士成功地避免了这类情况的出现。相较于地区之间竞争激烈的美国,瑞士更重视通过财政平衡体制确立"社会团结"的基本原则。[3]

而践行"社会团结"的主角即联邦政府,联邦政府通过纵向的"财政平衡"来实现各地区发展的均等化。这带来一个非常突出的问题,就是原来由州独立承担的职责,不断地上移,变成联邦与州"共同职责",而纵向财政转移支付通常是以"定向"财政补贴的形式由联邦资助财政实力较弱的州完成其公共责任。这种财政补贴涉及600多个领域,资金总额每年高达31亿瑞士法郎,而其中70%都是以"定向"的形式发放的,仅有30%左右

---

[1] Wolf Linder, *Schweizerische Demokratie*, *Institutionen*, *Prozesse*, *Perspektiven*, Bern: Haupt Verlag, 2012, pp. 184 – 185.

[2] Jan Fivaz and Andreas Ladner, *Fallstudie*: *Neugestaltung des Finanzausgleichs und Aufgabenteilung (NFA) zwischen Bund und Kantonen*, Forschungsbericht, Bern: Universitaet Bern, Oct. 2005.

[3] Wolf Linder, *Schweizerische Demokratie*, *Institutionen*, *Prozesse*, *Perspektiven*, Bern: Haupt Verlag, 2012, p. 188.

的资金可由州政府自由支配。这意味着州政府公共财政支出的自主性受到很大的限制。这样，州的自主性事权和财权都逐渐遭遇联邦政府的"侵袭"。而这一现象自 20 世纪 90 年代之后愈演愈烈，为保障瑞士的竞争力，瑞士联邦采取"统一"行动，提升整个瑞士的公共服务水平。所以今天人们能够看到"一体化"的瑞士，即使很小的城市也提供非常好的文化和业余生活设施和服务，即使在贫瘠的山村设施优良的学校也随处可见，山区农业一直能够经营下去，边远地区企业经营也仍然很活跃，邮政汽车（其前身是邮政马车，今天是通往瑞士所有山区的黄色公共汽车）能够抵达"万水千山"（因为瑞士是山地国家，在工业化之前交通极其困难），山谷里的居民也不必迁居到城市里。① 不过，伴随这一切的"成果"，瑞士的联邦制度发生了深刻的变化，联邦的"集权"倾向不断在加强。

伴随着联邦的不断"集权"，另一个发展趋向也不容忽视，那就是，州之间合作的诉求日益强烈。单纯从处理各地方关系来说，在瑞士，目前 2/3 的人口居住在大都市里，这就产生了一个新问题即"大都市负担"。中心城市往往耗费大量财力提供更发达和更便捷的公共交通服务，建设丰富的文化活动设施，不可避免地惠及周边州的居民，但是这些"搭便车"的州却很少为这些公共产品和服务支付相应的资金。因为建设公共交通等基础设施以及进行其他的市政规划时，越来越多地涉及"跨州"和"跨地区"的问题，近年来在瑞士要求州与州之间加强横向合作的呼声日益增高。事实上，不仅由于周边地区"搭便车"，同时也由于要治理其他一些不断涌现的新的社会问题，导致中心城市的财政状况每况愈下，一些企业和富裕的居民个人纷纷迁出城市，迁往周边地区；因此，在瑞士，传统上"富裕的城市""贫穷的乡村"的图景已经发生了变化甚至"逆转"。② 而中心城市和周边郊区的居民之间的利益取

---

① Wolf Linder, *Schweizerische Demokratie, Institutionen, Prozesse, Perspektiven*, Bern: Haupt Verlag, 2012, p. 184.

② Ibid., pp. 206 – 208.

向也由此发生了碰撞和冲突：郊区富裕的居民并不愿意为中心城市的公共建设支付费用，认为这是中心城市自己应该处理和解决的预算问题；而中心城市的居民也不愿意郊区居民因为参与支付费用就对中心城市的建设指手画脚，拥有了决策权力。传统上的城乡冲突以全新的形式表现出来，但这一次郊区占了上风。① 瑞士原有的财政平衡体制缺乏州与州之间进行合作的机制，对"搭便车"的问题可谓束手无策，② 因此，已经难以适应地区差别问题上新的发展和变化，要求进行联邦制改革的呼声在瑞士不断增高。

从大的发展背景来看，全球化和欧洲化让越来越多的国际标准和欧洲标准取代原来的瑞士标准，这在公共服务领域同样表现得非常突出，这样不可避免地对瑞士原有的联邦制下地方的自主性和多样性造成巨大的冲击，统一的标准之下，联邦的权重自20世纪90年代之后，在联邦与州之间不断地加强。而州政府如果不想"自暴自弃"，那么主动寻求强化横向合作，无疑是智慧的选择。

在此背景之下，瑞士政府下决心进行联邦制度的改革，主要是从财政切入。此番全面改革的方案在2004年11月28日获得了州的批准并由全民公投通过，这场第二次世界大战后最大规模的财政改革于2008年开始正式施行。③ 这次改革全称为"财政平衡体制和联邦与州权力划分的改革"（"Neugestaltung des Finanzausgleichs und der Aufgabenteilung zwischen Bund und Kantonen"），简称"NFA"。

这次改革的核心目标是缓解地区之间发展不平衡，强化联邦国家的

---

① Wolf Linder, *Schweizerische Demokratie, Institutionen, Prozesse, Perspektiven*, Bern: Haupt Verlag, 2012, pp. 206–208.

② Rene L. Frey, *Ziel-und Wirkungsanalyse des Neufinanzausgleichs, Bericht zu Handen der Eidg. Finanzverwaltung und der Konferenz der Kantonsregierungen*, May 14, 2001.

③ Philippe Koch and Daniel Kuebler, "Aufbruch zu neuen Grenzen? Debatten um den Schweizer Foederalismus", *Zeitschrift fuer Staats-und Europawissenschaften*, Vol. 9, Iss. 2, 2011, pp. 262–280.

"社会团结"原则,使得落后州的财政实力能够达到所有州平均实力的80%。显然,进一步"集权化"的目标很明确。这既有"传统"的理由——在瑞士,一些州由于其特殊的地理位置,使其必须承担保护森林、防治洪水、建设交通要道和跨区域公共交通等任务,提供这些公共产品和服务不单纯是这一地区,而是整个联邦都将从中受益,但这些任务的完成往往超出这些州的财政承受能力,因此它们有理由获得联邦的支持;也有对新现象的应对——随着全球化和欧洲化的发展,瑞士的外来人口大量增加,给其地方的公共支出带来巨大的压力。一些州由于存在大量老龄人口,以及社会救济领取者、外国人和失业者而使得社会支出大量增加,因此联邦有必要对这些州进行支持,减轻其负担,维持社会稳定。这种社会负担平衡主要针对一些城市人口非常密集的州。

对于外部的观察者来说,瑞士近年来政治生活最大的变化无疑是中央和地方关系的变化。事实上,瑞士的这一重要关系自1848年瑞士联邦成立直至21世纪初期,在相当长的历史时期里都保持稳定,但是近年来却经历了前所未有的转型。这种变化主要表现在:一方面决策权从州向联邦转移和集中,尽管目前瑞士仍然是世界上联邦体制最典型的国家,不过,如果与150多年前相比,联邦决策领域极大地拓展,已经空前地"集权"了;而另一方面,在政策执行方面,越来越多的联邦立法由州来施行,成为一种"行政联邦制"。[1]

但同时不容忽视的是,这次改革对各州之间在特定公共领域的合作进行了新的制度安排。[2] 以往都是由联邦提供资金来推动各州的平衡发展,但

---

[1] Dietmar Braun, "Dezentraler und unitarischer Foederalismus. Die Schweiz und Deutschland im Vergleich", *Schweizerische Zeitschrift fuer Politikwissenschaft*, Vol. 9, Iss. 1, 2003, pp. 57 – 90.

[2] Projektorganisation, "Der Neufinanzausgleich zwischen Bund und Kantonen, Schlussbericht der Projektorganisation an den Bundesrat", Februar 8, 2006, https://www.zrk.ch/fileadmin/dateien/dokumente/nfa/schlussberichtbr.pdf.

是这一次思路和解决问题的方式有了明显的转变，即为了增强落后州的财政实力，这次改革之后将推出由发达州向落后州进行转移支付的横向财政平衡制度，对于经过横向平衡措施之后，其财政实力仍然落后于各州平均值的州，将由联邦来填补这些州的财政缺口，基本目标是让这些州能够有充足的财源来完成其承担的公共职责。这次推出的措施是，先由各州通过合作共同解决问题，然后再由联邦进一步介入。这次改革推出由发达州向落后州进行转移支付的横向财政平衡制度，通过横向的财政资源"再分配"，保障落后州拥有必要的资金举办相应的公共事业，完成其公共职责。而依据什么样的标准进行资源平衡，无疑是缓解地区差别、重新调配资源的一把"钥匙"。这次改革引入了新的评估各州财政实力的系数，赋税负担不再计入其中，以便通过税收收入更直接、更真实地反映各州的财政状况。在此基础上，通过在各州之间进行不同的税收收入调配，缩小收入差距。这次改革非常具体地规范了在9个公共事务领域即中心城市公共交通、州立大学、专业技术大学、司法、残障人士救助机构、垃圾处理、污水处理和跨地区文化设施等领域州与州之间必须展开合作，粗略估计这些领域公共事务的举办涉及公共资金高达2亿瑞士法郎以上。

因此，这次"NFA"改革，一个是加强自1959年起步，在全球化和欧洲化背景下不断强化的联邦"集权"的向度，另一个是创立新的各州之间横向"合作"的向度。对于后者，这次改革从宪法层面和体制层面上给予落实。

第一，州与州之间合作的宪法保障。在进行横向财政平衡时，NFA引入了新的州与州之间进行横向合作的形式，而这种新的合作形式，也获得了宪法层面的有力保障，根据修改后的联邦宪法第48条，州与州之间可以签订协议并建立共同的机构，共同实现跨地区的公共利益；联邦可以根据其职责参与其中；州之间签订的协议不能损害联邦和各州的权益。这就为州之间的合作创造了最有利的法律条件。

第二，州与州之间合作的体制保障。NFA在引入州与州之间横向合作模式的同时也为其设计了具体的具有可操作性的制度，即联邦必须为州之间的合作创造基本条件，联邦有两条可行的途径：一是如果有至少21个州申请，那么联邦就可以确认这些州达成了州与州之间的框架协议；如果有至少18个州申请，那么联邦就可以从瑞士整体利益角度出发确认州与州之间达成了协议。二是如果至少一半的州参与了涉及跨地区利益的协议，那么联邦有义务让更多的州参与进去。不过，尽管联邦有这样的权力和义务，但是联邦不能够干涉州与州之间进行协议的权利和具体的协议内容，如各州之间如何更公平地平衡其公共财政负担，州与州之间的合作完全是州一层面政府的事务。在这样体制条件支持下，跨州合作在瑞士已经开始成为完成公共职责的重要平台，其未来发展走向有两点非常值得继续关注：一是跨州层面的共同机构未来是否能够拥有行政权力；二是跨州合作已经能够有效地抑制中央集权扩张的倾向。①

这样的发展向度将对瑞士联邦制产生重大影响，无论是"纵向"财政平衡还是"横向"财政平衡，都体现了公共政策和公共服务"一体化"的趋向。当然，对于州来说，是希望通过联合起来捍卫"州权"，捍卫瑞士的联邦制。

瑞士联邦制发展的重大变化，将对参与瑞士政治的所有行为体产生深刻影响，无论是政党、利益集团，还是联邦与地方政府，必然会挑战自身的行为模式，而瑞士的"共识民主"模式也必然处在"调整"中。

## ◇第四节 全球化和欧洲一体化对瑞士直接民主制的影响

外部环境的深刻变化，特别是在全球化和欧洲一体化的背景下，瑞士

---

① Edig. Finanzdepartment EFD, "Neugestaltung des Finanzausgleichs und der Aufgabenverteilung zwischen Bund und Kantonen-NFA", September, 2007.

的民主体制是否还能适应今天的时代？

2017年6月13日，《新苏黎世报》记者海蒂及其同事（Jan Flueckiger Heidi 和 Gmuer）采访瑞士联邦秘书长图恩海尔（Walter Thurnherr），① 探讨瑞士联邦领导力问题，因为瑞士内外政策的出台，面临越来越大的挑战，所以记者提问：为什么在处理国内问题时，似乎看不到联邦领导力的存在？图恩海尔先生的回答很富于意味：在瑞士，人们只合作，而不是领导。瑞士人能够容忍的最大限度的领导，也是"提纲挈领"式的领导。从瑞士政治的发展历史来看，这一点并没有给瑞士带来负面的影响。在瑞士如果哪位政客认为自己比其他人要聪明，那是非常危险的一件事情，因为瑞士平均每3个月就会有1次全民公投，立刻会把骄傲的政客拉回平均水平。这实际上意味着，瑞士政治体制之下，必须尊重集体的智慧，而且瑞士的体制特别是全民公投这种直接民主形式的存在，确实便利瑞士人贡献集体智慧。

这显然代表瑞士"官方"和"主流"的认知。

在瑞士内外，对于全民公投始终存在正反两方面不同的认识和解读。肯定的一方认为，在每次全民公投前，关于公投主题的讨论密集展开，各方各派、各种观点正面交锋，对每个公民来说，都是一个学习的机会和过程，每个选民都要在众说纷纭中理清公投事宜的基本脉络，了解各方在此问题上的判断和立场，在此基础上做出自己的判断和选择。所以，直接民主是一种"强民主"形式，公民可以借由直接民主的实践成为成熟的公民，民主体制在这个意义上也有了真正的保障。但是一直存在对直接民主的质疑，主要认为把最后的判断和选择权利交给每个普通的选民，对很多选民来说，事实上是超出其能力的不切实际的要求，尤其是在全球化时代，涉及对外政策的重大决策，大多数普通的选民不具备时间和精力，特别是不

---

① Jan Flueckiger and Heidi Gmuer, "In der Schweiz Fuehrt Man nicht, Man Koordiniert", *Neue Zuercher Zeitung*, 2017.06.03, https://www.nzz.ch/schweiz/bundeskanzler-walter-thurnherr-in-der-schweiz-fuehrt-man-nicht-man-kooperiert-ld.1300496.

具备专业的知识和能力对要表决的法案做出正确的评估,因此,把表决权最后交给"人民",究竟是不是负责任的做法非常值得怀疑,而这最终也会造成对民主制度的伤害。

虽然争议一直存在,而且质疑之声随着近年来极富争议的全民公投结果出台日益强烈,但是,作为瑞士体制最重要的特色,直接民主仍然受到瑞士选民的高度肯定,尤其是在"风雨飘摇"的全球化时代,人民的"集体"选择和决定才是应对未来不确定性的最好方式。

那么,今天的时代背景下,全民公投的范围是否拓展了?

事实上,瑞士全民公投自20世纪90年代之后,越来越多地与国际事务相关,主要与欧盟相关,这些公投的启动及其结果,在瑞士内外都引发了关注和争议。因此,可以说,随着瑞士与欧盟关系的不断深化发展,瑞士全民公投在"拓展"方面,主要是瑞士与其他国家和国际组织,特别是近年来对瑞士产生巨大影响的欧洲联盟签订的条约,由于对瑞士公民个人生活的很多方面也将产生深刻的影响,因而近些年来也越来越多地交付全民公投来做出最后的决定。

那么全民公投有助于在对外问题上达成"共识"吗?

例如,是否加入欧盟的"申根协定"在瑞士引起巨大争议。经济界普遍非常期待瑞士成为"申根协定"的成员,认为这会促进瑞士经济特别是旅游业的发展,而旅游业是瑞士的支柱产业,加入协定后,将使瑞士与其他成员国一道,开辟一个巨大的统一的旅游市场,而为游客带来便利的同时,会使瑞士获得前所未有的经济收益;同时,瑞士公民出入"申根"国家也十分便利。但反对者则认为,加入"申根协定"后会使大量廉价的外国劳工甚至黑工涌入瑞士求职,抢夺瑞士人的饭碗,同时带来社会融入和社会治安等各种问题;更重要的是,加入"申根协定"会损害瑞士长期坚持的中立国立场。瑞士加入"申根协定"这项立法经过专家委员会和政府主管部门咨询机构的咨询之后,虽然在国会两院经过一轮的协调后获得顺利通过，但是右翼民粹主义政党人民党还是发起了全民公投，在2005年6月的公投中，仅以微弱多数获得通过。如前所述，与加入"申根协定"同样引发巨大社会争论的是人员自由流动法案，也与加入"申根"一样，最后以全民公投的形式获得通过。而这两项立法的重要性名列前茅，甚至排在瑞士联邦成立以来最大力度和规模的财政体制改革立法（如前所述NFA）的前面。而其他的国内事务立法，如外国人管理法等其实也直接与瑞士加入"申根协定"以及允许欧盟成员国的人员自由流动相关，带有深受国际化影响的痕迹，而且外国人管理法最后也走了全民公投的程序。由此可见，启动全民公投，特别是全民公投结果，赞成和反对相去无几，的确说明对这些深刻影响瑞士社会的法案并没有达成真正的社会"共识"。瑞士社会在这些问题上的分裂和对立更加公开化，并且展示在全世界面前。

在全民公投中，谁会左右选民的选择？

在公决前极其活跃的是媒体，既包括广播、电视、报纸、杂志也包括互联网。媒体平台上，对公投主题赞成方和反对方都可以发表自己的意见并进行评论。电视媒体因为其在受众中巨大的影响力而深受政治家的欢迎，而且瑞士的电视媒体都属于"公法广播电视"，从体制上摆脱了金钱和权力的影响，所以在探讨全民公投的热点问题时，也尽可能地持有中立的立场。有一政论节目"Arena"在瑞士家喻户晓，收视率傲视群雄，政治家们都以登上这个节目为荣。他们在节目上可以畅所欲言，并且与不同观点的对手展开激烈的交锋，最大限度地传播自己的立场和观点，并对选民的选择施加影响。瑞士的报纸中如《新苏黎世报》（*Neue Zuercher Zeitung*）创刊于18世纪，是瑞士具有世界影响力的传统纸媒，但其政治立场属于自由保守主义，与此相对，《每日导报》（*Tages-Anzeiger*）则秉持左翼自由主义立场，由于其基本政治立场的倾向性，瑞士报纸并不像广播电视，不能够真正地保持中立立场。当然也有例外情况，例如瑞士发行量最大的报纸，日均甚至发行超过几十万份的《一瞥报》（*Blick*），非常大众化，而且以对国内外资讯报道及时著称，但是该报的政治倾向性并不明显，只专注于对各种事实的反映。

那么，接下来针对瑞士直接民主的问题是：在公投做出自己的判断时，选民会信任谁？政府、政党、媒体及其相关的宣传？对此的研究，很难得出一个统一的结论。例如，一项研究显示，[1] 简单明了的宣传口号比政府、政党或者媒体上长篇大论的讨论和论证更能够影响选民的选择。另有研究显示，[2] 从各种"宣传"方式的比较来看，报纸的相关报道和讨论排在选民信任信息源的第一位，其次是广播、电视、政府的说明手册。另一项系统性的关于直接民主的研究显示，[3] 经过各种途径的信息提供和动员之后，多数选民都会对公投主题进行系统的评估和判断，从而选择自己的立场。各行为体运用各种途径的辩论和深入阐明自己的判断和理由，这些只对那些一开始就有明确选择的选民具有可能的影响力，而对一些没有明确立场的"摇摆"选民，则一些直截了当、简明扼要的口号式、关键词式的宣传，对其可能会产生影响。

---

[1] Erich Gruner and Hans-Peter Hertig, *Der Stimmbuerger und die "neue" Politik*, Bern: Haupt Verlag, 1983.

[2] Alexander Trechsel and Pascal Sciarini, "Direct Democracy in Switzerland: Do Elites Matter?", *European Journal of Political Research*, Vol. 33, Iss. 1, 1998, pp. 99–124.

[3] Hanspeter Kriesi, *Direct Democratic Choice: The Swiss Experience*, Lanham, Md.: Lexington Books, 2005.

第四章

# 瑞士"共识民主"模式的危机

## ◇第一节 "共识民主"模式失灵了?

瑞士联邦成立初期,就逐渐建立了瑞士政治的传统和特色:自治、直接民主和"共识民主"。

瑞士联邦自1848年成立之初,因为从一个非常松散的邦联演变过来,所以,从一开始就非常强调地方政府的自主性。而地方政府,无论是社区层面还是州层面,由于其治理辖区的有限性,规模较小,所以更容易"靠近"公民;更为重要的是,瑞士的地方政府都是"弱政府",其官僚体系规模很小并且"弱势",其治理更多地依靠志愿者和属于私人范畴的社会组织,因此具有强烈的"自治"色彩。① 这样的基本政治态势,使得瑞士联邦层面的任何决策,必须跨越宗教信仰、语言文化习俗、经济发展水平和地区差异等各种因素的差异,进行"全方位"的包容与妥协,才能够达成;不过,19世纪末期开始越来越多地在联邦层面使用的直接民主形式,实际上对精英斡旋的包容性决策模式造成制约。因此,现代瑞士联邦从建立之初,其包容、共识就与自治和公民直接民主权利紧密联系在一起,相辅

---

① Wolf Linder, *Schweizerische Demokratie. Institutionen, Prozesse, Perspektiven*, Bern: Haupt, 1999, pp. 32 – 36.

相成。

在20世纪后半期，特别是1947年"社会伙伴"被纳入政治决策程序，包容反对派逐渐达到极点，也被称作合作主义决策下的"联盟民主"。而1959年瑞士"全党派"政府"神奇公式"的出台，更成为实现"共识民主"的标志。

但是，全球化和欧洲一体化给瑞士带来强烈的冲击，让瑞士"被整合"进欧洲和世界。政治社会问题越来越多地跨越地区和国家的界限，变得越来越复杂和相互依存，因而也势必需要综合性地予以解决。从经济层面上看，经济上的相互依存对瑞士来说从来不是一件新鲜事，因为瑞士一直是世人眼中的"小而开放"的经济体，早在20世纪60年代，瑞士对外贸易在经济发展中所占比例就高于OECD国家的平均数，近年来这个比例还在增长。而欧盟是瑞士的最重要的贸易伙伴，瑞士出口到欧盟的贸易额是出口到世界其他地区的两倍。欧盟近些年来经济一体化和政治一体化都在不断地加强，同时，瑞士与欧盟的各种条约、协议等也日益增多，这无疑反映了瑞士与欧盟的联系日益紧密和复杂，这成为瑞士政治不可回避的必须处理的问题。

有一个近期非常典型的例子展示运行良好的"共识民主"模式所受到的冲击。

对于政党和利益集团来说，在全球化和欧洲一体化的背景下它们同样面临越来越多的来自"国际"的压力，如瑞士的银行业。瑞士共有600余家银行，其分支机构更高达5000余家，来自银行业的税收占瑞士联邦总税收的1/5，因此银行业在国民经济和社会发展中占有重要的地位。瑞士银行不仅为客户提供极为专业的个人服务，其安保措施也是全球最佳；另外，世界各地的人们即便通过各种文艺作品如小说、电影等都能够了解到瑞士银行的最大优势是其"绝对"保密制度，甚至被称为瑞士的"核心竞争力"。17世纪法国和意大利等国的大批清教徒为了躲避宗教迫害逃到日内瓦，为了保管好他们所带来的财富，瑞士银行逐渐建立起完善的保密制度。一方面，在漫长的历史长河中，瑞士银行为世界不同地方的人民反专制集权、反宗教迫害等正义诉求和事业做出了积极的贡献；另一方面，瑞士银行不仅曾因为德国纳粹，同时也为21世纪的一些独裁者、腐败官员，甚至从事非法活动的人"秘密"保管财产而日益遭受来自全世界的质疑和批评。银行业内部由于经营的领域和重点不同，对是否废弃瑞士这一"保密"传统存在很大的意见分歧，瑞士银行家协会在如何应对全球的"弃密"呼声上难以达成共识，因此把责任"推给"了政府，而政府内部不同的党派对此意见分歧巨大，所以瑞士迟迟难以制定统一的更好地保护瑞士整体银行业的策略，非常被动。尤其是在2008年国际金融危机爆发后，全球在反洗钱和反海外避税方面呼声更加强烈。1995年正式生效的由OECD国家制定的《多边税收征管互助公约》，在2010年经过修订之后，向全球所有国家开放，该公约不仅涉及税务情报交换，还规范了税款的追缴和文书的送达等。而国际金融危机后在全球发挥重要影响的"20国集团"也大力推动该公约在全球的生效和施行，中国于2013年8月正式加入该公约。在此背景下，2011年，瑞士同英国、德国、奥地利等国签署正式和解协议，由瑞士银行代为这些国家扣除来自这些国家客户的税款，并分别支付英国、德国税款50亿欧元和28亿欧元，但是瑞士银行仍然不透漏其客户的信息。2013年，在美国的强大压力之下，瑞士与美国达成了税务信息共享的政府间协议，对瑞士私人银行的保密传统带来了根本性的冲击，协议签署后美国大力打击利用瑞士银行账户逃税的违法行为。同年10月，瑞士加入了《多边税收征管互助公约》。2014年5月，在欧洲财长会议上，瑞士统一签署一项有关自动交换信息的全球新标准，将自动向其他国家交出外国人账户的详细资料。至此，瑞士的"保密"传统被正式终结，这也被视为全球打击逃税行为取得的历史上最具意义的突破。瑞士在全球"税收新秩序"面前，则别无选择。

从这个案例可以看出，日益增强的国际压力，对瑞士重要的内部决策的重大影响。有研究将瑞士和列支敦士登的银行业做了对比，结果显示，列支敦士登仅管理全球跨境资产的1%，而瑞士则管理着近28%，同样在国际反洗钱和反逃税的压力之下，列支敦士登却做出了更具有前瞻性、灵活、有效的反应。首先，遵从国际协议和标准，摆脱人们对列支敦士登也是"避税天堂"的误解，施行了一项非常严格的针对金融活动的专业而尽职调查的法律。这项法律不仅约束金融机构，同时也约束相关的律师事务所、信托公司、货币兑换机构、投资公司等。为了施行这项法律，成立了一个独立运作的金融市场管理局，承担专业性监管。在严格遵守国际税收合作规范和标准的基础上，将列支敦士登建成全球的离岸金融中心。相较于瑞士，列支敦士登先进行自我"改革"和调整，即积极地依循国际规范，同时前瞻性地保护了自身的合法利益。

缺乏精英团结，很显然降低了瑞士政治体制快速适应国际环境的能力。就像关于瑞士银行"弃密"的过程所展示的那样。而小型协商民主曾被认为可以利用其灵活性，从而在比较经济优势之下，适应国际环境的变化。然而，瑞士经济利益集团的多元化利益诉求、政党的极端化发展、合作主义共识水平的下降、直接民主否决权的不断运用，使得瑞士这种灵活性不断下降。

## ◇◇第二节 政党：从"合作"到"极端化"与竞争

瑞士政党体制在长期的历史发展中，因为社会分立而产生分野，这比欧洲绝大多数民主的历史都长。政党在瑞士通常都是以地域为单位而组成的，在多数州里都出现了占"统治"地位的政党，而联邦范围内，形成了右翼政党和工商利益集团结成的稳定联盟，它们是瑞士政治决策的核心，是"共识民主"的基础。

## 一 政党"极端化"发展

瑞士政党极端化发展是导致瑞士共识民主模式变化的最重要原因之一。瑞士学者曾依据欧盟 EU-Profiler 2009 的数据，经过研究得出结论，瑞士政党体系实际上从 20 世纪 70 年代开始出现极端化发展的些许迹象，进入 21 世纪之后，主要是瑞士人民党大肆反对欧洲一体化和移民，这种极端化的现象比德国、法国、英国、荷兰和奥地利都要严重，在当时欧洲横向比较来看，极端化的倾向可以说是最突出的。① 后续的发展我们也都看到，2015 年联邦大选中瑞士人民党获得了大胜，而德国选择党、法国国民阵线引发全球范围内的广泛关注是在 2017 年联邦议会大选和总统大选中，虽然它们选举"成绩"十分引人注目，但是都没有成功成为"主流"。

## 二 极端化的源起："文化冲突"

20 世纪 70 年代，瑞士经济高速发展，福利国家也开始逐步建设并完善，传统的阶级、社会阶层的对立早已经走进历史，在社会文化领域，一些新的议题成为左翼和右翼政党争论的焦点。从社会民主党和绿党等左翼政党的视角出发，保护所有人在经济、政治、社会等各个领域的平等权利，无论他们来自何方、有何种文化背景，这是对一个现代民主国家的基本要求，而对所有人人权的尊重和保护对瑞士这样一个开放的经济体尤为重要。

---

① Hanspeter Kriesi, "Restructuring the National Political Space: The Supply Side of National Electoral Politics", in Hanspeter Kriesi, ed., *Political Conflict in Western Europe*, Cambridge: Cambridge University Press, 2012, pp. 96 – 126.

这种对移民和外国人的友好政策主张，与1968年风靡欧美的文化运动直接相关，这场"思想"运动的洗礼，让社会的价值观，特别是年轻群体的价值观普遍"向左转"。

但是，在这样的社会背景之下，瑞士有一场全民公投运动十分引人注目。关于移民问题实际上在20世纪70年代就展开过全民讨论。比如在1970年轰动整个瑞士的"Schwarzenbach Initiative"（"施瓦泽恩巴赫倡议"），即由瑞士著名的政治家詹姆斯·施瓦泽恩巴赫（James Schwarzenbach）提出的全民公投倡议。施瓦泽恩巴赫是瑞士作家和出版人，1967年至1979年担任瑞士国会议员，他曾是"国民行动党"的主席，在1971年创立瑞士共和党。1970年他提出了第一个"施瓦泽恩巴赫倡议"，目的是避免瑞士被"过于外国化"，因此，他建议把每个州的外国人数量减少到10%以下。这份倡议在瑞士掀起轩然大波，从1945年到1970年瑞士与其他西欧国家一样经历了经济的"腾飞"，尤其是在基础设施建设领域，瑞士的高速公路、铁路、住宅小区新建和翻新等都进入了发展的快车道。这一高速发展过程中，瑞士也引入了大量的外国劳动力，自20世纪60年代起，大量移民涌入瑞士：1950年，外国人只占瑞士人口比例的6.1%，1960年增长到10.8%，而1970年则增加到17.2%。如果"施瓦泽恩巴赫倡议"在全民公投中获得通过，则意味着35万外国人必须离开瑞士。这一倡议一石激起千层浪，在不同社会群体和不同地区引发了争议，比如日内瓦当时外国人占比高达35%，如果外国人必须离开，日内瓦的经济和社会正常运转将受到影响，而很多瑞士大企业在瑞士本土也雇用了较高比例的外国籍员工，另外这些跨国企业在国外有大量资产和业务，一旦这一倡议获得通过，对公司的海外形象和经营也将造成打击。当时全民都在争论这一倡议，包括在学校里，而当时一些地区的学校里外国学生也占有一定的比例，这一话题的探讨展开时，他们与其瑞士同学都一起坐在教室里。当时的投票结果是54%的选民反对这一倡议。但是其后续的政治影响一直持续到今天。时至2014年，瑞士全民公投支持限制外国人在瑞士的数量,而此时拿外国护照的人口已经占瑞士总人口的25%。

1970年在"施瓦泽恩巴赫倡议"的全民公投中,超过2/5的瑞士选民支持了这个倡议,这表明极右政党如国民行动党、共和党、瑞士民主党等在60年代末70年代初期在文化议题上有很强大的社会动员力,而它们的主张与新左派的普世主义是针锋相对的,它们的社会动员力和影响力完全可以和强大的新左派相抗衡。

当然"文化冲突"导致政党间竞争的转型不仅是一个瑞士故事,其实在西欧和北欧的民主国家里都以这样或那样的形式存在并且在政治生活中日益显现出来。而瑞士比较突出的是文化冲突对瑞士有重要的意味,特别是加剧了政党在文化议题上的极端化现象。[1] 一方面,瑞士的社会民主党和绿党高举人权、环保、普世主义的旗帜;另一方面,瑞士人民党也乘势"崛起",而且非常成功地把很狭窄、很极端的主张演变成为一场广泛的新右翼民粹主义运动。瑞士人民党最初的成功被普遍认为应归功于其在反对欧洲一体化方面所扮演的突出角色,而且这一基本政治取向后来被其他西欧右翼民粹主义政党所广泛分享,演变为反普世主义和反移民的意识形态。

了解了这一段"瑞士故事"后,不难理解瑞士人民党近年来的强势"崛起"。欧债危机爆发也使瑞士面临的内外压力加大了,极右翼人民党的极端化立场就不仅仅停留在文化层面,欧债危机引发的严重后果,以及欧盟处理欧债危机的方式及其产生的新的问题,使人民党的极端立场,从文化议题向欧洲一体化议题、经济议题如银行"弃密"、社会议题如养老金改革蔓延。所以,理解瑞士人民党——瑞士的极右民粹主义,有一个很关键的切入点,即其极端化立场从文化层面、捍卫瑞士的传统方面起步,然后

---

[1] Hanspeter Kriesi, "Restructuring the National Political Space: The Supply Side of National Electoral Politics", in Hanspeter Kriesi, ed., *Political Conflict in Western Europe*, Cambridge: Cambridge University Press, 2012, pp. 96 – 126.

向其他相关经济和社会议题蔓延,而其反欧洲化和反全球化的主张,本质上也是披着经济和社会的"外衣",骨子里沿袭其文化上的保守主义。

2015年10月18日瑞士联邦议会大选结束后,次日瑞士的报纸充斥着对瑞士人民党大获全胜、瑞士保守势力抬头的报道。大选结果显示,瑞士人民党获得高达29.4%的选票,被称为第一大党,自由民主党获得16.4%选票,基督教民主党获得11.6%,瑞士主流的三大右翼政党占据了联邦议会的半壁江山;而传统的左翼政党社会民主党获得18.8%选票,绿党获得7.1%,相比之下,议会明显"右倾"。瑞士人民党此番竞选打出的主题词是"保持自由",而大选结果显示近1/3的瑞士选民选择了人民党。瑞士权威媒体《新苏黎世报》发表评论认为,默克尔的难民政策导致2015年在欧洲蔓延的难民危机,不仅在瑞士最重要的邻国德国引发了强烈的争议和民众的不满,在瑞士也引起民众的高度关注,而人民党一直就难民和移民涌入发布危险警告,因此大获人心。①

自20世纪90年代以来,人民党几乎在历次联邦大选中都以移民—难民问题为核心议题,只有2011年大选是个例外,当年3月爆发的日本福岛核电站泄露事件成为瑞士选民关注的最重要的议题。2015年难民危机爆发,仅仅上半年,欧盟和欧洲自由贸易区成员国收到33万余份的避难申请,比2014年同期增长68%;瑞士收到1万余份申请,同比增长16%。虽然提出庇护申请只是极少的数量,但是成千上万的难民持续地涌入欧洲确实在瑞士民众中造成了恐慌,人民党在此背景下炒作难民议题,提出要把瑞士人民的利益和安全摆在"第一位",2015年6月在议会发起动议,建议瑞士政府暂停提供难民庇护,并在必要时刻,由瑞士军队协助边境管控。该党还否决了议会正在讨论的庇护法修订稿。

---

① Peter Siegenthaler, "Schweiz entscheidet sich fuer Abschottung", October 19, 2015 www.swissinfo.ch/ger/internationale-pressestimmen_-schweiz-entscheidet-sich-fuer-abschottung/41728192.

### 三 政党的两个竞争维度：选举和全民公投

由于出现了政党"极端化"发展，特别是极右政党的快速"崛起"，让原来看上去合作、和谐的瑞士政党体系出现了很大的变化。原来各个政党都有自己的稳定"票仓"，当选后按照"神奇比例"共同执政，并且与社会利益集团展开合作，尽可能地在所有公共政策领域达成妥协和"共识"。虽然政党之间始终展开公平的竞争，但竞争的目标和结局是相互之间的妥协与合作，因此瑞士的政治图景一直是和平的。

瑞士体制长期以来被视为在政治上最贴近公民的体制，主要体现在以下两个方面：一个是直接民主即全民公投，另一个是执掌权力的政治家是志愿者或者是部分时间工作。虽然直至21世纪的今天这种传统依然保留下来，但还是出现了不少变化。

一个重要现象是自20世纪70年代以来，全民公投越来越多地在联邦层面被采用，从技术层面来看，发起全民公投并不困难，只要征集了10万选民的签名（原为5万）就可以付诸实施，而相对于较为庞大的选民数量，签名征集的数量要求并不高；更重要的是从政治层面来看，全民公投也越来越多地被政党和政治家作为选举时政治竞争的一个策略来使用，所以瑞士的政治竞争实际上在两个维度上展开，一个是大选时的政党竞争，另一个是全民公投。而政治家利用全民公投作为政治竞争的砝码，在瑞士也有长期的历史传统。如果作为政治精英的政治家，其主张在议会中得不到多数同事的支持，那么他们还有机会借助公民创意或者公民复决来实现其诉求。他们可以把发起全民公投作为一个政治精英谈判桌上的筹码。一旦进入全民公投的环节，就等于把决策的重任交给了选民，全国都会展开讨论，而大众传媒也会随时跟踪，有助于持不同看法的选民充分地交换意见，让人们对所要表决的议题的政治进程有更深入的认识。

## 四 政治家的"职业化"倾向

政党竞争日趋激烈，政党的分化和极端化发展日益明显，而伴随着这些新现象的是政治家的职业化，瑞士政治也出现了不容忽视的政党政治发展的变化，其中一个是政党结构的联邦化或者说集中化。政党需要越来越多的财政资源、越来越多的集中化和专业化的沟通战略，而且在议会中越来越采取一致的立场。之前议员都是"业余选手"，他们都是以普通公民的身份"单枪匹马"地出现在议会，而且只是忠实地代表选民而履行自己的职责，在表决时投出让选民满意的一票。

## 五 政党的分化

在2015年10月大选之前，对于选民关注的主要议题，4个主要党派存在较大的分歧。关于瑞士与欧盟的双边协议是不是不可放弃的，只有人民党给出了否定的答案，其他左翼和右翼政党，无论是瑞士绿党还是自由绿党，都给予肯定。对于是否应该推行更严格的难民政策，只有人民党给出了肯定的答案。而对于人民党推出的"反对大规模移民"动议的内容是否应该严格执行，除了左翼的社会民主党之外，自由民主党、基督教民主党和人民党一道，给出了肯定的答案，只有基督教民主党附加了一个前提条件，即"不能影响与欧盟的关系"。对于瑞士经济和社会发展的基本议题，如：是保持瑞士中央银行的独立性还是允许联邦政府干预汇率，所有的党派都选择保持央行的独立性，只有左翼社会民主党附加前提条件，即瑞士央行应该向瑞士政府和议会及时汇报。对于是否加强资助使用可再生能源问题上，只有人民党给予否定，但是右翼的自由民主党认为只应该给予促进政策而不应给予补贴，基督教民主党认为只能在不导致市场混乱的前提下才能更多地予以资助。对瑞士是否因为过分重视公共交通而忽略了私人交通，只有人民党给出肯定答案。对于军队资金是否充裕，只有人民党给出了否定的答案，自由民主党认为瑞士军队应该得到50亿瑞士法郎的预算资金。对于为了控制医疗成本是否应该对基本医疗承保项目进行限制，人民党和自由民主党都赞同。两党都认为在瑞士得到社会救济太容易了，而且都赞成随着平均寿命的延长，退休年龄也应该适当调整，但是自由民主党主张灵活的退休年龄。对于主张全民公投的公民动议是否应该予以限制，四大政党都予以否决。而瑞士公民是否应该取消银行保密法，人民党和自由民主党不同意，左翼的社会民主党赞同，基督教民主党认为应该就这个问题展开进一步讨论。[①]

## 六 政党格局的变化：从"两翼"到"三翼"

瑞士政党的总体发展趋势是自1995年起瑞士人民党开始快速发展，其分享的选票从15%左右一直飙升到2007年的30%，2011年选举中得票率下降约3个百分点，而2015年又重新获得近30%的选票，占有国民议会200席中的65席，成为议会的第一大党。相比之下，中右翼党派的得票率下降了。右翼阵营中，以2015年大选为例，中右翼的自由民主党得到33席，基督教民主人民党得到28席，总体上占有微弱优势。社会民主党得到43席，位列议会第二大党，但是与瑞士人民党的差距拉开了。自20世纪90年代以来，社会民主党的选票流失相当一部分流向了绿党，绿党和自由绿党在2015年分别得到10个和6个席位。因此，瑞士政党格局从原来的中右和中左两翼占主导地位，演变为今天的"第三翼"——主要是瑞士人民党的"崛起"，从而给瑞士政治生活带来深刻的变化。

---

① "Ja oder nein? Wo stehen die Schweizer Parteien", September 8, 2015 www.swissinfo.ch/ger/ja-oder-nein_wahlen-parteien/41627344.

## 第三节 "社会伙伴":从"合作"到"分化"

"社会伙伴"之间的合作是"共识民主"模式的基础与"枢纽"。但是自20世纪90年代以来,瑞士的"社会伙伴"机制也开始经受前所未有的压力和挑战。一方面,随着全球化的展开和全球竞争的加剧,瑞士的经济增长也趋于放缓,而且瑞士的失业率也在第二次世界大战后罕见地上升到4%左右;另一方面,随着全球分工的加快,瑞士很多企业都将生产和经营的一些环节放在海外,这样对瑞士的就业市场产生了不利的影响,而且这种现象有愈演愈烈的趋势。这对"社会伙伴"关系的影响主要体现在以下几个方面。

首先,劳资力量的对比失去平衡。

在新的背景之下,从劳资双方的对比来看,工会的影响力呈下降的趋势。而作为反制措施,瑞士的工会倾向于更多和更大规模地联合起来维权,并且已经放弃很久的罢工方式又重新登上舞台。事实上,正是为了避免罢工,以和平的方式寻求劳资冲突的解决,瑞士才搭建了劳资合作的法律和制度平台,让利益诉求往往对立的双方成为"社会伙伴"。在全球化和欧洲一体化的背景下,妥协和"共识"模式下的"伙伴"却正在渐行渐远。

在联邦立法方面,经济界的影响力仍然非常突出。经济领域联邦政府的专业咨询委员会几乎被主流的经济利益代表组织的专家所"占领",相比之下,工会的势力"相形见绌"。从工会角度看,在组织上并没有严重地碎片化,而是面临成员的结构性减少。与此同时,由于双方力量对比的失衡,工会也开始在公共政策方面而不是在"社会伙伴"机制框架里寻求更多的突破,比如通过工会的呼吁和施加的有效压力包括利用公民复决权,近年来，瑞士在社会保障立法方面不断地进步，包括社会保障的范围拓展到非工会成员和非就业人员，这其中工会发挥了非常重要的作用。①

其次，"外向型"利益集团压倒"内向型"。

虽然在联邦立法方面，经济领域联邦政府的专业咨询委员会几乎被主流的经济利益代表组织的专家所"占领"，但是不同行业的利益集团在委员会中的权重也不同，近年来随着欧洲一体化和全球化的迅猛发展，"外向型"发展的行业主张经济自由化和进一步放松管制的呼声越来越高，而主要在瑞士国内发展的行业其利益代表组织的影响力却在不断地下降。在全球化和欧洲一体化快速推进的现实中，一些"内向型"发展的行业失去了保护其瑞士内部市场的能力，过去非常有实力的小企业协会和农会丧失了"权力"，越来越少地被纳入决策机制里面，举步维艰，又诉求"无门"，逐渐沦为全球化的"输家"和"失意者"。

再次，利益集团内部的分化。

除了国外和国内市场的分野之外，更进一步而言，利益代表群体都是在哪些方面更有影响力？应该说在各个利益集团所代表的领域之内，其发挥的影响力更为突出，但是瑞士利益代表组织的一个突出特征是"整合性"比较差，即使在一个行业里，但每个分支行业都有自己的代表组织，而这个行业的总协会如果想把整个行业的诉求做个综合统筹的话，最大的障碍来自利益组织的组织结构，即分行业协会有投票权和影响力制约总协会的领导人，因此，行业内部的总体协调常常面临挑战，更不要说社会利益组织都囿于自身的特定行业和领域，对其他的行业和领域的发展和诉求甚少涉及，因此普遍缺乏整体的战略视角，对瑞士整体的经济和社会发展鲜有全局式的探索和思考，也鲜有把自身利益置于

---

① Christine Trampusch, "Von einem liberalen zu einem post-liberalen Wohlfahrtsstaat: Der Wandel der gewerkschaftlichen Sozialpolitik in der Schweiz", *Schweizerische Zeitschrift für Politikwissenschaft*, 2008, pp. 48 – 84.

全局的背景下考虑。这样利益集团缺少一种在它们自身之间进行一种利益协调和妥协的能力。

最后，分化与战略"整合"的缺失。

不仅如此，即使在联邦层面政府推出了相关的经济政策，很有可能因为触及某一个利益群体的利益，其利益代表组织甚至会利用公民复决权来抗议和反对，这并不利于发挥国家的整体调控能力。事实上，正是这样的现状，导致瑞士政府难以跨越不同利益代表群体设置的障碍，而推行更宏观、长远并且有利于整体的经济政策。更不要说，联邦层面的决策同时还要受到不同地方政府的制约。所以，如果考察瑞士政府的政策，会发现它们具有强烈的即时性或者说是"即兴式"的，短期效应明显，而缺乏更长远的运筹帷幄。

## ◇第四节 "共识民主"模式的危机

如前所述，瑞士政治的重要行为体政党和社会利益集团在全球化和欧洲一体化的背景下，都发生了很大的变化，这对于瑞士的政治决策模式不可避免地会带来深刻影响。

### 一 "共识民主"架构中的主要行为体与合作结构仍然存在

瑞士政治生活的主要行为体之间的合作结构如果与20世纪70年代相比，没有出现重要的变化。瑞士的联邦决策体系仍然呈现出高度的整合性，特别是在这个体系中的主要行为体之间，政党、社会利益集团、联邦委员会及联邦政府相关部门和州政府（特别是近些年来的州联席会议）等，仍然密切地彼此合作，而且国家行为体和非国家行为体之间、利益集团和政党之间的相互渗透仍然存在。变化的只是一些行为体在利益整合中的影响力。如政党地位靠前了,利益集团中经济联合会和雇主集团影响力更靠前。其实,这说明瑞士的整个的决策体制并没有发生根本性的变化,即在一个较小的精英群体中,进行博弈和妥协。①

而在人民党赢得议会大选后,2015年12月9日瑞士联邦议会两院举行全会选举新一届的联邦委员,联邦委员共7名,任期4年,轮值国家元首,必须获得两院议员半数以上的支持。此前的6名联邦委员都希望留任,而在选举中他们都以绝对多数票获得成功,为争取唯一空缺的席位,人民党推出了德语区、法语区和意大利语区3位候选人,最后帕尔莫兰成功获选,他成为瑞士第116位联邦委员,也是瑞士历史上第一位来自法语区的联邦委员,而他非常符合人民党的代表性——他是沃州的一位酒农。这样瑞士的四大党派——人民党、社会民主党、自由民主党、基督教民主党的联邦委员人数与其在国会两院的人数也大体呼应,呈2∶2∶2∶1的格局,仍然保持"共识政治"的模式。

虽然人民党在联邦议会选举(也称国民院)中获得大胜,比上次选举增加了11个议席,但是在联邦参议院(也称联邦院)选举中并没有延续辉煌,而只占有5个席位。两院的选举规则也不同,国民院采取比例选举规则,联邦院则是多数胜选制。究其原因,人民党事实上在过去20年时间里一直强势地动员保守派主义取向和主张关闭瑞士门户的选民,这样也使其处于相对孤立的地位,在多数选举原则下很难胜出。那么2015年大选后,虽然人民党在国民院取得最大优势,但是在联邦院选举中自由民主党和社会民主党的胜利尤为引人注目。社会民主党作为左翼政党,在很多议题上与右翼形成对峙,而自由民主党总体上是走中间道路的,如前所述的各个

---

① Pascal Sciarini, "More Power Balance, Less Consensus: Changes in Decision-making Structures Over Time", in Pascal Sciarini, M. Fischer and D. Traber, eds., *Political Decision-making in Switzerland: The Consensus Model under Pressure*, Palgrave Macmillan, 2015, pp. 51 -77.

政党的基本立场,虽然在内政的一些经济和社会发展议题上,自由民主党与人民党采取相类似的立场,但在重大对外政策上,如对欧盟的政策方面,两党有本质性的差别,所以联邦院目前的状况是左翼和中间派占有优势。因此,其在联邦院可以成为联邦决策的牵制,使得人民党不可能一党独大,在联邦层面的重大决策中起到压倒性的主导作用。①

## 二 行为体之间相互冲突的结构发生变化

20世纪70年代"整合"、和谐是主旋律,而进入21世纪"划界"、划分阵营,即社会分歧显现出来了。如果与20世纪70年代相比,瑞士政治决策过程中的各个不同利益群体之间的冲突明显增多和加强了。归结起来,主要有以下几种冲突。②

首先,主要呈现为左右之间的冲突,左翼阵营的行为体主要有左翼政党如社会民主党和绿党等,还有工会如瑞士工会联合会等劳工利益代表组织,另外一些规模和影响力较小的左翼组织也常常与左翼阵营结盟在一起。温和右翼的行为体主要有基督教民主党、自由民主党,还有经济联合会、雇主协会等资本利益代表组织。它们之间在经济和社会议题方面,仍然有传统上的立场差别和碰撞,尤其是在全球化和欧洲化背景下出现的新议题上,资本和劳动之间力量对比的倾斜十分明显。

其次,开放还是闭关锁国、外向型发展还是本土化发展之间的冲突不断加剧。在决策过程中传统博弈的议题中,与欧洲一体化和移民相关

---

① Mariani, Daniele, "In Parlament Mit Flexiblen Koalitionen Duerften Kompromisse Schwierig Sein", November 23, 2015, www.swissinfo.ch/ger/das-neue-schweizer-parlament-mit-flexiblen-koalitionen-duerften-kompromisse-schwierig-sein/41795768.

② Pascal Sciarini, "More Power Balance, Less Consensus: Changes in Decision-making Structures Over Time", in Pascal Sciarini, M. Fischer and D. Traber, eds., *Political Decision-making in Switzerland: The Consensus Model under Pressure*, Palgrave Macmillan, 2015, pp. 51–77.

的占有不容忽视的比例，让人清晰地看到瑞士政治变化的重点集中在哪里。这反映出，全球化、欧洲一体化带来的瑞士对外开放的压力，比之前的任何一个年代，都更强烈地影响了瑞士政治决策的博弈。在开放还是闭关问题上，各个政党和社会利益组织在各个具体议题上都有不同的立场和选择，有时呈现出矛盾和复杂化的态势。比如，以反欧洲一体化和移民为特色的瑞士人民党，对瑞士企业的国际化发展给予支持；一些工会组织也并不反对瑞士经济的开放和国际化发展。即使同属雇主一方阵营，外向型发展还是本土化发展的定位，决定了其在相关议题上截然不同的立场。总而言之，今天很难界定哪些政治决策议题属于单纯的内政、单纯的外交，外部世界的影响已经渗透到瑞士内部生活的方方面面。不过，在对外开放议题上，两个经济群体即出口行业和非出口行业之间的矛盾冲突加剧。①

最后，在传统的左右之外，瑞士政治已经"崛起"的"第三翼"——极右民粹主义政党人民党给瑞士政治生活带来深刻而复杂的变化，它的核心诉求是"中立的独立的瑞士"，既涉及经济和社会发展"物质"层面的议题，也涉及"形而上"的传统和文化方面的议题，使其在具体的博弈中，以其"极端化"的立场，既可能与左翼政党和社会利益集团发生冲突，也可能与坚持自由主义的中右翼发生碰撞。

## 三 传统的利益集团和政治结盟的变化

在政党政治平台上，过去稳定的、自由市场取向的、占主导地位的工商联盟在20世纪90年代被冲破了，因为国际竞争的压力加大，出口导向的行业及其行业协会的政治策略更具竞争性。因此，过去非常有实力的小企

---

① Hanspeter Kriesi and Alexander H. Trechsel, *The Politics of Switzerland: Continuity and Change in a Consensus Democracy*, Cambridge: Cambridge University Press, 2008, pp. 99 – 114.

业协会和农会丧失了"权力",越来越少地被纳入决策机制里面。而且随着政党的极端化发展,政党和协会之间达成协议越来越困难。在过去20年中,合作主义的决策"范式",无论是在其包容性上还是在影响力上,都减弱了。

四 权力结构的变化

总体来看,在影响力系数上,政府主管部门高居榜首,其次是政党,再次是经济利益代表组织,而相比之下,在20世纪70年代,影响力系数最高的是经济利益代表组织,政府的一些专业办公室和政党排在其后。[①] 目前的几种突出现象让人们看到权力结构的变化。

第一,政府主管部门决策影响力提升:从民主国家到官僚国家?

全球化特别是瑞士与欧盟日益紧密的"融入一体"给瑞士的主权带来严峻的挑战,人们对瑞士政府的质疑和批评主要集中在瑞士是否已经从一个高度民主化的国家转向了"官僚"国家?

在瑞士"共识民主"体制中,各个相关的社会利益集团、政党和政府相关主管部门以及联邦议会,在政治决策的"前议会"阶段和议会审理与表决阶段,都展开谈判和博弈,都有机会积极地参与,并对最后的结果发挥相应的影响作用。而全民公投更是赋予每个公民最后的决策权力。因此,瑞士的模式是一个典型的"分权"模式,没有哪一个政治机构和社会组织以及个人,能够独自地左右公共政策的选择。但是全球化和欧洲化带来的深刻变化,让外部因素深刻地影响到瑞士经济和社会生活的方方面面,决策的专业性和技术性极大地提高,因此,相比于"业余选手"

---

① Pascal Sciarini, "More Power Balance, Less Consensus: Changes in Decision-making structures Over Time", in Pascal Sciarini, M. Fischer and D. Traber, eds., *Political Decision-making in Switzerland: The Consensus Model under Pressure*, Palgrave Macmillan, 2015, pp. 51 – 77.

政治家和普通选民，政府部门的官僚在相关决策中发挥的作用越来越突出。

目前，众多联邦部门参与同欧盟的谈判，而谈判不仅是对外关系的问题，而且将全面地影响瑞士社会各领域的发展。

事实上，政府部门的规模和自身的预算自20世纪70年代开始持续地扩展。与其他国家相类似，随着人口不断增长、城市化不断推进，特别是福利国家的社会支出持续扩大，瑞士的公共管理领域不断拓展，政府公务人员专业性也日益增强。对瑞士来说，欧洲一体化对其产生了深刻的影响，它使瑞士政府承担更多的与欧盟签订各个不同领域国际条约的职能，在这一点上，立法机构和非国家行为体实际上成了牺牲品。[①] 即使在非涉外的领域，政府也试图借助外部因素施加压力推动国内相关领域的变革。

那么在不同的领域权力结构分布的情况如何？在国内事务决策领域，决策的权力在政府行为体、顶级社会利益集团和政党之间"分享"；在欧洲一体化直接相关的事务中，政府官僚显然在权力影响力上高于政党；在与欧洲一体化非直接相关的事务中，权力由联邦委员会和主要的联邦政府办公室等一小部分官僚和政党"分享"。[②]

第二，政党地位提升：从"前议会"阶段到"议会"阶段。

如前所述，瑞士经济联合会仍然具有广泛的影响，中小企业伞形组织和工会的普遍性影响力很大程度上缩水，而农会则不再具有普遍性影响力了。伴随着经济利益集团的分化和工会、农会的衰落，政党的影响力相较

---

[①] Klaus H. Goetz and Jan-Hinrink Meyer-Sahling, "The Europeanisation of National Political Systems: Parliaments and Executives, Living Review", *European Governance*, Vol. 3, Iss. 2, 2008, pp. 1–30.

[②] Pascal Sciarini, "More Power Balance, Less Consensus: Changes in Decision-making Structures Over Time", in Pascal Sciarini, M. Fischer and D. Traber, eds., *Political Decision-making in Switzerland: The Consensus Model under Pressure*, Palgrave Macmillan, 2015, pp. 51–77.

于20世纪70年代无疑提升了,基督教民主党和自由民主党、社会民主党和人民党在几乎所有领域都具有影响力。相对来说,中右的自由民主党和基督教民主党的影响力被更左倾和极右的社会民主党和瑞士人民党削弱了,特别明显的是,在选举中,瑞士人民党让自由民主党和基督教民主党流失了很多选票,从而成就了自己的"崛起"。瑞士人民党日益"做大",在移民、难民和欧洲一体化议题上攻击左翼政党,并使中右翼政党发生分裂。① 在政党地位提升这一块,最为值得注意的是,从政党的发展来看,在20世纪70年代瑞士人民党并不是主流政党,处在比较边缘化的地位,而在1990年之后的20年间,瑞士人民党有了快速的发展,目前已经成为瑞士第一大党并取得执政地位。人民党长期推行追求选票、追求政府官职的策略,取得了巨大成果,并改变了瑞士的政党格局。②

利益集团无论是工商集团还是工会,主要由于其内部成员在利益诉求方面的分歧越来越突出,导致了成员数量的下降,这无疑损害了其代表性和合法性。③ 利益集团的强势正在被政党削弱,利益集团和政党之间的"权力"再平衡,势必对"前议会"阶段的利益协调和整合功能发生影响,让"议会"阶段在决策过程中显示了其重要性。这是瑞士联邦决策中权力结构的最突出变化。

第三,权力结构"转型"。

归结起来,人们所熟悉的瑞士"共识民主"模式,是以"前议会"

---

① Hanspeter Kriesi and Alexander H. Trechsel, *The Politics of Switzerland: Continuity and Change in a Consensus Democracy*, Cambridge: Cambridge University Press, 2008, pp. 84–98.

② Romain Lachat, "Switzerland: Another Case of Transformation Driven by an Established Party", in Hanspeter Kriesi, ed., *West European Politics in the Age of Globalization*, Cambridge: Cambridge University Press, 2008, pp. 130–153.

③ Daniel Oesch, "Swiss Trade Unions and Industrial Relations after 1990: A History of Decline and Renewal", in Andre Mach and Christine Trampusch, eds., *Switzerland in Europe: Continuity and Change in the Swiss Political Economy*, London: Routledge, 2011, pp. 82–102.

的磋商和妥协为主,在这个过程中,社会利益集团、政党和政府包括联邦和州政府都参与其中,但是发挥突出影响力的是经济利益组织,它们凭借强大的经济实力,往往与主流的右翼政党"结盟",左右联邦决策的走向。

目前这一"传统"的权力结构正走在"转型"的路上,转型的两个最突出的"迹象":首先,从"前议会"阶段转向"议会"阶段,而"议会"主要是政党博弈的场所,政党的作用日益加强。随着全球化和欧洲化影响的加剧,政府在"前议会"阶段整合社会不同利益群体的诉求越来越经受挑战。虽然"前议会"咨询阶段在整个的决策体制中仍然比较重要,但是其重要性呈不断地下降的趋势。这主要表现在"专家委员会"和政府主管部门的咨询机构的作用在下降。而这两个环节是各方利益博弈,最后实现妥协和整合的最重要场所和阶段。当然,主要原因是如雇主协会与工会对很多立法法案的立场差别非常大,有时甚至可以说是针锋相对,所以不同利益集团的诉求整合越来越困难。这就促成"议会"阶段变得比以往重要了。瑞士借此经历了"再议会化"进程,当然不是在所有决策领域和所有决策案上,主要是在非直接"欧洲化"的本土事务决策上,议会的重要性更突出。在议会阶段,主要是各个党派的博弈,不仅如此,最后政党也与其他社会利益群体一样,更经常地发起全民公投,对联邦议会两院通过的法案进行"复决"。[①]

其次,在欧洲一体化直接相关事务的决策中,联邦政府官僚显然在权力影响力上高于政党。瑞士虽然不是欧盟的成员国,但是受欧洲联盟发展的影响巨大,因此在20世纪90年代经过谈判与欧盟达成了一揽子双边协

---

① Pascal Sciarini, "From Corporatism to Bureaucratic and Partisan Politics: Changes in Decision-making Processes Over Time", in Pascal Sciarini, M. Fischer and D. Traber, eds., *Political Decision-making in Switzerland: The Consensus Model under Pressure*, Palgrave Macmillan, 2015, pp. 24 – 50.

议，除此之外，瑞士还在一些政策领域单方面地采纳欧盟的规范，即所谓"自动采纳"，成为一种非直接的欧洲一体化，也被称为"定制的准成员国身份"。[①] 重要性非常高的加入"申根"和允许欧盟成员国公民自由流动，这些"国际条约"都是政府与欧盟谈判达成的，这样政府在起草相关方案时的各个环节上，如政府的工作小组团队，联邦政府各个部门之间的相互沟通和协调，到最后在联邦委员会形成最终方案等，其重要性都被凸显出来。那么欧洲一体化对瑞士决策模式的影响主要表现在，国际协议的存在使得政治的重心从国内层面转移了，并强化了行政官僚在管理中的地位和作用；正式的国内"咨询"逐渐被非正式和包容性弱的机制所取代。这无疑增加了政府的自由裁量空间，并加强了行政官僚的决策权力，而通过沟通协调而达成共识的机制被大大削弱了。

第四，现代媒体对权力结构转型的推波助澜。

另外，不容忽视的是政治媒体化对"共识"达成机制也有很大的负面作用。一旦媒体在政治和社会生活中影响力不断加大，那么它甚至会左右政治行为体和政治机构对自身优先取向的判断。决策者会越来越多地依循"媒体的逻辑"，并且依靠媒体来"博眼球"以获取公众对其政策的支持，这样不同于"前议会"阶段传统上主要是秘密地在幕后进行谈判和达成妥协，今天，一切都在媒体的曝光度里，这反过来影响了各个行为体之间的妥协和共识形成。

## 五 案例：内外交困的"奶牛交易"

对于全球化与欧洲一体化给瑞士"共识民主"模式带来的挑战，最新

---

① Hanspeter Kriesi, "Globalization and the Transformation of the National Political Space: Six European Countries Compared", *European Journal of Political Research*, Vol. 45, Iss. 6, 2006, pp. 921–956.

的一个案例即所谓"奶牛交易",非常形象地展现了瑞士的"内政"与"外交"如何交织在一起,在面对如此复杂局面各个政党、利益集团等如何展开错综复杂的博弈,公民的直接民主权利又如何在这一复杂政治过程中发挥独特的重要作用。因为瑞士地处阿尔卑斯山区,阿尔卑斯山是瑞士的象征,而瑞士的奶酪又是全世界最熟知和喜爱的瑞士产品之一,所以瑞士目前正在纠结的全民关注的决策,被形象地称为"奶牛交易"。

瑞士伴随着与欧盟的"框架协议"谈判,同时推进养老金制度的改革。瑞士一直被视为全球最适合养老的国家,拥有完善的养老金和养老院系统。瑞士的养老金系统通常被称为有三大支柱支撑,即国家养老保险、企业养老保险和私人养老储蓄。国家养老保险是强制性的,主要包括养老及遗嘱保险(简称为 AHV/AVS)和伤残保险(简称为 IV)等,这一保险覆盖所有在瑞士生活的人,保险费用主要由国家、企业和个人分担,能够让每个老年人维持基本的生活。企业养老保险覆盖所有企业员工,也是强制性保险,由雇主和雇员共同支付保险费用,能够保障退休后仍然维持原有的生活水平。最后是个人自愿性购买的养老保险,用来作为第一支柱和第二支柱的补充。但是,随着老龄化社会的发展,瑞士的养老金体系也开始面临挑战,因此近些年来,瑞士的养老金体系改革也纳入议事日程,并引发了全社会的争论。

2016 年 9 月 25 日,瑞士就是否对瑞士养老金的第一支柱进行改革——提高国家养老金标准举行了全民公投,这一公投由左翼政党发起,但是仅获得 40.6% 的支持率,绝大多数参加公投的瑞士公民否决了这一提议,认为目前养老金已经开始出现缺口,如果将强制性的第一支柱养老金水平普遍提高,缺口只能越来越大,并不利于问题的真正解决。这一公投结果,也让外部世界对瑞士赞叹不已。2017 年 9 月 24 日,瑞士就议会的"2020 养老金改革"方案进行了全民公投,这一方案涉及第一支柱,即未来增加第一支柱的养老金储备,缓解压力,将增值税由 8% 提高到 8.3%,多增加的税收将放入国家强制养老金的篮子里，这一提议没有获得超过半数公民的支持；而关于第二支柱的改革，即个人增缴企业养老金费用0.3%，同时将女性退休年龄由64岁延长至65岁，遭到超过52%选民的否决。

另外一个被纳入重要议事日程的是企业税制改革。由于经济合作与发展组织（OECD）反对向跨国企业实行减免税收的政策，以此来提高自身的区位竞争力，而瑞士长期以来各州都竞相给跨国公司税收优惠，但是目前这一局面很难再持续下去，如果瑞士不改变这一做法，那么到2019年3月，瑞士就会被列入经合组织的黑名单，瑞士的经济发展就会遭遇大麻烦。不仅是经合组织，长期以来与瑞士经贸联系极其密切的欧盟一直批评瑞士的企业税制，对欧盟成员国造成"不公平的竞争"，瑞士一些州甚至免除跨国企业的赢利税。2014年以后，二十国集团也加入打击"避税"行为的行列。与瑞士银行业"保密条款"遭遇的困境一样，瑞士必须采取有效措施回应国际社会的诉求，取消其长期实行的税收优惠制度。于是瑞士近两年来加紧进行税收体制改革。1997年和2007年瑞士曾经进行过两次大规模的企业税收制度的改革，使得瑞士在全球化的背景下更富于区位竞争力，吸引大量的跨国公司落户瑞士，因此瑞士决心搞第三次企业税制改革。"企业税改3"方案的关键点在于取消各州对控股公司、合资企业和海外企业总部驻地公司的税收优惠，对州内所有企业一视同仁，采取相同的税收政策。但是，如果税收优惠取消，可能导致州和社区减少约30亿瑞士法郎收入；对此，联邦政府制定了相应的措施，从联邦税收中拿出一部分补贴地方政府。但是，争议的部分出现在下一部分，即各州可以为企业的专利和相关的知识产权收入减税直至90%；除此之外，企业还可以在计税的时候，扣除其投入在研发领域150%的成本。实际上，又另外开了一个口子，变相地给企业减税，保障企业的赢利和收入。

这份改革方案在2017年2月13日的全民公投中遭到59%选民的反对，瑞士各大媒体也对主导这一方案的瑞士人民党财政部长毛勒口诛笔伐，认为政府的方案难以让瑞士人民接受，地方政府的税收减少了，即使用联邦税收填补缺口，仍然是出自纳税人，而且为了保持公共服务水平不至于滑落，意味着瑞士公民要缴纳更多的税，加重了人民的负担，但是跨国公司仍然可以潇洒地在瑞士赚钱。

养老金改革和企业税制改革看似两件不相干的事情，到了2018年却"神奇"地被联系在了一起。

由于全民公投中毛勒的方案被无情否决，几经周折，国会联邦院的经济委员会提出了新方案，企业税制改革方面并没有大的变动，只是把民怨强烈、极富争议的变相减税措施只放在对此极感兴趣的苏黎世州实行，并不在整个联邦铺开，如此一来，预计地方政府的税收收入将减少20亿瑞士法郎，相比此前毛勒的方案，显然税收的损失规模缩小了。同时，此前同样在全民公投中被拒的AHV改革也有了新方案，AHV系统将每年被注入20亿瑞士法郎新资金，资金的来源是从员工工资中扣除一部分、增值税中拿出一部分投放在养老金领域，以及再额外增加联邦政府在这一领域的投入。等于说减少跨国公司的税收优惠，同时在养老金领域投放新的资金。这两个不同领域的方案出台后，被捆绑在一起，要求议会两院表决，要么二者同时接受，要么二者同时"沉没"，在瑞士，这一"神奇"的做法被戏称为"奶牛交易"。国会联邦院多数表决通过了这一方案。

那么来看看各方的反应吧：左翼的绿党等非主流政党对此表示反对，因为这很可能导致老百姓税收负担增加，而"自由绿党"则认为这个方案对现有的AHV系统只进行了表面上修改，换汤没换药。社会民主党作为中左翼政党，党主席和工会负责人都是联邦院的成员，而且在联邦院中，社会民主党占有举足轻重的地位，在仅46席的联邦院中拥有12席，而目前这个"奶牛交易"是在联邦院出台的，社会民主党的角色不言而喻。支持这一方案的社会民主党国民院和联邦院议员认为，这一方案阻止了跨国公司逃避税赋，同时让AHV获得了20亿瑞士法郎的资金注入，给国家养老系统提供了稳定的资金支持，这一点非常重要。当然这是一个妥协的方案，但是如果人们不想妥协，那么结果是什么？显然一方面 AHV 得不到资金，而改变企业税制是必需的，这意味着税收减少，一无所获。作为代表人民利益的左翼政党，社会民主党难以坐视事关民众切身利益的 AHV 没有获得这 20 亿瑞士法郎资金，但另一方面企业却一如既往，仍然可以在瑞士旱涝保收地赚钱——先前人民党拿出来的方案正是如此设计的。社会民主党主席雷伍阿特（Christian Levrat）也表示，他理解党内持反对意见的党员，因为这一方案确实没有办法满足所有的诉求，但是无论如何它比先前在全民公投中被拒绝的方案进了一大步。但是该党的左翼准备与绿党联手，发起全民公投，反对这个方案。该党的几位国民院和联邦院议员认为，这一方案最终获益的仍然是跨国公司和富人，因此无论是策略上还是内容上都存在很大的错误，应该寻找更好的方案。尽管存在分歧意见，而且这种分歧通过媒体的报道和讨论也展现在公众面前，不过在 9 月 29 日举行的社会民主党代表大会上，仍然以 148 对 68 票（5 个弃权）获得了通过。①

极右政党人民党先前的税改计划被公民拒绝，被媒体痛批，已经失去一城，如果这次再出现波折，则会显得十分狼狈，但是在国民院即将对此展开辩论之际，人民党忽然宣称，应该把这个方案退回联邦院，因为人民党希望一个单纯的企业税制改革，而不是与国家养老金改革混为一谈并向其做出妥协和补偿。但是极具影响力的工商协会主席、人民党国民院议员已经宣称他本人将投赞成票。显然一部分人民党议员不想改变人民党在民众中的印象，即该党是支持瑞士经济国际化发展的。

而社会利益集团也展开了积极的游说，影响力巨大的瑞士经济协会主席利用《新苏黎世报》施加压力，认为如果瑞士迟迟不做出决定，最后上

---

① "Steuervorlage/AHV-Paket stoesst bei SP-Delegierten auf Zustimmung", September 29, 2018, https://www.swissinfo.ch/ger/steuervorlage-ahv-paket-stoesst-bei-sp-delegierten-auf-zustimmung/44435934.

了经合组织的黑名单，对瑞士经济将造成灾难性冲击。作为地方政府的组织"州财政部长联席会议"的主席尤伊尔拉德（Charles Juillard）也同样在《新苏黎世报》表示，瑞士迫切需要这样一场企业税制改革。其他的社会组织，如令人比较困惑的是"城市联盟"组织不仅反对此前毛勒的税改方案，对新方案同样持批评态度，认为会导致税收的大规模流失。但是，通常人们认为城市都是跨国公司的落脚地，吸引更多的跨国企业对其发展是有利的。①

2018年9月30日公布的Tamedia民调显示，②对"奶牛交易"这一方案感到满意的民众只有42%，超过一半的民众表示不满。

面对各个党派在这一重要改革问题上的分歧，特别是党派内部的分歧，让人们对瑞士的决策体制越来越失望。2018年9月30日公布的Tamedia民调显示，对联邦议会（包括国民院和联邦院）的工作感到满意的民众只有6%，勉强满意的35%，不满意的达到23%，不太满意的则达到34%。可见满意度刚刚超过40%，而不满意度则高达50%以上。那么对主流政党的满意度如何？调查显示，人们相对满意的仍然是主流的中右翼政党，对基督教民主党满意度达到63%，对自由民主党满意度达到60%，左翼的社会民主党也收获了43%的满意度，对第一大党瑞士人民党的满意度仅有27%。对于联邦政府即联邦委员会的满意度仅达到39%，比联邦议会还低，对组成联邦委员会的各党派的满意度与联邦议会的情形高度相似，对基督教民主党的满意度达到61%，自由民主党57%，社会民主党46%，而人民党则只有17%。

"奶牛交易"的最终结局非常值得关注，因为它关系到瑞士目前的体制

---

① Peter Blunschi, "Showdown im Nationalrat", September 11, 2018, https://www.watson.ch/schweiz/session/755508451-showdown-im-nationalrat-das-musst-du-ueber-den-ahv-steuer-deal-wissen.

② "Tamedia Wahlumfrage 2019", September 30, 2018, https://www.tamedia.ch/tl_files/content/Group/PDF%20Files/Franzoesisch/Bericht_Tamedia_Wahlumfrage3_Sept2018.pdf.

框架下，究竟是否存在"共识"？如果存在，将以何种新的方式形成？

## ◇ 第五节 "共识民主"危机的后果与影响

"共识民主"模式面临的挑战和正在发生的变化，给瑞士的政治生活已经带来多方面的影响。

### 一 对政策输出的影响

瑞士在"共识民主"模式之下，经过各个不同的利益主体和政党、政府部门的反复磋商、协调，才能够"审慎"地推出一项公共政策，并尽可能地让所有相关方实现"共赢"。但是由于"共识"模式正处在转型中，所以，瑞士的政策输出的透明度、确定性、实施效果的评估等，都受到相当的影响，尤其在对瑞士影响最大、全民关注率最高的与欧盟双边关系领域。

从瑞士政治输出的决策角度来看，瑞士政治极端化发展后所带来的影响，在欧洲一体化议题上表现得最为突出。瑞士不是欧盟成员国，但是由于与欧盟过于紧密的联系而形成了与欧盟的特殊关系，这种关系被称为"管控的一体化"，[①] 即指瑞士虽然不是欧盟的正式成员，但是欧盟的相关法律和规则却在瑞士一样生效，欧盟的"一体化"管控的规范也覆盖了瑞士。从瑞士政治的角度看，瑞士的欧盟政策的核心点就在于如何处理欧盟的相关法律和规范，接受还是不接受，以及如何接受和采纳。虽然右翼民粹主义者强力地反对欧洲一体化，但是他们至少部分地被一种"放任"的"共

---

[①] Sandra Lavenex and Frank Schimmelfennig, "EU Rules beyong EU Borders: Theorizing External Governance in European Politics", *Journal of European Public Policy*, Vol. 16, Iss. 6, 2009, pp. 791–812.

识"取代了：允许瑞士在正式成员的门槛之外融入欧洲一体化。从正式的法规角度看，瑞士不论是在政府间层面还是在超国家一体化层面，融入欧洲的程度都已经与欧盟成员国无异，从本质上看，瑞士政策受到欧盟规则的强烈影响。瑞士自1990年至2010年，采纳和适用欧盟的法规大量增加，但是同时有一个突出的现象：这些事关瑞士各行各业公民利益的法规的采用，很多都是通过"非政治化"的方式，在公民的关注视野之外的，因为其专业性较高，所以通常都是由政府相关部门的官员与欧盟进行谈判和协商，而不是在政治领域里由全体公民参与进行公开的讨论，所以大量的欧盟的法规在瑞士被采纳，基本上是以"秘密行动"的方式，缺乏公众的广泛参与，政治上却很风平浪静。[①] 当然这不意味着在事关重大的欧盟政策上，瑞士公众不知情、不关注，恰恰相反，一些重大的决策都是以全民公投的方式做出的，比如2005年6月5日，瑞士全民公投中，54.6%的选民支持通过了签署《申根—都柏林协议》，意味着瑞士将正式加入"申根"国家的行列，虽然26个州的多数选择投反对票，如内阿彭侧尔州以高达68.1%的比例反对，但是支持票数仍然占绝对优势，比如整个法语区都支持加入申根，德语区中的苏黎世州、伯尔尼州、巴塞尔城市和乡村两个半州、楚格州等都投了赞成票。这使瑞士成为继挪威和冰岛之后，第三个加入申根协议的非欧盟成员国。

在瑞士与欧盟的联系不断深化过程中，欧洲一体化的发展也不断深化，因此，处理瑞士—欧盟政策的政治行为体也存在不确定性。比如，瑞士央行在2011年11月将欧元兑换瑞士法郎的下限设定为1∶1.2，由于在欧债危机后，很多投资者把瑞士法郎作为避险的工具，从而导致瑞士法郎需求大增，瑞士法郎迅速升值，给以出口为主的瑞士经济带来很大的压力，因此央行决定将瑞士法郎与欧元"挂钩"，以此来让瑞士经济有喘息的空间，提

---

[①] Pepper D. Culpeper, *Quiet Politics and Business Power: Corporate Control in Europe and Japan*, Cambridge: Cambridge University Press, 2011, p.196.

高瑞士经济的国际竞争力。但是 2015 年 1 月 15 日，瑞士央行在毫无征兆的情况下突然放弃欧元兑瑞士法郎的 1∶1.2 汇率下限，瑞士法郎与欧元"脱钩"，初衷也是为减轻瑞士法郎升值的压力，但导致"黑天鹅"降临外汇市场，欧元兑瑞士法郎最低跌至 1∶0.87，美元兑瑞士法郎从 1∶1.02 跌至 1∶0.74，随后瑞士法郎兑欧元一度飙升近 28%。尽管瑞士央行大幅降息缓解取消汇率下限对市场的冲击，但是汇率波动的幅度超出了所有人的预期，瑞士长期国债收益率降至零，股市也几近崩盘。在 1 月 15 日当天，全球外汇市场在 45 分钟之内完成了 9 万亿美元交易结算，可见当时引发的全球市场恐慌的严重程度。这场风波让瑞士央行的信誉严重受损。之后，瑞士法郎持续走高，并在 2018 年初欧元兑瑞士法郎接近当年 1∶1.52 的下限。

另外如前文所述，2014 年 2 月 9 日由瑞士人民党发起的"反对大规模移民"的全民公投中，瑞士公民以 50.3% 的微弱多数限制移民。虽然在公众的讨论中，瑞士的外来移民已经占人口的 25%，每年移民瑞士的外来移民高达 8 万人，移民不仅推高了瑞士的房价，也使得一些公共设施如铁路和高速公路等变得非常拥挤，这一系列问题确实引发了很多民众的不满。但是，这一公投的结果显然违背了瑞士与欧盟签署的协议，其中非常重要的条款是"人员往来自由"。这意味着瑞士必须与欧盟重新就此谈判，而且这一谈判的前提是瑞士"例外"，在移民问题上，必须给予瑞士"例外"的"照顾"。这与瑞士央行制造了"黑天鹅"的案例一样，反映的是瑞士政治现在还尚未找到真正的方法——如何有效地处理与欧洲一体化相关的议题，所以在与欧盟关系的议题的决策上存在不确定性。而欧盟对瑞士是如此重要，在牵涉欧盟的重大决策上，瑞士能够如此"不靠谱"地出牌，确实让人大跌眼镜，也让全世界曾经熟悉和喜爱瑞士的人们，跌破了以往长期形成的对瑞士的美好印象——一个自由开放，在世界风云中"游刃有余"、从容面对的"小而美"的国家。

## 二 "共识"动摇和议会政党"临时性"结盟

### 1. "超级联盟"政府和"底线共识"

欧洲国家大多实行多党制，在选举中几乎没有哪个政党可以独占鳌头，单独组阁执政，而是必须与其他政党合作，组建联合政府，通常被称为政府联盟。关于政府联盟的组建通常有三种不同的情形：一是政党组建联盟是出于掌握权力的诉求，所以政党的规模是一个非常重要的因素，只有大型政党才能够有机会获得机会和更大的影响力。这一视角是从政党自身的利益来考察，忽略了政策导向的视角。二是从政策出发，这种视角主张，组建政府联盟的出发点和基础是各个政党的意识形态，而意识形态相同或者相近的政党组建联盟，那么在主要的政策上政党之间的分歧就会减少，政党之间更容易达成共识，这样无疑有利于政策的顺利推出和施行。而这两个视角都忽略了选举阶段，就是选民的意愿和选择对政府组阁的影响。三是从选举竞争出发，政党的政治生命取决于选民的支持，那么政党为了兑现承诺，不在下次选举时遭到惩罚和选民的抛弃，因而选择与政策主张相近的政党结成联盟。不过，遵从选民的意愿会给政党带来两难选择：一方面，如果它们的政策主张太具有竞争性，太与众不同，那么在联盟组建时，与哪些其他政党联手，就会有比较大的困难；另一方面，如果它们不标新立异，又无法脱颖而出，让选民能够把它们从众多的对手中识别出来，从而取得更多选民的支持。不过，解决这一问题的途径之一，就是加入能够获得更多妥协从而不失自身政策立场的联盟。但是，如果联盟的政治立场与政党差距太大，就很难参与其中，因为这样，失去选民支持的风险大大上升了。总之，对任何政党来说，有两个面向：寻求对政府施政、政策的影响，或者寻求选民支持度的扩大。不过，这二者也是相辅相成，密不可分的。

瑞士与其他欧洲民主制国家最大的不同之处是瑞士的四个主要政党自

1959年以来都是参与政府联盟的。尽管政府是由议会选举产生的，但是主要四大党派都参与政府执政，而根据瑞士宪法，议会无权解散政府，反之亦然。所以瑞士议会议员不必遵从某种"联盟协议"，而是可以根据具体的议题和议会决策的特定阶段来决定自己应该采取什么样的立场。①

另外，对政党来说，是追求选票的扩大还是更好地"控制"政府，这二者产生的矛盾和张力，在瑞士政治中并不突出和明显，在立法决策过程中，政党追求选票的因素直到目前仅扮演一个较小的角色。在瑞士议会决策中，通常是中左翼的社会党和绿党结成联盟，反对中右翼的基督教民主党和自由民主党以及极右的瑞士人民党。但是在很多情况下，各政党则组成"超级联盟"，即所有政党都参与其中，在表决中采取一致的立场，这通常是由于瑞士的直接民主制度，因为担心选民通过全民公投提出异议，政党往往达成"底线"共识或者"最小"共识。

2. 政党"极端化"发展和"临时性"结盟

如前所分析的，政党结构目前已从原来的左翼和右翼，变为"三翼"，主要是右翼阵营分裂为自由的中右翼和民族保守主义的极右翼。这样，原来的"共识民主"就变成了"可变的几何形状"的模式，"共识"在瑞士国会戏剧性地下降了。在过去的一些年里，包括所有主要党派的联盟较少形成，这样对最终的投票结果的影响是相当大的。那么政党在议会决策中如何结盟、协调自己与其他党派的立场呢？有极右政党作为"第三极"加入议会平台上来，传统的右翼和左翼政党也在加强联盟。比如，右翼阵营里，中右翼政党、自由主义者和基督教民主党通常会在议会紧密结盟，无论是在社会经济议题上，还是在更加开放、更加国际化的现代化议题上，都采取一致的立场。传统左翼呢？社会民主党也从右翼的分裂（极右翼从传统右翼阵营分裂出去）中获益，在21世纪初期，曾经在11次重大议会决策中有5次与中右翼政党联盟，

---

① Daniel Schwarz and Wolf Linder, *Mehrheits-und Koalitionsbildung im schweizerischen Nationalrat 1996–2005*, Bern: Universitaet Bern, Institut fuer Politikwissenschaft, 2006.

3次牵涉欧洲化议题并附加教育和基础设施建设。而中左翼联盟成功地推动了区域规划、放弃核能、采用欧洲一体化标准等方面的改革。但在经济和财政、移民议题方面，稳固的中右翼联盟还是主导了议会的决策。而在国防领域，则出现"非自然联盟"，即左翼和保守右翼结盟。

从21世纪初期的相关研究可见，自由民主党常常与瑞士人民党结盟，来反对中左翼的基督教人民党、社会民主党和绿党。另外，瑞士人民党也越来越多地拒绝与中右翼政党结盟，因此，它们虽然在大选中成绩越来越好，但是在议会中却越发"孤立"。[1] 除了2011年选举，对人民党来说是个小小的失败，选举上的成功，反而使其不愿意再加入"中间"联盟，而更多地结成"小联盟"，以此来坚守其在竞选中的立场和承诺。与此同时，左翼的社会民主党也事实上采取了类似的策略，一方面由于政党的极端化发展，另一方面由于绿党在议会中的席位不断扩大，所以，社会民主党更多地与绿党结盟，来反对中右翼政党和极右翼政党，事实上也是寻求"小结盟"。而无论是左翼还是右翼，实际上都是一种"投票结盟"（voting coalition），即根据某个具体的议题，在对具体议题的表决上，临时地结成政党联盟。那种包括所有政党的"大联盟"在瑞士政治生活中已经非常少见了。

从人民党的选举纲领来看，20世纪末期和21世纪初期，人民党表达的诉求主要集中在捍卫瑞士的法律和秩序，以及瑞士的传统道德；2007年和2011年的诉求开始集中在反对瑞士的对外政策特别是瑞士的欧洲一体化政策；而人民党一直集中诉求的移民问题，近年来更是将其与捍卫瑞士的法律和秩序，以及捍卫瑞士的本民族生活方式联系在一起。[2] 人民党的成功离

---

[1] Wolf Linder and Daniel Schwarz, "Moeglichkeiten parlarmentarischer Opposition im schweizerischen System", *Parliament*, *Parlement*, *Parlamento*, Vol. 11, Iss. 2, 2008, pp. 4–10.

[2] A. Volkens, P. Lehmann, T. Matthiess, N. Merz, S. Regel and A. Werner, *The manifesto project dataset-Dokumentation*, Manifesto project (MRG/CMP/MARPOR), Version 2015a, Berlin: Wissenschaftszentrum Berlin fuer Sozialforschung (WZB), 2015.

不开这三大议题：欧洲政策、移民政策、法律和秩序。从20世纪90年代中期至2011年的统计显示，人民党经常与中右翼的自由民主党在议会相关议题投票中采取同样的立场，与基督教民主党一致行动的频率次之，较少与左翼的社会民主党结盟。而具体的阶段上看，1995年至1999年，人民党与自由民主党在75%的议题上可以在议会决策中结成联盟，但是到了2011年之后，这个比例降到了50%以下，说明两党在三大主要议题上的冲突越来越强烈了。尤其是在移民问题的立场上，自由民主党在竞选时虽然主张强硬的移民政策，但是在议会投票时则与其他主要政党达成共识并结成投票联盟，这里的原因主要是文化的议题对自由民主党来说并不是最重要的标志性的议题，即使在政治实践中背离其竞选时的主张，自由民主党不一定在下次选举中会为此付出很大代价。因此，它采取一种"双重"的政策。不过，虽然在具体议题的投票，两党之间有很多差别，但是在最重要的法律以及最终的投票上，例如2007年后瑞士修改难民法和新公民法，两党在议会一致行动的比例仍然达到70%左右。

从左翼阵营比如社会民主党来看，主要的三大议题集中在经济、社会和环保。其与人民党冲突非常大的议题在于对外政策特别是欧洲一体化政策。1995年至1999年，在这一议题上双方结盟的比例尚能达到60%左右；而2011年之后，则下降到25%左右。

整体上看，人民党与其他政党的距离在拉开，而包括所有政党的共识的破产与人民党的"孤立"立场直接相关，这主要表现在移民和欧洲一体化议题上。1995年至1999年只有15%的与对外政策及欧洲一体化政策相关的法案和创意在议会中辩论和表决，2011年后超过了60%；与此同时，与移民政策和法规相关的从55%增加到80%以上。而在整体上，所有的政策领域的最后表决中，政党们共识的比例下降到50%以下，人民党对此的"贡献"是最主要的。

3. 议会表决"政治性"更加突出

这显然意味着，在议会表决中政治性更突出了，针对每个重大的议题，政党选择什么样的立场，为了坚持这个立场而与哪个政党结盟，以增强自身的政治影响力，特别是自己是否对持有不同意见的其他政党做出妥协，做出多大程度的妥协，这些考量都围绕着竞选时这个政党向选民表明的立场和做出的承诺，选举和选民的支持与否，成为政党做出决策的最后"风向标"。进一步研究发现，政党的纲领越来越集中在一些特定的议题上，因为选民也越来越多地关注一些特定的议题，并以此来判断，究竟哪个政党在这些议题上更好地回应了他们的诉求，因此就会决定投票支持哪个政党。选民的政治行为发生变化，决定了政党在议会中的政治行为也发生了变化。①

瑞士人民党近年来极端化发展，在几个选民关注的议题上，采取极端的立场，确实为其赢得了更多的选票，这也使得人民党越发难以在其所坚持的立场上做出妥协。与之相反，瑞士社会民主党一直关注经济与社会议题，近年来也越发与人民党无论是在经济上还是在社会议题上针锋相对，社会民主党在经济上坚持保守主义的立场，尽管是左派，但是从不支持所谓"第三条道路"，在社会分配上作为左派它一直旗帜鲜明，为劳工阶层和中产阶级争取更多权益和社会福利保障，在文化上社会民主党则主张自由主义和全球主义，对移民态度友好。近年来，社会民主党很快也发现这样不容忽视的现象：在文化议题上它失去了很多劳工阶层的选民，这些选民认为，越来越多的移民来到瑞士，不仅抢去了他们的工作岗位，而且还分享了很多原本属于瑞士人的社会福利"蛋糕"，因此他们纷纷支持人民党的激进移民政策，反对让瑞士的社会财富因更多的移民而发生大规模"流失"，从而影响瑞士公民的生活和未来的职业发展，因此很多属于中左翼的

---

① C. Green-Pederson, "The Growing Importance of Issue Competition: The Changing Nature of Party Competition in Western Europe", *Political Studies*, Vol. 55, Iss. 3, 2007, pp. 607–628.

选民，反而"背叛"了左翼阵营，转而支持大张旗鼓反对移民的人民党。从选举的结果看，文化保守主义对尤其劳工阶层来说其吸引力远远高于自由的世界主义，而新中产阶层则支持世界主义价值观，因而社会民主党的传统票仓在文化问题上发生了分裂。① 这当然给政党的发展和瑞士的政治带来深刻的影响。所以，无论是人民党还是社会民主党，对直接与其政治纲领相关的议题更少地参与"投票联盟"。

还有一组对比数字非常能够说明问题：直到20世纪70年代中期，在瑞士80%的全民公投中，瑞士的执政党都能够达成一致立场，这非常有利于动员和说服它们所代表的社会利益群体，从而也维护了瑞士的协商民主、"一致性"决策政治模式。但是，近年来的发展却出现了截然相反的情形：80%的全民公投中，都有执政党作为明确的反对派出现，从政党政治表现出来的瑞士社会裂痕的加深可见一斑。

#### 4. 政治"不确定性"的出现

那么来看看，为什么在瑞士银行"弃密"问题上，瑞士没有事前拿出有利于瑞士长远利益的解决方案？非常重要的原因是原来在瑞士政坛一直占有主体地位的中右翼政党分裂为中右和极右两部分，而极右政党人民党一直坚持认为，瑞士应该坚持自己的"民族自决权"和瑞士传统的"中立性"，拒绝妥协。金融行业事实上也分裂了，但是当它们四年后准备克服分歧、一致行动时，它们的声音又很快被淹没了，因为原来瑞士的典型模式是政府官员和行业代表经过深思熟虑、反复磋商而探寻解决问题方案，而现在这种"非正式的""静静的"政治已经让位于"喧嚣的"党派政治了，公众的注意力都被党派之争吸引了，银行家协会发现它们对切关其利益的问题已经失去了掌控权，政党在此议题上展开了竞争，而竞争的焦点停留

---

① Daniel Oesch and L. Rennwald, "The Class Basic of the Switzerland's Cleavage between the New Left and the Populist Right", *Swiss Political Science Review*, Vol. 16, Iss. 3, 2010, pp. 343 – 371.

在争取选民的关注和选民的选票的层面上，而不是致力于解决问题的政策制定。

另外，如果深入分析，不难发现，不仅仅是极右政党在银行业"弃密"问题上坚持保守的"意识形态"，自由的中右翼政党人、在21世纪初担任财政部长的维里格（Kaspar Villiger）也曾明确地表示，银行保守客户机密是"嵌入"瑞士人"基因"里的。对于很多瑞士人来说，这几乎是瑞士"神话"的一部分。所以，瑞士政党反对银行业"弃密"，其堂而皇之的理由是国家不能"侵犯"公民的"私人领域"，不过确切地说这种论调是保护私人的"金融领域"的托词吧。

本来金融服务业这些领域在瑞士都是"静静的"政治领域，以官员主导、利益组织协商为主，但是在危机的背景下都不断被政治化了。欧盟危机背景下负面新闻层出不穷，瑞士和欧盟的友好关系慢慢就会变得虚幻不实，国际环境的不确定和不安全，让经济和社会改革都很难推进，在这种环境下，无论是政治精英还是普通选民，都会规避风险，更易于被所谓的传统神话传说所诱惑，更倾向于维持现状而不是改变现状。这种情形下，事实上不难预测选举的稳定性。中左翼寻求现代化的可能性不是很大，而中右翼和极右翼会发现它们结成联盟的可能性不小，即如何共同寻求妥协，不让瑞士加快融入欧洲和世界。因此，政治极化发展带来的是政治的僵化和停滞。这不免让人对瑞士政党竞争和政党政治担心起来。

# 第 五 章

# 瑞士"共识民主"模式的未来

## ◇◇第一节 "共识民主"真的是民主吗？

著名政治学者林德（Wolf Linder）从政治系统论出发，① 从政治决策系统"输入"相关信息和"输出"相关政策的角度，考察了在制定政策过程中是不是所有的社会群体都真正平等地参与，表达了自身的利益诉求？这种决策模式之下政策的质量如何评估？

从"输入"来看，实际上针对"共识"模式中利益集团在决策中的巨大影响力早有质疑之声，认为民主体制下，公民拥有最后的政治决策权利，但是利益集团所扮演的角色，似乎让非政治组织进入了政治决策程序，并且发挥很大的作用，这对公民权利和民主体制本身是不利的。最后政治精英们达成的一致意见实际上是权力之间的妥协，是否体现真正的民意要画上问号。② 瑞士模式中经济与政治之间的利益关系近年来也开始受到重视。在现实政治中，确实存在一些议会的议员为特定的利益群体代言的现象。一般而言，重要的法案在进入议会之前，需要举行听证会，相关的利益群体都会出席，而游说则因此成为瑞士政治体制的一个组成部分。尤其是在

---

① Wolf Linder, *Schweizerische Demokratie*, Bern: Haupt, 2012, p. 348.
② Hans Huber, *Staat und Verbaende*, Tuebingen: Mohr, 1958, pp. 510–514.

瑞士的特殊政治制度之下，议员大都是兼职，往往对一些正在讨论中的议题不熟悉，所以需要了解和熟悉相关的信息，那么议会中的党团，还有民间的游说团体，都会承担这样的信息传递和沟通工作。但是这里面明显的弊端是游说的过程是不透明的，难免导致腐败的现象产生。近几年在民众的呼吁和左翼党派的建议下，议员需要公开其与企业、经济利益团体和游说团体的关系。但是，由于议员普遍是兼职，因而要求公开议员的个人收入，包括公开党派的财政状况的诉求，一直被联邦议会两院拒绝。

虽然协商体制提供了一个平台，让不同的社会利益代表群体都可以充分表达自身的利益诉求，但是就利益集团的现状看，其内部的运作并没有真正坚持民主和平等的原则，出面代表该集团的显然是其领导层，他们是集团的精英，也是社会的精英阶层，他们的工作环境和生活条件，与其所代表的群体中的普通公民存在较大的差距，他们真的能够代表"人民群众"吗？另外一个不容忽视的现象是，在协商和博弈中，代表富裕阶层的经济利益集团往往更强势和有强大影响力，它们普遍关注现实的赢利，而代表普通劳工阶层的工会和农会相对弱势很多，它们更谋求社会发展方面的长远利益，因此如果利益被"和谐"地"整合"，那么究竟哪一方的利益最终更受到"眷顾"？还有，参与协商的并不是所有的社会利益集团，而是"被邀请"的一部分，因此，如果达成一致性意见，也很可能限制在一定的范围内，被排除在协商平台之外的群体谁来代表？如果协商的结果是必须有承担负面影响的群体，那么这些群体是否就是没有办法进入决策体制内部的行为体？虽然瑞士模式体现出一种独特的社会利益集团的"多元主义"，但是在现实操作过程中出现以上的现象不容忽视。

批评者还认为协商民主伤害了瑞士的联邦制。瑞士联邦体制是其立国之本，各个州拥有很强的自主性，长期历史发展中，不仅政党，社会利益也是在地方层面组织起来，不过参与协商与博弈必须依靠"中央"化的组织形态，所以利益集团的"集权化"发展趋势，对联邦体制具有损害。

从"输出"来看，首先，因为协商的最终目的是让所有参与方都有获得感而不是失落感，所以每次的博弈都非常复杂和艰难，并且耗时良久，有时为了达成协议甚至与制定政策和法律的初衷渐行渐远，因此在所推出政策的创新性上，仍然存在很大的上升空间。当然，从目前的发展情况来看，内政方面的决策仍然延续这种局面，而外向型发展的相关政策的制定则创新程度比较高，以迅速提高国际市场的竞争力。其次，因为这种模式下的集团多元化，一方面在"前议会"阶段，利益的真正"均衡"仅体现在参与博弈的行为体"圈子"里，确实存在被"疏忽"的群体；另一方面这些被"疏忽"的群体如果想通过选举来实现自己的利益诉求，由于瑞士政府"比例制"的构成、"全政党"的性质，他们的意愿实现将受到很大程度的制约。而全民公投则有可能突破这种"组织化"的利益格局，近年来瑞士全民公投对瑞士政治的影响也体现了这一点。最后，因为参与博弈的行为体尤其是利益集团，不仅影响决策，还在决策后推动政策实施，把其他的利益方或者行为体排除在"圈外"，因此它们事实上与国家紧密地"捆绑"在一起。这样的决策结构在瑞士"全政党"政府模式下，由于很难有真正的"轮替"掌权，对既定政策进行全面的反思、检视和改变，也容易造成利益结构的固化。而固化实际上意味着对市场机制和竞争的排斥，而在真正的多元主义模式之下，利益诉求才可以展开真正的竞争。直至今天，在瑞士内政的决策上，这个问题仍然根深蒂固地存在着。虽然近年来，半国家化的利益集团正在向"公私伙伴"关系转变，但其带来的影响有待于评估。

另外，也不难理解为什么在瑞士即使全民公投中获得多数选民的支持，但是仍然只是被部分地采纳和实施。因为，这些全民公决所支持的，要么与国际法相冲突，要么与瑞士政治的另一个重要原则——精英共识——相冲突。当议会的人民代表以少数服从多数投票支持某一提案，但是如果在联邦层面上10万公民提出质疑并签名，那么在接下来的全民公投中很可能会获得多数选民的支持，从而推翻议会之前提出的方案，那么议会接下来必须将"人民"通过直接民主形式支持的方案落实，等于是否定他们自己。这是精英共识模式不可忽视的另一面。

当然了，精英共识的破产，对于民主的质量也是有贡献的：在共识民主的"魔法"时代，政治权力无疑集中在一个小圈子的行为体手中，它们都与主要的经济利益集团和中右翼政党有着密切的关系。而在21世纪的今天，瑞士政治无疑更多元化，权力从合作主义的利益集团逐渐转移到政党手中。这一贡献是具有深远意义的。

## ◇第二节 "欧洲模式"还是"瑞士模式"？

目前，瑞士与欧盟的关系正处在一个十字路口上，而焦点集中在双方正在进行的框架协议谈判上。

### 一 瑞士与欧盟的"框架协议"谈判

在与欧盟的关系上，英国脱欧之后，欧盟寻求与瑞士进行新一轮谈判，即"框架协议"谈判，以便以"一揽子"方式管理双边关系。瑞士与欧盟2018年正在进行"框架协议"的谈判，引发了瑞士不同政治和社会行为体之间的冲突。

在谈判中，瑞士政府提出为了保护瑞士的就业市场和劳工权益，瑞士可以对来自欧盟其他国家的建筑等行业工人设置8天的登记期限，但是欧盟对此坚决反对，认为这违反了人员自由流动的欧盟市场基本原则。事实上，在这新一轮的谈判中，瑞士和欧盟关系的根本症结再一次地显露无遗，那就是瑞士不想放弃欧盟统一市场，瑞士保持成为这一市场的一员，但是在一些问题,主要是移民问题上,瑞士寻求对自身有利的"特殊待遇"。而后者是几年来民众的基本诉求,如前所述的几次相关的全民公投,都显示了瑞士民众对大量移民涌入的担忧和不满。不过,在欧盟坚决反对的情况下,负责谈判的瑞士外交部长开始质疑把人员限制作为一个谈判的条件,但是他的质疑立刻受到工会的攻击。工会认为自己必须捍卫瑞士劳工的权益,不能让移民"夺去"他们的饭碗。联邦委员会作为联邦政府和社会利益集团的冲突也由此暴露出来。而这些矛盾的本质,归结起来仍然是,瑞士是否应该失去对其内政包括保护其劳动力市场和劳工权益的控制权,而将之交托予布鲁塞尔?

2018年夏天谈判的另一个迫切性的问题是瑞士证券市场"恒等性"期限问题。2017年12月欧盟继续承认瑞士证券市场与欧盟的"恒等性",但是却设置了一年的期限,至2018年12月31日到期。瑞士联邦委员会主席随后召开记者招待会对欧盟予以批评,指出瑞士满足欧盟对其他获得无限期"恒等性"待遇的第三国同样的条件,但是却仅给瑞士设置了一年期限,这是对瑞士的歧视。而在2018年年底前,如果瑞士和欧盟双方还不能通过谈判协商解决这一问题,重建瑞士股市的平等地位,那么瑞士股市的生存将遭受严重的威胁。对欧盟和瑞士政治来说,这场谈判至关重要,特别是在时间节点上,2019年瑞士将举行大选,而在前一次议会大选中(2015年),对欧盟持有质疑立场的人民党获得了胜利,而人民党也设计将这次谈判带到2019年瑞士大选的政治竞争舞台上去,这显然会加剧瑞士内部的纷争和意见分歧;欧洲议会也将于2019年举行大选,在上一次2014年的选举中,一些成员国的极右民粹主义政党"登堂入室",在欧洲议会取得了超过140个席位,让欧洲议会第一次有了"反对派",2019年的选举结果难以预测,但可以预估的是将会给欧洲一体化的发展带来更加复杂的考验。如果能够在2018年年底之前,达成谈判协议,则对欧盟和瑞士联邦政府都是一件好事。

在2018年9月初，由于瑞士国内党派、社会利益集团等之间的不同利益诉求和冲突，导致一些观察者认为瑞士和欧盟这一轮的重要谈判陷入僵局。不过瑞士政府经过几周的工作，在9月28日发表公开声明，一方面坚持把与欧盟的框架协议谈判进行下去，另一方面也承诺关照瑞士各方的诉求而进一步调整瑞士的谈判立场，希望能够在瑞士内部营造一个和谐平静的气氛，这有利于瑞士与欧盟的谈判取得真正的进展。在具体措施上，联邦委员会强调瑞士承诺的给予欧盟的第二个"13亿瑞士法郎"捐助的使用范围（2007年瑞士曾经捐赠给欧盟10亿瑞士法郎，主要用于解决2004年新加入欧盟的10个中东欧国家与欧盟其他成员国之间的"贫富"差距问题，以帮助这些国家更好地融入欧盟大家庭；2009年又补充捐赠近3亿瑞士法郎，帮助刚刚加入欧盟的保加利亚和罗马尼亚），此番捐赠仍然是以推动欧盟平衡与和谐发展为主要目的，共计五个目标，但是划分为两个大项目，一个是为欧盟的团结，另一个是为解决移民问题。瑞士政府强调，促进经济增长和社会伙伴关系加强、减少失业特别是青年失业为第一目标，控制移民流入、提高移民融入水平和强化公共安全为第二目标。简言之，13亿瑞士法郎主要投入到职业技能提高和移民问题上。而瑞士政府希望借此有效地利用瑞士的专业技能领域的优势推动欧盟更好地发展，因为一个安全、稳定和繁荣的欧盟，符合瑞士的长远利益。作为交换，瑞士希望瑞士的"奉献"能够推动与欧盟的全面框架协议的达成，特别是包括确认瑞士股市的"恒等性"问题。①

目前，欧盟与瑞士的谈判还在进行当中，不过，不容忽视的是，在2017年第二个"13亿瑞士法郎"设想刚一出台，就遭到"为独立和中立的瑞士"保守运动的批评，瑞士人民党更指责这一方案背叛了国家利益，将

---

① Federal Council, "Federal Council Continue Negotiations with EU under Current Mandate", September 28, 2018, https://www.admin.ch/gov/en/start/documentation/media-releases.msg-id-72268.html.

瑞士纳税人的钱"浪费"到欧盟,并发誓将继续战斗,以反对将"我们的国家"变成"反民主的、官僚主义的布鲁塞尔的殖民地"。人民党这一观点的背景是瑞士近年来人均国内生产值下降、失业率升高、工资涨幅缩窄或者停滞,尤其在边境地区非常明显,正是人员自由流动造成的这些不利于瑞士人的现象。而8月底的相关报道显示,"为独立和中立的瑞士"运动和瑞士人民党正在推动一项全民公投,它们认为,瑞士完全可以独立地解决和控制外国移民问题,而不能将瑞士置于国际条约之下,让瑞士受到国际法的制约,不得不同意外国人的自由"移入"。为此它们发起公民创意,通常需要10万个选民签名,而它们已经成功征集到11.8万多个签名,正等待联邦秘书处的确认。假如它们的倡议被全民公投支持的话,意味着瑞士政府只有1年时间就终结目前的人员自由流动协议与布鲁塞尔谈判,如果谈判无果,政府将在1个月内让这项协议失效,这也将给瑞士与欧盟的其他的协议带来毁灭性的打击。①

事实上,2014年2月,人民党曾经成功发起限制欧盟公民自由流动的公投,虽然公投获得了多数选民的支持,但是后来并没有真正惠及瑞士的求职者。不过政府发布的报告并不支持人民党的论点,报告显示来自欧盟和欧洲自由贸易区(挪威、冰岛和列支敦士登)的人员补充了瑞士就业市场的不足,并且没有对当地居民造成负面影响。2016年7月初,在英国刚刚全民公投脱欧之后,瑞士联邦经济事务秘书处发表了长达114页的报告,回顾了瑞士的移民状况。② 自2002年之后,瑞士的劳动人口增加了13.6%,超过80万人,而其中的一半都是外国人或者周边欧盟国家的"跨境"劳动力,超过33万人生活在瑞士,超过14万人"跨境"通勤,他们主要来自

---

① "Initiative to Stop Free Movement with EU Takes Next Step", August 31, 2018, https://www.swissinfo.ch/eng/switzerland-eu_initiative-to-stop-free-movement-with-eu-takes-next-step/44364496.

② Ibid..

周边的奥地利、法国、德国、意大利和列支敦士登。来自欧盟的劳动力近1/4集中在日内瓦湖地区，1/5集中在苏黎世和提契诺地区。跨境通勤的劳动力主要集中在靠近意大利的提契诺、靠近法国的日内瓦湖和靠近德国的瑞士北部德语区。来自欧盟成员国的劳动者2/3集中在管理和科研领域，这些领域不仅对就业者的素质要求高，而且相对来说失业率比较低；跨境通勤的则主要从事服务业、销售和食品工业，这些领域失业率高于平均水平。2015年的统计清晰地显示：21%的管理层来自欧盟成员国，只有4%来自非欧盟成员国；专业性工作18%来自欧盟，4%来自非欧盟；技术人员14%来自欧盟，3%来自非欧盟；销售和服务行业17%来自欧盟，10%来自非欧盟；未受过训练的工人21%来自欧盟，23%来自跨境通勤，20%来自非欧盟成员国。整体上，17%来自欧盟成员国，6%来自跨境通勤，6%来自非欧盟成员国。因此，可以得出结论，来自欧盟成员国的就业者素质比较高，从事管理和科研工作，对瑞士劳动力市场是很好的补充；跨境通勤者也集中在很多瑞士人并不一定感兴趣的服务性行业。来自欧盟的劳动力对瑞士就业市场整体的影响是比较正面的。而在受训练程度较低的行业，来自非欧盟成员国的劳工占有很大一块比例。

正在瑞士国内争议不休之时，瑞士感受到了来自欧盟的压力①：瑞士最具影响力的《新苏黎世报》报道，2018年9月22日，欧盟负责友邻政策和扩张谈判的司长奥地利政治家哈恩（Johannes Hahn）告诉该报，框架协议谈判尽快达成成果对瑞士和欧盟双方都是有利的，这场谈判不能变成一个"永无结局"的故事，他希望10月之前，双方应该明确，到底是谈得成还是谈不成。而当记者问到：如果10月底之前双方没有达成协议，瑞士的股市会发生什么？司长认为很难想象欧盟还会给瑞士股市继续延期。如果出

---

① "EU Ratchets Pressure on Swiss to Clinch New Treaty", September 22, 2018, https://www.swissinfo.ch/eng/bern—brussels—brexit_eu-ratchets-up-pressure-on-swiss-to-clinch-new-treaty/44418174.

现这样的情况，瑞士股市的命运岌岌可危。当然，与英国脱欧不同，即使框架协议谈判失败，毕竟瑞士与欧盟之间还有120个不同领域的双边协议。但是框架协议是面向双方关系发展的未来的，将有助于解决目前双边关系中存在的纠纷。

而在9月底公布的媒体公司Tamedia的民调显示，48%的瑞士人反对瑞士与欧盟的框架协议谈判，而43%的人支持；更进一步的调查显示，52%的人认为保持瑞士与欧盟的人员自由流动是必要的，而44%的人表示反对，反对的人比3个月前增加了4%；而在此前1周的另一机构民调中，还仅有38%的民众反对与欧盟的框架协议谈判。这场旷日持久的谈判，也让民众对瑞士政府的信任度直线走低，与6月相比，对联邦委员会的信任度从46%降至39%，对联邦议会则从45%降至41%，显然人们对代表瑞士进行谈判的政府更加持怀疑态度。① 对于各个主流政党的欧洲政策，民众持反对的看法居多。此番调查显示，对中右翼政党自由民主党的欧洲政策持肯定态度的民众只有49%，51%表示反对；对基督教民主党支持的有45%，55%持反对态度；对极右翼人民党支持的有44%，反对的占56%；对左翼的社会民主党则只有43%的支持率。同时调查的重要问题中，对与欧盟人员自由流动给予支持的民众仅有44%，特别值得注意的是，在人员自由流动上持有强硬反对立场的人民党相当受欢迎，人民党的这一主张有82%的民众支持，反对者寥寥，其他主流政党在人员流动上采用正面、积极的态度，对中右政党自由民主党和基督教民主党的人员流动政策予以支持的为35%和25%，对中左的社会民主党的支持则仅有17%，为主流政党中最低。②

---

① "New Survey Finds Nearly Half of Swiss Oppose an EU Framework Agreement", September 30, 2018, https://www.swissinfo.ch/eng/scepticism_new-survey-finds-nearly-half-of-swiss-oppose-an-eu-framework-agreement/44437020.

② "Tamedia Wahlumfrage 2019", September 30, 2018, https://www.tamedia.ch/tl_files/content/Group/PDF%20Files/Franzoesisch/Bericht_Tamedia_Wahlumfrage3_Sept2018.pdf.

因此，这一谈判的结果及其在瑞士的影响，值得进一步予以关注。

## 二 瑞士应对欧洲一体化挑战的几种可能性

对瑞士来说，与欧盟的关系将牵涉到瑞士的民主、瑞士的国家独立性和全球化的重大体制问题，著名政治学家林德（Linder）细致分析了瑞士与欧盟关系的三种可能性，非常具有代表性。①

一种是更多的国家自主性和瑞士民主、更少的欧洲化。从近年来的全民公投结果可以看出，从一开始瑞士公民就以多数否决了成为欧盟成员的决议，在相关主题的投票中，都反映出了强烈的"多数"民意，即给予瑞士国家自主性和瑞士独特的民主模式以高度的认同，不愿意在与欧盟发展关系的过程中丧失这种"瑞士特征"。瑞士在长期的历史发展中，以中立国的身份屹立于世界民族国家之林，而瑞士独特的民主形式，特别是"全民公投"让每个公民都有政治选择和决策的权利。这种政治特性，使得瑞士不仅与世界上大多数国家，尤其是与其他欧洲国家区分开来，它们是瑞士人骄傲的源泉之一，成为瑞士"认同"的不可分割的组成部分。但是目前瑞士和欧盟关系发展的事实，让人们看到，其实双方关系的未来走向，似乎并不以瑞士的"意志"为转移，瑞士左右双方未来走向的可能性和空间是极其有限的。因为随着双边关系多年的不断深化发展，双方已经深度地融合在一起，瑞士在很多方面已经事实上成为欧盟不具备成员资格的"成员国"。从法定程序上看，双方是平等的合作伙伴，任何条约的签署，都是双方自愿的选择；但是由于双方势不均、力不敌，显然欧盟对瑞士的发展具有举足轻重的影响力，如果失去了欧盟，瑞士不仅各方面发展将受到损害，也会成为欧洲的"孤岛"。但是，瑞士公民坚持自主性的认同又如此强

---

① Wolf Linder, *Schweizerische Demokratie*, Bern: Haupt, 2012, pp. 407–429.

烈，这势必形成一种矛盾：在与欧盟的交往和谈判中，公民对国家自主性的诉求远远高于瑞士政府所能够依赖的实力基础，因此造成与欧盟关系中政府工作的效果与公民的期望值之间形成落差，甚至是越来越大的落差。未来解决这一问题的可能途径，不能依赖瑞士与欧盟签署特殊的协议，只可能依赖"集体"的力量，即与欧盟的关系与瑞士相类似的几个国家冰岛、挪威和列支敦士登，几个国家一起谋求与欧盟的双边关系能够有新的形式和发展。

另一种是更多的自主性和欧洲化、更少的民主。这个选择完全不适合瑞士，只有美国这样的大国，对国际规则的制定具有巨大影响力，才有可能同时保持开放和坚持自主性。在欧盟内部，只有德国、法国和英国这样的大国能够有这样的影响力。

还有一种是更多的民主和欧洲化、更少的国家自主性。这个选择是欧盟成员国目前的发展状况，为了获得更大的经济发展空间，从而加入欧盟，把越来越多的管理权限移交布鲁塞尔，这意味着国家自主权力的丧失，但是这是获得更大益处所必须付出的代价，而欧盟显然带来的正面效应远远超出了负面效应。从欧盟拓展的轨迹来看，它还是巩固和发展民主的必由之路。无论是西班牙和葡萄牙加入欧盟，还是2004年10个前中东欧社会主义国家"集体"加入欧盟，都证明了欧洲一体化对推动这些成员国的民主制度的发展和完善发挥了极其重要的作用。

不过对瑞士来说，瑞士公民对瑞士的传统民主制度特别是直接民主制度非常自豪，同时又对作为中立国长期保持国家高度自主性感到自豪，多数公民不希望瑞士的欧洲化的进程再进一步向前推进了。相比于20多年前的20世纪90年代，瑞士人对欧盟的好感不断下降，这更直接地与欧盟自身的发展特别是为欧盟公民所诟病的弊端相关：多数瑞士公民也认为欧盟的发展越来越精英化和官僚化，布鲁塞尔的机构不断地扩张，成员国将越来越多的经济和社会管理权力移交布鲁塞尔，所以欧盟的"集权化"特征愈加突出,这与瑞士的体制和瑞士长期形成的政治文化和政治行为模式背道而驰。无论是从瑞士的角度来看,还是从欧盟的角度来看,双方的"匹配度"非常低。虽然一方面瑞士与欧盟的谈判主要由瑞士政府部门承担,而瑞士直接民主权利的存在,使得全民公投始终对瑞士对欧盟关系形成了某种制约,因此,对于双方关系的发展,也许EWR(与冰岛、挪威和列支敦士登一起与欧盟进行相关谈判)是一种明智的选择。

无论是哪一种可能性,都意味着瑞士和欧盟关系发展的不确定性,而欧盟在未来仍然会更为广泛和深刻地影响瑞士社会生活的方方面面,是瑞士无法避开的最重要和最棘手的问题,未来相当长的时间里,都会是瑞士政治的焦点。不过,不确定性也意味着一种开放性,尤其对瑞士来说,其一向是一个开放的经济体,相信在未来会借助所有瑞士公民的智慧和力量,能够找到更好地与欧盟相处的方法。

## ◇第三节 改革"共识民主"模式?

面对内部和外部的挑战,瑞士的共识民主模式正在转型,那么如何推进既有模式的改革?这已经成为瑞士内外近年来探讨的热门话题。

一种前景是进行彻底的"改造",将"共识民主"模式转变为"竞争型民主"模式。针对瑞士的体制特点,如果建立"多数民主"体制,必须有两个突破点,一个是瑞士的联邦体制,即可以通过限制参议院的决策权力,把联邦决策的核心完全落在众议院上;另一个是直接民主,即限制全民公投,可以用议会内发动"复决"来取代之。① 这样利益集团主导政治的局面会被真正打破。

---

① Raimund E. Germann, *Politische Innovation und Verfassungsreform*: *Ein Beitrag zur schweizerischen Diskussion ueber die Totalrevision der Bundesverfassung*, Bern: Haupt, 1975.

这个解决方案，意味着"颠覆性"的体制变革，那么在瑞士就意味着抛弃大联盟政府（包括所有党派），从而组建一个多数派中左翼政府或者中右翼政府。这样的好处是政府的执政纲领非常明确，提高民主的确定性。但是主要的反对观点是，在瑞士的体制下，反对党会怎么做？肯定会通过直接民主，号召全民公投来阻挠执政党政府的施政进程。如果看看现在越来越频繁采用的公民创意和公民复决，这种担忧是大有市场的。那么采用少数服从多数的多数派政府，在瑞士看来不大可能。瑞士的涵盖所有党派的大联盟是瑞士政治的突出特征，也是瑞士公民政治认同的重要部分，拥有广泛的支持。

这样颠覆性的改革，如果从瑞士公民的基本政治取向来看，机会比较少。左翼政党包括绿党近些年来热衷于全民公投，认为直接民主能够真正保障和实现公民的政治权利；而持有新自由主义观点的保守派则赞同在瑞士也推行里根式和撒切尔式的新自由主义政策，其核心在于冲破"社会伙伴"关系对资本的束缚，让资本有竞争力地在国际市场翱翔，并使瑞士成为有区位竞争力的资金集聚地；中右翼政党仍然对瑞士的协商民主模式信任不已，认为它过去是，未来也将是瑞士的制胜法宝。因此对瑞士这一传统模式的支持率仍然相当高。①

另一种前景是对目前的"共识民主"模式进行改进，而不是实行激进的体制变革。目前协商民主中，两个弊端非常明显，一个是参与其中的行为体都有可能设置障碍，阻挠方案的顺利通过；另一个是"全政党"的政府缺乏一个统一的施政方案。改进的方法，可以通过组建"多数派"政府，如中左翼或者中右翼多数派政府，而政府一旦组建，就要拿出一套完整的联合执政方案。但是仍有充足的理由质疑这个解决方案：目前各个政党都被包含在政府里，但是政党仍然极端化发展了；多元化和极端化的发展，使得政

---

① Michael Hermann, *Konkordanz in der Krise*, Zuerich: NZZ-Verlag, 2011.

党越来越多地放弃取悦中间选民而坚持更狭窄的有针对性的政治主张；同时随着政党极端化的发展，瑞士的选民也呈现极端化发展的趋向。从前面的分析可见，各个政党都开始根据决策议题，建立临时性的实用性的"联盟"，固定的联盟从目前政党极端化和多元化发展的态势来看可能性非常小。这样，改进的前提是，政府必须是由联邦议会真正选举产生的，而不是目前按比例的全政党结构，这无须改变体制，只需议会内形成多数意志。①

两个方案看来都不能解决问题。那么瑞士政治的发展会走向何方呢？一个可能是更加灵活。这意味着政治联盟将是非稳定、随机性和政策取向的。在极化发展背景下，左翼和右翼的政治纲领都可能在没有广泛共识的条件下获得通过，那么改革可能推进，渐进地推进。另一个可能是陷入政治僵局。两端的政党和利益集团都不满意政府没有满足诉求，它们可能更注重利用选举竞争而不是实际的政策形成，特别是在其核心政策领域，相应地利用全民公投来表达它们的反对意见。

虽然很难预测瑞士政治究竟往何处去，但是"新"瑞士政治图景已经比较清晰了：一方面，代表性的质量提高，政策输出变得不确定、不稳定，政府的党派政治取向缺失；但是另一方面，却可以结成灵活的政治联盟。这已经极大地改变了瑞士民主的传统模式了。

其他的建议如强化联邦政府的地位和声音，将联邦委员会成员扩大到8人，改变联邦众参两院的决策方式，如果两院达不成一致，不再意味着方案的终结，两院都可以将自己的建议交付全民公投。而在政治学家林德（Wolf Linder）看来，瑞士联邦政府改革非常具有必要性。② 就瑞士目前的体制来看，最需要改革的部分是瑞士政府，自1848年现代瑞士联邦成立以来，"比例制"组成的七人委员会作为瑞士联邦政府一直未发生任何变

---

① Raimund E. Germann, *Staatsreform: Der Uebergang zur Konkurrenzdemokratie*, Bern: Haupt, 1994.

② Wolf Linder, *Schweizerische Demokratie*, Bern: Haupt, 2012, pp. 407-429.

化,但是这样一个任期短暂和缺乏专业性的政府显然已经不适应今天的内外形势。虽然近年来一直有人建议将瑞士联邦委员会主席的任期延长至两年,或者干脆瑞士联邦政府由选民选举产生;然而,这些建议不足以解决瑞士政府的问题,瑞士政府缺乏相应的对某一专业领域负责的部长,这是一个关键的问题。所以瑞士政府有必要扩大,每个政府部长的权能和责任必须明确,这才是真正的改革之路。事实上,这样的改革建议也由来已久,可惜并未在行动上付诸实施,而今天瑞士面临的复杂形势,特别是空前复杂的全球化的挑战,让瑞士政府的改革有必要实质性地推进。

## ◇◇第四节 社会变革：利益集团自由化、私有化

虽然瑞士政府层面的改革面临重重困难,瑞士社会层面的改革已经开始尝试了。如上所述,显然企业和生产者利益集团在瑞士政治决策中发挥的影响力更大,远远大于工会的力量,它们的专家能够顺利进入"专家委员会"并为其利益进行相关的政策研究,因此企业和生产者一方总是从各种政策中受益,而劳工和消费者一方则成为弱势的利益受损者,比如瑞士的农产品在国外比在瑞士国内要更便宜。但是,目前全球化和国际竞争的加剧,也迫使瑞士内部市场加强竞争机制。瑞士的供应商难以再保持一致的立场。由于工会和左翼政党在工资政策方面很难发挥影响,它们开始在很多时候与消费者协会合作,致力于瑞士物价水平的降低,而为了达到这样的目标,它们也支持瑞士内部市场更加自由化。这不仅符合瑞士的保守派的取向,也与全球发展的趋势相吻合了。

除了参与决策"咨询"之外,社会利益组织在瑞士的第二个非常重要的功能是执行政府的政策,主要集中在咨询和服务行业,政府把这些

专业性的职能"下放"给了这些组织，它们可以代替政府承担为其成员提供各种专业服务的责任。那么这些组织的性质就产生了变化，总体上看，它们是一种特殊的介于国家和社会之间的组织，在瑞士表现为几种不同的形式：公共企业如瑞士联邦铁路（SBB）、电力公司；半公半私机构如著名的职业学校（在19世纪下半期，职业学校是由企业协会举办的，但是解决不了"搭便车"的问题，职业学校培养出来的学生为各行各业的企业所用，但并不是所有企业都支付了费用成本，却享受了人才培养的成果。因此，由国家介入、利用公共资源、完善职业学校体制，为全社会提供优质人力资源保障，因而形成了半公半私的模式）；完全的私人机构如农业领域的一些评估机构，如瑞士牛奶生产商协会（Swissmilk, vormals Zentralverband Schweizerischer Milchproduzenten），它作为私人机构，却形成了牛奶生产的垄断，协会之外的生产商被瑞士市场排除在外。它们作为行业的主导性力量，在联邦政府的决策中有非常大的影响力，因而不仅形成市场垄断，也形成了某种政治垄断，对这个领域的发展和监督，缺少真正有效的"政治"控制。

因此，全球竞争加剧，对瑞士国内市场也产生很大的影响，于是在"半国家"组织领域，改革的呼声也一直很高。改革的方式则首先是将"公"和"私"拆分开来，以实现提高效率和成绩的目的。不过，瑞士这方面的改革仍处于尝试阶段。如将公共职能"下放"给能够自负盈亏的完全市场化经营的企业，这当然是有利于提高成效的，但是如牛奶行业的改革，几经波折，最后仍然没有摆脱"垄断"色彩。而对于公营企业的改革则进展更为有限，如邮局和公共交通自由化的色彩很有限，2002年全民公投直接否决了电力自由化。不过，无论如何，"半国家"体制这个概念似乎已经走进了历史，在瑞士公共服务"下沉"至社会组织，目前也广泛使用"公私伙伴关系"这一全球通行的概念。

## ◇◇第五节 瑞士模式和"后民主"时代

"后民主"时代在世界范围内已经出现。从西方民主制国家来看,"民主"的操作和含义发生了重大的变化。传统上,政党是代表特定选民群体的利益诉求参与政治竞争的,但是在今天的很多民主国家里,已经演变成为政党为自身的利益即获取政治权力展开竞选,选民的利益诉求反而被置于次要的地位。政治家本来是集中代表选民意志的,但是今天的政治竞争中,"作秀"色彩浓郁,因而评价政治家的标准也偏离了其政治运作能力,其个人魅力、道德形象等"非专业"标准反而在现代传媒时代占了上风,让一些可能并不具备很强的执政能力的政治人物广受欢迎,并且最后登堂入室成为执政者。在这种情形下,选民难免会对政治现实失望,对自己的投票权的神圣性和影响力失望。事实上,自20世纪80年代以来,西方国家的投票率一直呈下降趋势,关于选民政治"冷漠"的讨论也从未止息。从政治生活的主要角色——选民和民意代表——政治家的变化来看,曾经的"民主"时代已经逝去。

从全球化的大背景来看,由于全球经济日益密切地联系和快速发展,资本在全球范围内强势发展,受到各个国家的重视,一方面鼓励和扶持本国资本走向全球,另一方面创造有利环境吸引外部的资本。而相对于资本,劳动则脆弱得多,在很多西方国家,工会的政治和社会影响力都在下降,其结果必然导致社会福利规模缩小,弱势群体的保障水平下降。在很多西方国家,原来由政府承担的公共服务也市场化了,这难免会导致公共服务水平下降,特别是原有的公共服务领域不平等现象的产生。中产阶级一直是西方民主的"定海神针",但是随着全球化发展带来的失业、贫困和不平等现象增加,中产阶级也开始分化,一些原来的中产阶级"流落"到社会下层，其物质层面的处境也导致其在一些政治和文化议题特别是移民融入等问题上产生分化；因此，今天的中产阶级很难像"民主"时代的中产阶级那样有共同的价值取向，成为政治和社会保持稳定的"中流砥柱"，今天的中产阶级难以认同某一共同的政治和社会规划。作为资本在全球运作承载者的跨国公司在全球化时代获得了空前的发展，它们成为最受重视的国际组织，在各个国家，以及全球经济和政治生活中，都发挥着前所未有的巨大影响力。因此，在全球范围内，本来应该由各国政府承担的社会责任，现在却交给了资本，资本不仅在市场规范的框架下运作，事实上在今天的全球化时代也掌握了政治权力。

这些现象在瑞士也或多或少地存在。比如，瑞士政党竞争的花费也不断提升，甚至在全民公投前不同党派和群体也展开轰轰烈烈的"造势"运动，其资助者往往是私人资本，以这种途径，资本已经介入政党和公民个人的政治活动和政治选择中。

在瑞士更为重要的现象是大型跨国公司在政治上的影响。瑞士的"一致性"决策模式，从理论上看，所有的社会利益集团具有平等的地位和施加政治影响的能力，但是事实上经济利益集团一向在这种决策模式中的"前议会"阶段扮演重要决策，这在瑞士一直不是什么秘密。近年来，随着全球化的发展，跨国公司的地位不断上升，而瑞士虽然是一个小国，却拥有众多的大型跨国公司，它们的影响力持续上升，主要表现在它们在政府体系里有自己的直接代理人——咨询专家；这样，它们的个体或者行业比如瑞士银行业的利益诉求就在整体公共利益的表达（决策输出）中得以实现。政府往往向这些跨国大企业"下跪"，而由于大企业的影响而出台的公共政策的合法性不免受到质疑，因为政策可能貌似代表公共利益，但是事实上却向大企业倾斜。

另外，就是今天决策的复杂性和高度专业性的操作，使得技术官僚的作用举足轻重，而官僚自身的利益也借助公共政策表达和实现，如增加新的公共服务项目，从而在人力和财政等方面扩大政府部门。

在瑞士，极端化政党的出现和快速发展，其实对瑞士的"共识"民主未必是一件坏事。它应该是"后民主"综合征的反应，即在决策过程中，利益诉求不同的群体，逐渐失去相互理解和妥协的能力，政治开始对立起来，而对瑞士这种决策体制来说，理解和妥协是其核心精神，一旦失去，那么整个体制就面临失效的危机。

其实对于独特的瑞士共识民主体制来说，制度和法律本身并不能保证其始终良好运作，看不见的政治文化这种"软性"因素，是其良好发展的更重要的保障。这种政治文化应该体现在所有的政治参与者身上：首先是公民，在接受政治教育、认识了自身的选举和公投权利的意义和价值的基础上，参与公共事务。然后是政治家，不能单纯将其掌握政治权力只看成自身的职业发展，而是要明确自身利益和公共利益的界限，在此基础上从事公共服务和管理；党派的领袖也不能仅将自身的视野局限在下一次选举上；媒体更是不能将政治丑闻和政治人物个人的品行等作为炒作的对象，而是必须对政治现象和事件做出深入的分析。

最后，全球化背景下实行直接民主体制的积极意义。瑞士直接民主权利的行使，在2018年的公投中也引发全球的兴趣和关注。2018年3月4日瑞士公民就今后15年瑞士联邦政府是否还能征收直接税和增值税进行全民公投，结果是84%的公民投了赞成票。这两项税收是联邦税收收入的主要组成部分，以2016年的统计为例，直接税占到联邦总财政收入的31%，而增值税更是占到近35%，一半以上的联邦收入来自这两个税种。如前所述，瑞士是"联邦"色彩最浓厚的国家，而且联邦政府在财政方面受到地方政府和民众的极大限制。根据瑞士宪法，联邦征收这两种税收的权力不是无限期的，必须得到全体公民和多数州的同意和认可。目前，联邦被民众授权的期限是15年，这一期将于2020年到期，那么2018年的全民公投，如果得到民众和州政府赞同，联邦政府将继续征收至2035年。当然，前提是国会两院都同意。在国民院的讨论中，政党的分歧又一次暴露出来，极右翼政党人民党主张将联邦征税期限缩短至 10 年，而左翼的社会民主党和绿党则主张取消期限限制，让联邦政府永久性地拥有征税权（针对两个税种），但是其他党派对两种建议都表示反对，最后，国会达成的意见是继续延长 15 年期限，保留瑞士 60 年以来的传统做法。

瑞士的全民公投也越来越多地涉及国际条约和与瑞士相关的其他国际事务，这是直接民主的新发展。瑞士的直接民主是赋予公民直接决策的权利，让全体公民作为政府的反对派，行使自己的民主权利。今天瑞士的全民公投范围拓展到了国际事务领域，这从瑞士的角度看，让公民有机会成为全球化的"反对派"，对全球化的发展表明公民的立场和态度。虽然全球化带来的贫富分化、市场集中等弊端，但是在全球事务上，目前民主决策的空间非常有限，有效的"政府"轮替也似不存在，因而，瑞士这种公民直接行使民主权利的形式对此不能不视为是一种"补充"。

## ◇ 第六节　2019：瑞士的政治图景和瑞士的未来

瑞士的"共识民主"模式在未来究竟会走向何方？2019 年 10 月，瑞士将迎来新一轮联邦议会大选，这将是一个观察瑞士模式走向的最佳切入点。

这场大选对所有的政党都将是一场新的考验，而瑞士的政治格局是否会改变、瑞士的政治图景是否会刷新？目前来看存在变数和不确定性，如果从近年来的地方选举状况来看，各主流党派的得失有较大的差别。2009 年至 2018 年的 10 年间，左右两个阵营在州层面选举中得票率都有起伏，但整体上呈下降的趋势，如自由民主党由超过 45% 降至 42% 左右，基督教民主党从 42% 降至 37% 左右，而左翼阵营的社会民主党则从 31% 降至 29% 左右，唯一的赢家是人民党，从 17% 升至 24% 左右。如果从 2016 年以来的全民公投来看，各主流党派的胜负则差别更明显，例如，自由民主党支持的全民公投最终取得胜利有 22 项，失败有 2 项，基督教民主党赢得 20 项公投，失败 4 项，人民党和社会党都赢得 14 项，失败 9 项。①

在上一次即 2015 年联邦大选中，人民党取得了空前的胜利，取得了 29.4% 的选票，排在第二位的社会民主党仅取得 18.8%，比人民党少了 10.6 个百分点，自由民主党取得 16.4%，基督教民主党取得 11.6%。伴随着选举的胜利，人民党在拥有 200 席位的联邦议会国民院豪取 65 席，社会民主党仅占 43 席，自由民主党 33 席，基督教民主党 28 席。但是在议会联邦院情形十分不同，人民党只占有 5 席，自由民主党和基督教民主党占 13 席，社会民主党占 12 席。因此，两院之间可以形成某种程度的制约。

那么 2019 年 10 月大选后，瑞士的政治图景将会发生怎样的变化？瑞士第一广播电视台的最新民调显示，目前瑞士人民党的支持率已经降至 27.4%，社会民主党升至 19.3%，自由民主党升至 17.4%，基督教民主党为 10.1%。②虽然各个政党支持率有升有降，但是整体上看，与 2015 年大选结果相比，并没有很大的出入，人民党仍然是瑞士的第一大党。

而关于哪些是瑞士面临的最迫切需要解决的问题，参加调查的民众给出了清晰的答案，排在第一位的是医疗保险费用改革，第二位是养老金改革，第三位是移民问题，第四位是气候变化，第五位是瑞士和欧盟的关系。排在第六到第十位的是瑞士的独立和主权、提高养老金水平、犯罪与社会安全、妇女平等、生态保护。排在第三序列第十一到第十五位的则是失业、经济竞争力、税收负担、交通拥堵、企业税制改革。可见，老百姓最关注的是社会安全问题，即自己在生病和年老时是否一如既往地能够得到更好

---

① Ruedi Studer, Nico Menzato, Andrea Willimann, Monika Mueller and Spiridon Petridis, "Wo stehen SVP, SP und Co ein Jahr vor den Wahlen? Der grosse Parteien-Formcheck", July 15, 2018, https: //www. blick. ch/news/politik/wo-stehen-svp-sp-und-co-ein-jahr-vor-den-wahlen-der-grosse-parteien-formcheck-id8615051. html.

② "Die schweizer Politiklandschaft in Bewegung", October 5, 2018, https: //www. srf. ch/news/schweiz/1-jahr-vor-den-wahlen-die-schweizer-politlandschaft-ist-in-bewegung.

的社会保障，移民带来的社会安全问题能否得到有效的解决，与欧盟的关系则排在第五位；不过，无论如何，这几个问题是排在第一序列的。简单归结起来，人民对医疗和养老保险的强烈关注，体现出民众已经开始意识到曾经非常成功的"瑞士模式"现在正处在动摇中，瑞士能不能捍卫其财富地位，仍然保持其世界上最富裕国家的地位，从而让民众安享高水平的医疗和养老服务，对未来高枕无忧，现在已经开始成为一个问题，于是，对未来的某种程度上的焦虑，在瑞士蔓延。而导致这种焦虑的直接因素之一就是移民问题，如果移民问题不得到有效解决，不仅会产生一些社会治安方面的问题，更为令瑞士人担心的是移民会侵蚀瑞士的社会保障系统；最后，社会福利的泛滥，将导致瑞士福利国家的不堪重负，甚至崩溃。而与欧盟的关系问题对瑞士至关重要，但是这个问题在瑞士已经讨论了太多年，之前主流政党的政治家们都认为瑞士加入欧盟符合瑞士的国家利益和长远发展，但是近些年的全民公投已经给出了清晰的答案，多数瑞士人对此予以拒绝，至于瑞士与欧盟错综复杂、尴尬又似乎无解的关系很让相当一部分民众感到头痛，甚至产生对这一主题讨论的抗拒。而目前在政治上争论的最激烈的企业税制改革问题，反而排在第三序列的最后一位，它对瑞士经济的生死存亡虽然非常重要，但是距离老百姓个人尚显得遥远。

但是，如果看各个党派认为哪些问题是瑞士最迫切需要解决的话，会发现其与老百姓的关注点既相吻合又有所差别。中右翼政党自由民主党和基督教民主党所关注的问题十分相像，对前者来说，关注的是养老金改革、医疗保险费用改革和与欧盟的关系，后者则是医疗保险费用改革、养老金改革和与欧盟的关系；左翼的社会民主党认为最迫切的问题是医疗保险费用改革、气候变化和养老金改革；而极右翼民粹主义政党人民党的关注则和这几个主流政党有所不同，即移民、瑞士的独立和主权、医疗保险费用改革。几个政党相比较来看，主流政党无论左右都关注民众的社会福利问题，把医疗和养老保险问题置于最重要的位置，因为这是每个民众最切身最关注的，中右翼政党更关注与欧盟的关系，因为这对瑞士经济的发展是至关重要的因素，体现了中右政党一以贯之的价值观取向，而极右翼人民党的极端化倾向表现在把移民问题置于所有其他问题之上，同时重点强调对外关系上的瑞士主权和独立性，这两者当然也是极右民粹主义的标签，是人民党赢得瑞士第一大党地位的核心理念，它们肯定与相当一部分瑞士选民的诉求相契合，但是并不占有压倒性的优势，并不是绝大多数选民的共同的迫切诉求。

需要说明的是，医疗保险费用问题近年来已经成为瑞士的热门话题，预计也将是 2019 年的重要社会政治话题。瑞士的医疗服务世界一流，但是费用也很惊人。瑞士的病人如果住院治疗，那么州政府承担 55% 的费用，而医疗保险投保人只需支付 45%；如果需要使用救护车，那么医疗保险支付 100% 的费用。因此，病人都乐意在医院接受完善的医疗服务。这一系统对于每个生病的人来说非常舒适，但问题是太昂贵了。2015 年瑞士保险公司为投保人支付了总计 299 亿瑞士法郎的医疗费用，事实上，医疗费用开支每一年都在增长。2017 年的统计显示，保险公司支付的医疗费用比前一年又增长了 1.7%。虽然医疗保险的收入长年维持在 3.2% 的增长率，但是开支的节节攀升仍然成为全社会忧心的问题。而瑞士的医疗费用究竟使用在哪些地方？据相关的统计，医疗保险费用的管理费用支出非常有限，仅占 4%；96% 都投放在为投保人支付医疗费用上，其中，40% 的费用开支流向医院，30% 流向医生，11% 流向药品，9% 流向护理。而据《新苏黎世报》报道，著名的瑞士理工学院的一个研究中心报告，2018 年整体医疗费用开支将比上一年增长 4.1%，而 2019 年则增长 3.9%。虽然在瑞士，经济增长状况良好时，人们在健康领域的支出就会增加；但是，医疗开支的不断攀升主要与瑞士的老龄化相关。瑞士的人均预期寿命每年以 3 周的速度在不断增长，另外，随着技术的进步，越来越多的人在人生最后阶段由于医疗新技术和手段的密集运用而导致医疗费用大幅攀升。一个关键的矛盾点在于：

可以预测的是老龄化会加剧，医疗费用会不断增加，但是瑞士目前的经济增长不到2%。因此医疗支出的可持续性问题非常突出。根据瑞士理工的研究，2016年医疗费用支出的增长，相当于每个瑞士人花费了9601瑞士法郎，而2018年则预计每个瑞士人的医疗开支将超过1万瑞士法郎。①

对于民众未来会高度关注的医疗费用问题，基督教民主党欲推出改革方案，当医疗费用增长达到一定程度时，联邦和州政府必须采取有效措施进行干预，控制医疗费用的上涨，从Tamedia于2018年9月30日的民调来看，对此持支持态度的高达76%；社会民主党的方案是无论如何医疗费用不能超出居民收入的10%，对此持支持态度的达到63%。在这一民众高度关注的问题上，中右翼政党和左翼政党的方案支持度非常高。如前所述，同样在全民关注的养老金改革上，人民党也很不得人心。在欧盟政策上中右翼政党的支持率也高于极右翼政党人民党，但是在对待欧盟成员国人员自由流动问题上，人民党的强硬立场却赢得了非常高的支持率。另外，在与欧盟密切相关的难民政策上，民众的不满率高达57%；但是对人民党的难民政策却有71%的支持率；相比之下，其他政党的难民政策均遭到多数民众的反对。在治安问题上，民众的不满率达到78%；但是人民党主张将此问题与移民和外国人联系起来进行治理，得到了41%的支持，尽管没有超过半数；不过，在所有政党中是最高的；左翼政党在这个问题上得分最低。

对于2019年10月的大选，各个政党都已经展开了紧锣密鼓的准备，人民党几年前为2015年大选制定了洋洋洒洒长达100页的竞选纲领，在前3页有一个总论，主题就是"我们的纲领：未来一个自由、独立、主权的瑞士"，并且将对外政策放在首位，关键词是独立和自主，将移民政策放在第

---

① "2018 duerfte jede Person erstmals ueber 10000 Franken fuer ihre Gesundheit ausgeben", *Neue Zuercher Zeitung*, June 13, 2017, https://www.nzz.ch/schweiz/gesundheitskosten-in-der-schweiz-2018-duerfte-jede-person-erstmals-ueber-10-000-franken-fuer-ihre-gesundheit-ausgeben-ld.1300609.

二位，关键词是限制移民。简短而极其鲜明的总论之后，才是对各个公共政策领域的详细设想和规划。这份纲领中两次提到一个重要的概念即"祖国"，但是两次都不是在提及瑞士人时使用这个概念：一处是谈到一些难民来到瑞士之后，瑞士人在自己祖国的境遇变差了；另一处是谈到如果难民的避难申请在瑞士被拒绝后，他们应该立即被遣送回他们的祖国去。因此，如果从这个角度来解读的话，这份纲领的基调对外国人是非常不友好的，反映了人民党强硬的难民政策和移民政策。不过，这也正是推动人民党赢得 2015 年大选胜利的所谓"亮点"。2018 年 6 月底，人民党召开党代会，为 2019 年 10 月大选制订竞选方案，在 2018 年秋天正式出台的纲领中，"祖国"是整个纲领的基础和灵魂。负责起草方案的人民党国民院议员、历史学家凯勒（Peter Keller）指出，"祖国"是把瑞士整合在一起的核心，你无论是在城市还是在山区，无论是德语区瑞士人，还是西部（法语区）瑞士人抑或是提契诺（意大利语区）瑞士人，只要你站在瑞士一边，以瑞士价值观为准则，就是我们共同体的组成部分，有些移民甚至比本土居民更具有瑞士意识和认同。凯勒试图通过起草新的竞选方案给人民党带来某种变化，那就是不再只强调出身，而是把瑞士和瑞士价值观作为人民党未来认同的基础。这样有意识地在移民问题上做出开放的姿态，来赢得更多的选民，这些选民群体目前被对移民比较友好的中右翼基督教民主党和左翼的社会民主党及绿党所吸引。那么，人民党也对穆斯林开放，因为瑞士是宗教信仰自由的现代国家，当然前提是这种信仰和自由不与瑞士法律和秩序相冲突。作为历史学家，凯勒以现代瑞士联邦建立的历史为例来深入解剖"祖国"的含义。现代瑞士联邦是在新教州战胜天主教州的基础上建立起来的，但是胜利者并没有将自身的宗教和文化标识强加在整个瑞士身上。著名建筑师奥尔（Hans Wilhelm Auer）在 1892—1902 年设计和修建瑞士联邦议会大厦时，也为天主教州的重要历史传奇人物立塑像，如瑞士的"罗宾汉"泰尔（Wilhelm Tell），他的传奇彰显的是"反抗的权利"，曾英勇抗击哈布斯堡王朝的温克瑞尔德（Arnold von Winkelried）是"一人为大家，大家为一人"精神的代表，圣徒克劳斯（Bruder Klaus）代表的是奉献和自我牺牲精神。在议会大厦中有瑞士所有 26 个州的标识，不论他们是建国时的胜利一方还是失败一方。而议会大厦每年有超过 10 万人参观，必须提前 6 个月预订。议会大厦作为一个符号，传递的正是瑞士作为"祖国"的兼容并蓄。除此之外，凯勒还从多方面来解读"祖国"，比如家庭里父母通过家庭教育向子女传递瑞士的价值体系，而且父母一词也很小心地使用复数，以便不把同性恋父母排除在外。另外，瑞士如诗如画的大自然、丰富的历史和传统、独特的国防体系等，都包含在"祖国"的概念里。人民党这种寻求转变的尝试非常引人注目，《阿尔高人报》甚至用"令人吃惊"来形容。① 这是不是意味着人民党也寻求从"极端"向"中间"或者说"主流"靠拢？这单纯是一种选举策略，以便削弱其极端化色彩，从而吸引更多的选民、赢得更多的选票，还是在全球化和欧洲化的背景下，在主流政治文化的制约下，民粹主义政党不得不顺应社会发展的趋向而做出的必然选择？这些都还是问号，有待于进一步观察，尤其是这种转变多大程度上能够体现在其具体政策中，这是非常重要的。不过，即使发生变化，也将是一个较长期的过程，政党的基本理念、立场和政策主张不会在短时间内快速转变。尽管如此，这种变化还是可圈可点的，因为瑞士人民党不仅是执政的主流政党，还是该国第一大党，它的发展动向对欧洲其他国家的民粹主义政党都会产生影响，如果它在最具争议性的问题上能够发生转变，确实让人有机会更深入地认识 21 世纪的民粹主义政党，虽然它以反建制反精英为标识，但是无论如何它始终寻求在宪法和法治的框架下、在主流价值观的框架里，实现自己的政治诉求。如果是这样，那么，极右民粹主义政党的

---

① Othma von Matt, "SVP umgarnt jetzt die Secondos: Neues Parteiprogramm mit erstaunlichen Toenen", *Aargauer Zeitung*, July7, 2018, https://www.aargauerzeitung.ch/schweiz/svp-umgarnt-jetzt-die-secondos-neuesvparteiprogramm-mit-erstaunlichen-toenen-132781730.

发展前景如何？会不会成为瑞士和欧洲政坛的一个长期现象？会不会从反主流最后走向主流？从这个意义上说，瑞士人民党特别值得继续关注，尤其是在2019年的瑞士大选中。

而中右翼政党如自由民主党也信心满满地面对2019年大选。根据自由民主党的判断，今天的世界大国如美国、法国、德国、英国、意大利等都重新发现和感受到自己的力量，而这恰恰是由自由民主运动推动的，瑞士自由民主党也应该把握这一轮的时代脉搏，"回到未来"——回归到自由民主党的传统价值观上去，以更好地应对未来的挑战。自由民主党在瑞士是有光荣传统的政党，对瑞士联邦的建立及瑞士联邦的运作和管理做出过非常大的历史贡献，奠定了今天成功的"瑞士模式"的价值和体制基础；因此，面向未来，自由民主党更应该"不忘初心"，珍视其传统价值。自由民主党一开始就代表着开放、进步、全球价值取向，而且不断进取、寻求改变，因此，应该以更灵活的方式动员今天的年青一代，参与政治生活，并且适应年轻一代的需求而在组织方式、社会动员方式、政治参与方式等方面做出有成效的改变。2018年3月，在自由民主党的代表大会上，党主席歌茜（Petra Goessi）女士就主张瑞士自由民主党应该发动一场新的自由民主运动，以更开放的瑞士和让瑞士人获得更多自我价值实现的瑞士为目标，动员和唤起更多瑞士民众的共鸣和支持。①

自由民主党地区负责人马赛多（Gabriel Macedo）也赞同瑞士自由民主党应该发动一场新的自由民主运动，充分利用社交媒体的优势，从而在2019年大选中赢得更多的支持。② 这一主张很容易让人想起2017年年轻的

---

① "Petra Goessi will die FDP zur Bewegung fuehren", March 24, 2018, https://www.fdp.ch/aktuell/medienmitteilungen/medienmitteilung-detail/news/petra-goessi-will-die-fdp-zu-einer-bewegung-formen-und-die-wahlen-gewinnen/.

② Gabriel Macedo, "Zurueck in die Zukunft", August 28, 2018, https://www.fdp.ch/aktuell/blog/blog-detail/news/zurueck-in-die-zukunft/.

马克龙依靠"前进"运动最终赢得法国总统大选的胜利。自由民主党对社会安全议程越来越重视，认为安全是瑞士自由和繁荣的基本条件，瑞士目前迫切需要解决的安全问题主要包括航空的主权、网络入侵和极端主义分子的恐怖威胁。可见，自由民主党在传统的自由、开放核心议题之外，对民众日益关注的安全问题给予充分的重视。如果与前面人民党价值取向寻求转变联系起来看，各政党对以往关注不足的领域都开始投入更多的注意力，这当然是为了谋求更多的选票和选民支持，但是在民主体制下，选票与满足选民诉求是联系在一起的。

瑞士社会民主党是有着120多年悠久历史的主流政党，在政党的发展历史上，自19世纪起，根据经济和社会发展形势，每10年左右时间会发布一份纲领，上一份纲领发布于2010年。作为代表劳工利益的传统左翼政党，社会民主党长期以来关注社会公平分配议题，在瑞士福利国家的建设方面起到重要的推动作用。冷战后全球竞争加剧，瑞士经济和社会发展也面临前所未有的挑战。在这种背景下，社会民主党于1994年第一次提出自己的"经济理念"，以展示其在社会议题之外，也有能力把握经济议题。而这一理念的提出及其相应的经济政策主张让社会民主党在第二年大选中就看到了巨大成效——社会民主党比之前一次大选在国民院多得到13个席位，走向了政党发展的高潮。在新的发展条件和背景下，社会民主党于2018年8月推出了一份新的"经济概念"，作为2019—2029年瑞士经济政策的建议。社会民主党认为在今天这个"不平静"的时代，全球化和数字化深刻地改变了人们的生活和职业，而且今天富人越来越富，普通劳动者的负担却日益沉重，而社会民主党则尝试克服当代资本主义这一弊端。社会民主党的出发点是共同的富裕、可持续的发展、社会的团结和实现文化的多样性；因此，必须实现尽可能的机会平等、保护生态的可持续性发展及和平公正的国际秩序。总而言之，社会民主党主张既自由又平等公平的经济发展。瑞士目前的主要问题是一方面失业率呈上升的趋势，另一方面社会安全保障水平却在动摇甚至呈下滑的趋势。尽管瑞士的劳动生产率在提升,但是人们的工作时间和压力也增加了,中产阶级也由于不断攀升的医疗费用和房租,生活水平持续下滑。而社会民主党给出的答案包括瑞士人非常熟悉的"共有产权",以这种形式建立的例如瑞士理工学院、瑞士铁路公司和国家养老系统 AHV 等都取得很大的成功,让多数公民而不是少数人获益。同时,社会民主党主张至 2040 年之前推动生态经济的发展和转型,从而保障瑞士经济的可持续发展。社会民主党也呼吁在企业内部的"共决权",为企业创造效益的劳动者应该享有相应的决策权利。而数字化则应该让职业教育更便捷。当然,社会民主党支持瑞士经济的国际化发展,而且经济政策和外交政策必须联系在一起进行通盘的考虑和筹划。从社会民主党的基本概念来看,其经济政策支持瑞士提高在国际上的竞争力,但是出发点更多地落在如何保障劳工的接受培训的权利、工作的权利、参与企业决策的民主权利上,左翼的色彩很鲜明,但是其克服资本主义弊端的具体机制如"共有产权"是否适应时代的发展趋势,在瑞士存在非常大的争议。虽然社会民主党其他方面的措施也都很具体,但是对其可行性也不无质疑。①

  从主流政党所关注的议题来看,基本上都集中在民众迫切关注的问题上,但是在侧重点上有所不同,中右翼政党侧重经济的自由发展和竞争力的提高,而左翼政党侧重经济发展基础上的社会公正实现和社会保障水平提高,极右翼政党则仍然以移民和社会安全为主要政策切入点。不过,为了在新的选举中寻求突破,极右政党在难民和移民议题上有更深入的阐发,左翼政党则探寻自己独特的推动瑞士经济发展的道路,而中右翼政党则在传统的激励下欲寻求政治竞争方式的全面创新。从它们给瑞士未来五年提出的规划和方案来看,相互之间存在很大的差异,甚至其内部也暴露出很

---

① Sozialdemokratische Partei, "Unser Wirtschaft. Vorschlaege fuer eine zukunftsfaehige Wirtschaftspolitik 2019 – 2029", https: //waedenswil. spkantonzh. ch/app/uploads/2018/08/wirtschaftskonzept_d_def. pdf.

多矛盾和不同意见，因此，2019年瑞士的政治舞台会更加丰富多彩，政党竞争会更激烈，各种主张、观点相互交织、错综复杂，"共识点"显然越来越难以凝聚；但是，可以预见的是，所有的创意、所有的分歧、所有的竞争，仍将在已有政治框架下展开，面对难度越来越高的内政、外交决策，寻求"共识"仍然会成为最高原则，这不仅是惯性使然，同时也是公共决策本身的内在要求。各个政党都开始寻求变革，虽然一些新的变革如"奶牛交易"饱受批评和嘲讽，但是经过较长时期的尝试、失败之后，相信在政治竞争激励下，瑞士的政党、公民会发现和认同新的政治模式，从而推动瑞士经济和社会更有效率、更加公平地发展。

对于2019年的大选，从目前各个政党的纲领和对各个政党的民调来看，一方面在议题设定和政策模式上存在相当的连续性和稳定性；另一方面，也存在着不确定性因素，因为现在距离大选还有1年的时间，特别是瑞士与欧盟的谈判尚未尘埃落定。但是归根结底，瑞士未来的政治图景是由瑞士人民来做决定的，瑞士的政治决策模式的走向也由瑞士人民做出选择。

# 第二部分

# 奥地利"共识民主"模式及其面临的挑战

# 第六章

# 奥地利政治制度简介

## ◇第一节 和谐而富裕的奥地利

第一次世界大战结束后,曾经疆域规模可观并且多民族共存的哈布斯堡王朝解体,奥地利第一共和国建立,但是在通货膨胀和失业等严重经济问题困扰下,经济与社会的恢复与重建始终举步维艰,几乎没有出现过"景气时代",① 这也是导致1938—1945年奥地利与德国"合并"的重要因素,最终将奥地利拖入纳粹战争的深渊,给国家的发展蒙上阴影。第二次世界大战结束后,奥地利努力与这段历史"切割",致力于创建一个全新的、独立的奥地利第二共和国,并在20世纪后半期成为"世界上最繁荣、最安宁的国家之一",奥地利的重生也成为战后"欧洲诸多奇迹中的一个"。②

目前,奥地利作为欧盟中领土面积和人口规模都较小的国家,③ 2/3的土地被阿尔卑斯山东麓覆盖,43%的国土是森林,自然条件乏善可陈。但作

---

① [美]史蒂芬·贝莱尔:《奥地利史》,黄艳红译,中国大百科全书出版社2009年版,第190—223页。

② 同上书,第1—2页。

③ 奥地利国土面积8.38万平方公里,总人口为882万人(截至2018年1月)。

为典型的"外向型"发展的国家,"出口经济"是奥地利经济增长的最重要的动力和最有力的支柱,其金属制造和加工业、机械制造业、化学工业、食品工业、汽车和汽车配件加工业、水电设备制造业、国际市场上特殊需求的电子产品制造业等都在国际上具有较强的竞争力。不容忽视的是,取得如此可观的国际竞争力的奥地利不仅完全不使用核电,竟然还是世界第八大电力输出国,在欧盟中使用可再生能源的比率最高。[①] 此外,奥地利也是典型的"欧洲福利国家"之一,拥有完善的社会保障体系。如此"兼顾"社会公平与经济效率的奥地利看上去与其他一些大陆欧洲国家相类似,那么,为何奥地利人宣称自己拥有独特的"奥地利道路"呢？尤其是近年来欧洲深陷金融、经济、债务和社会等多重危机,不过奥地利在危机中却仍然交上了经济增长和社会稳定的良好答卷,2013年,相较于其他欧元区国家,奥地利全年经济增长维持在0.4%—0.5%,取得了不错的成绩;[②] 而奥地利失业率仅为4.5%,[③] 而且在同一时间其他一些欧盟国家青年失业率高企的情况下,[④] 奥地利青年失业率仅为9.2%,[⑤] 处于欧盟国家中最低水平。从学界、政界到民间,似乎又重新"发现"了"奥地利模式",开始热议这一并非没有经历质疑和批评之声的模式为何经受住了危机的考验,展现出

---

[①] 中国银行股份有限公司、社会科学文献出版社编:《奥地利》,社会科学文献出版社2015年版,http://www.lieguozhi.com/skwx_lgz/book/initChapterDetail? siteId=45&contentId=6113832&contentType=literature。

[②] 谢飞:《重新回到增长轨道 奥地利经济缓慢复苏》,《经济日报》2013年11月26日。

[③] 方祥生:《"社会伙伴关系"成为奥地利平稳发展"压舱石"》,《光明日报》2014年4月10日第8版。

[④] 顾周皓:《青年失业困扰欧盟》,《浙江日报》2013年7月8日第7版,截至2013年5月,西班牙25岁以下青年失业率达到56.5%,意大利达到38.5%。

[⑤] Claudia Liebeswar and Karin Steiner, "Oesterreichs Strategie zur Bekaempfung der Jugenarbeitslosigkeit: Eckdaten und Massnahmen im Ueberblick", *AMS Info*, No. 284, http://hdl.handle.net/10419/102528.

了强劲的生命力？

从经济增长方面来看：奥地利近年来的经济增长势头良好，2017年奥地利的国内生产总值增长了3.1%，取得了非常好的成绩；2018年10月经合组织发布的报告显示，2018年奥地利经济增长将达到2.7%，而在2017年11月有专家预测奥地利2018年的经济增长会达到2.5%，显然经济增长的成绩超出了预期。[①] 从国际经济和金融危机爆发前的2006年至2018年超过10年的统计来看，奥地利的经济增长整体上超过欧元区的平均水平，只有在2009年经济负增长（-3%），但是随后迅速反弹，在2011年实现了接近3%的增长率。推动增长的因素离不开奥地利国内外的良好条件，这两年奥地利内外的需求都十分旺盛，随着就业率提升和工资的增长，个人消费增长迅速，这些都成为推动经济繁荣的有利因素。而目前执政的人民党和自由党联合政府已经开始推动各州加强幼儿园和全日制学校的建设和扩展，这些基础教育设施的不足，是导致妇女就业率低下的一个重要原因。2017年奥地利的失业率是5.5%，而2018年则降至5.1%，预计2019年将进一步降至4.9%。就业增加，主要得益于更多的妇女和老年劳动力加入职业大军中。有一份2007年至2017年10年间的统计显示，欧元区的平均失业率接近10%，其中，西班牙的平均失业率高达17%，意大利约为12%，法国也接近10%，但是奥地利的失业率一直维持在相对比较低的水平上，并且远远低于欧元区的平均水平，刚刚超过5%。虽然在通货膨胀方面奥地利的表现没有经济和就业发展那么抢眼，但是仍然在欧洲处于非常低的水平，1999年到2017年近20年的时间里，欧元区的平均通货膨胀率约为1.7%，而奥地利达到1.8%多一点，但是总体上，低于欧元区平均水平的只有德国、法国和芬兰，而在高于平均水平的群组中，奥地利与爱尔兰是表现最

---

① "OECD erwartet 2018 hoeheres Wirtschaftswachstum in Oesterreich", OOENachrichten, October 12, 2018, https：//www.nachrichten.at/nachrichten/wirtschaft/OECD-erwartet-2018-hoeheres-Wirtschaftswachstum-in-OEsterreich；art15, 2910871.

好的。由于经济和就业的增长，奥地利的公共债务水平也呈下降趋势，虽然与欧盟的债务水平应该低于国内市场总值的60%的要求还有一段距离，但是毕竟每年都在降低；2017年为78.2%，2018年为76.3%，预计2019年将下降至74.1%。但是如果与欧元区其他国家相比，欧元区2017年平均公共负债水平达到国内生产总值的87%，较多地超出了欧盟规定的标准，但是奥地利处在低于欧盟平均水平的第一位。即使是欧洲经济发展最繁荣的国家——德国，当年的公共债务水平也达到64.1%，也没有达到欧盟的要求，真正达到欧盟要求的仅有爱沙尼亚、卢森堡、立陶宛、拉脱维亚、马耳他、斯洛伐克和荷兰，其他国家均不达标。而希腊、意大利和葡萄牙这些深陷债务危机的国家，主权债务水平仍然高达国内生产总值的178.6%、131.8%、125.7%。如果持续推动公债规模的缩减，这对于2017年新上任的人民党和自由党执政联盟是一种新的考验和挑战，因为执政联盟根据其2017年达成一致的执政协议，已经启动了大规模的减税，主要惠及中小企业和广大的中产阶级，一方面减税，而另一方面必须严格控制公共财政赤字水平，让公共债务占国内生产总值的比例能够尽快下降至欧盟所要求的60%以下，那么如何维持公共管理的水平？政府的收入必须减少，但是提供公共服务的水平不能下降，因此，不难理解为什么库尔茨政府同时推进政府管理的现代化和成本费用的降低，推动政府本身进行改革。

经济发展的成果也体现在老百姓的钱袋中，2016年工会联合会曾经做了一项统计，当年奥地利人的每月税前平均收入在2270—2360欧元，中间收入为2160欧元，各有50%的人得到高于或者低于这个中间值的收入。[①] 如果上、下分别做个比较的话，最高收入是4259欧元，相当于中间收入的1.97倍；最低收入是969欧元，相当于中间收入的45%。从人均收入角度

---

① Arbeitskammer Oesterreich, "Brutto-Monatseinkommen 2016 in Oesterreich", Januar, 2018, https://ooe.arbeiterkammer.at/interessenvertretung/verteilungsgerechtigkeit/einkommen/WSG_2018_BruttoMonatseinkommen_2016.pdf.

看,"贫富"差距并不明显。以家庭收入为单位来看,税前年收入中间值为33000欧元,最高家庭年收入为111200欧元,相当于中间收入的3.37倍;最低家庭收入为11200欧元,相当于中间收入的34%,显然"贫富"差距高于个人人均收入,但是仍然不能说十分突出。奥地利是已经推出最低工资的国家,2018年奥地利的最低每小时工资为10.09欧元(税前),这在欧洲也属于比较高的水平;相比之下,德国的税前每小时最低工资为8.84欧元,英国为8.56欧元,法国为9.88欧元,荷兰为9.68欧元。奥地利正在酝酿新的立法,力争在2020年推出最低月工资为1500欧元。2018年5月,最低小时工资在奥地利餐饮行业实行,奥地利旅游产业非常发达,是其经济发展的重要行业之一,在餐饮业约有超过22万的从业者,最低小时工资施行后,预计餐饮行业一半以上即超过10万的从业人员能够从中获益。除了最低工资之外,在奥地利一些行业还有发放度假金和圣诞红包的惯例,当然,是否发放以及发放的水平在行业之间存在较大差别。

从社会福利发展方面来看:即使是收入上存在差距,奥地利也是高度发达的福利国家,拥有完善的社会安全保障体系,每个人的物质生活和受教育、接受培训、享受文化生活等权利都能够得到有效的保障。奥地利的社会保障体系主要覆盖养老、医疗、失业保障,以及家庭、遗属、伤残等救助和补贴。以2016年为例,公共财政用于社会保障支出高达1070亿欧元,其中社会保险支出54%,联邦支出21%,州支出19%,社区5%。完善的社会安全体系导致社会支出占国内生产总值的比例不断攀升。例如,1990—1994年,社会开支的比例从26.1%迅速攀升至29%,2003年一度控制在28.7%,2009年则又增至29.6%,2016年更是首次突破30%大关,达到30.3%。以2016年为例,社会开支的分配大体上为:养老开支占44%,是公共支出投入最大的一个领域;医疗健康开支占26%,家庭和儿童补贴占9%,遗属和失业开支比例皆为6%。而这些开支并不都以金钱的形式给付,如养老和遗属生活保障，95%以上是以支付金钱的形式完成的，但是医疗健康领域86%的开支都是以提供基础设施等服务的形式完成。2016年，政府对每个贫困线以下的公民的救助标准是每月1185欧元，此外，每增加一个家庭成员则每人每月补助592欧元，每个14岁以下的儿童青少年可以得到355欧元。失业金平均每小时30欧元，社会救济金是每小时25欧元。随着失业时间的延长，社会救济金会逐步有所增加。[1]

如此庞大的开支，其来源如何？根据2016年的统计，37%来自公共税收，公共资源是社会支出的最大保障，紧随其后的是雇主给雇员支付的社会保险费用，占整体开支的36%，而雇员自己缴纳的社会保险费用仅占总体开支的21%。[2] 这样的开支结构得益于国家的法律保障和相应的制度设计。例如，根据法律规定，雇主必须为雇员支付相当一部分社会保险费用，以使企业在赢利的同时，必须承担相应的社会责任。

## ◇ 第二节　奥地利的基本政治制度

根据1920年宪法，奥地利为联邦制共和国，总统由普选产生，任期6年。议会实行两院制，国民议会即众议院制定法律，审批国家财政预算，从法律、政治和财政等层面监督政府施政，主持联邦政府就职仪式，并拥有通过不信任投票罢免联邦政府及其成员的权力。国民议会按照比例代表制原则由普选产生，共计183席，任期4年。联邦议会即参议院代表各州的利益，奥地利有9个州：布尔根兰、克恩顿、上奥地利、下

---

[1] Bundesministerium fuer Arbeit, Soziales, Gesundheit und Konsumentenschutz, "Sozialstaat Oesterreich: Leistungen Ausgaben und Finanzierung 2018", https://www.sozialministerium.at/cms/site/attachments/9/1/5/CH3434/CMS1533893861892/sozialstaatoesterreich_web_neu2.pdf.

[2] Ibid..

奥地利、萨尔茨堡、施泰尔马克、蒂罗尔、福拉尔贝格、维也纳。联邦参议院主要审议国民议会通过的法案和监督联邦行政事务。国民议会和联邦议会组成联邦大会，履行对外宣战和接受总统任职等职能。

联邦参议院是根据各州的人口确定代表本州的代表名额的，而且将由总统根据各州人口的变化不断重新确立代表名额。与德国由各州政府在联邦参议院代表各州的方式不同，奥地利联邦参议院议员是由各州选举产生的，因此，联邦参议院议员任期与各州议会任期相同，导致议员根据各州选举结果不定期地更换。一个基本的原则是在州议会中第二大党至少拥有一个席位。这样人口规模小的州由于在参议院的席位非常少，因而小的党派基本没有可能进入联邦参议院。所以在参议院大的党派也可以轻易地联合起来。这是奥地利政治的一大特色。

在宪法意义上，联邦参议院参与联邦决策，但是有限的参与。例如，在对各州实际上非常重要的事务上，如财政平衡体制，涉及国家大部分公共财政资源在联邦与州及各州之间的分配，但是参议院对此没有表决权。在一些特定的事务上，比如宪法层面上改变联邦参议院选举和大会的形式，需要参议院多数通过并且同时至少4个州赞成。如果在宪法层面上限制一个州的某项职权或者执行权力的话，自1985年之后必须在一半以上的参议员出席的情况下有2/3多数通过。

整体上看，参议院跟国民议会不同，它不能对联邦政府和联邦政府雇员提出信任质疑，不能成立调查委员会，没有政治监督权力。不能在联邦宪法法院起诉联邦政府部长，没有法律监督权力。法律监督及财政监督（审计署的举办）都是国民议会的权力。

## ◇◇第三节 奥地利的政党制度

从政党体系特点和发展历史来看，奥地利虽然是人口规模比较有限的国家，但是政党如林。据早些年的统计，1990年在联邦内政部注册的政党数量是334个，到1996年涨到400个，到2005年涨到790个，到2015年前后涨到972个。党派数量非常可观，但是真正非常活跃的党派并不多，绝大多数党派都处在不活跃甚至是"冷冻"的状态，真正取得政治影响力比如进入联邦国民议会取得席位的更是有限。截至2002年进入国民议会的政党先后有57个，真正发挥有效政治影响力的又是一个小的群体了。

当然这与第二次世界大战后第二共和国的政治发展直接相关。在1945年之后，由于奥地利被盟国占领，当时占领方只允许人民党和社会党还有共产党进入国民议会。在20世纪40年代末期和50年代初期，奥地利成立非常多的新党派，当时作为"第三阵营"（即主流左右翼政党之外的）的极右翼倾向政党也进入了国民议会：1959年共产党被清理出议会后，国民议会只剩下三个政党了，即人民党、社会党和由第三阵营分离发展出来的自由党。80年代绿党成功进入国民议会，改变了奥地利政党政治竞争的图景。所以在第二次世界大战后奥地利政治发展史上，始终是非常有限的政党政治竞争，当然它带来的后果必然是非常集中的选票和议席。正如奥地利媒体归纳和总结的：奥地利第二次世界大战后政党执政历史，长期是人民党和社会党把持政权，特别是长期由两党联合执政，组成大联盟政府。

从政党运作的机理来看，奥地利政党执政基本呈现出两种不同的形式：一种形式为gemaessigter Pluralismus，即有限的多元主义；另一种形式为Zweiparteiensystem，即两党制。从第二次世界大战后奥地利的政治发展历史来看，1945—1966年是有限的多元主义，1966—1983年基本上是两党制，1983—2006年则是有限的多元主义。有限多元主义是指3—5个政党，没有哪个政党获得绝对的多数，必须联合执政而且相互都可以拆台以致解除政府执政地位，政党竞争都从边缘尽可能向中间靠拢（zentripetaler Parteienwettbewerb）。两党制是指两个政党存在，这两个政党可以各自单独执政。在奥地利有限的多元主义是常态，而两党制是特例。

奥地利的选举制度也有自己的特点。1945—1970年，国民议会的席位是165席，自1971年起是183席。这些席位在各州的选区里分配，不是单纯根据居民中拥有选举权的人口数量，而是根据注册参加选举有多少选民的数量来分配每个选区的。最突出的特点是选民选举的不是单个的候选人，而是政党，各个政党在各个选区里提出一个候选人名单，选民实际上是在不同的政党之间进行最后的选择，当然，根据法律，选民是有权利改变各个政党提出的候选人名单的。

这种选举规则的重点是各个政党候选人都"打包"一起来进行竞选，那么关于选民选举权的相关规则对政党的影响并不大，产生重要影响的是各个政党的党内结构。因为政党要提出一份名单，包括确立名单中先后顺序，所以政党在这个环节上的决定权力是非常可观的。尽管第二次世界大战后的选举规则规定，选民可以改变这份名单，包括可以调整候选人在名单上的顺序，但是事实上这些权利很少被使用。①

1992年通过、1994年付诸实施的选举权新规定，主要包括183个席位按照三个层面来分配，即在43个地区选区、9个联邦州和整个奥地利。划分选区的标准根据人口数量。第一轮计票，根据政党在各个地区选区得到的票数分配议席。第二轮计票，根据政党在各个州得到选票的情况，即至少在这个州的一个选区里获得一个席位或者在整个奥地利得到超过4%的选票，这样，来计算政党在这个州应该得到几个席位，当然在第一轮中得到的席位数量将被减去不计。第三轮将在整个奥地利范围内计票，标准也是这个政党至少在一个地区选区里获得一个席位或者在整个奥地利得到超过4%的选票，然后根据D'Hondt系统计票。一个候选人只能在一个层面上被提名，比如如果在整个奥地利层面被提名，那么他或者她

---

① Wolfgang C. Mueller and Christian Scheucher, "Persoenlichkeitswahl bei der Nationalratwahl 1994", *OEJP*' 94, 1994, pp. 171–197.

在州和地区层面不能够被提名。不过,这项新规的实施对政党权力的影响并不大。

政党财政最早是从20世纪60年代开始的,国家财政对议会俱乐部予以支持,到1972年支持政党的政治教育活动,最后1975年通过的政党法开始由国家财政支持政党。支持的力度在选举年远远高于非选举年。另外,获得选民支持率高的政党得到的国家资金支持越高。即使是小政党,根据政党法也能够获得同样力度的支持。但是如果是没有进入联邦议会的政党,则只能在大选年获得支持,而且前提是必须得到至少1%的选票。

## 第四节 奥地利的"社会伙伴"关系

奥地利一直有"Kammernsystem"(社团体系)和社会利益集团参与政治决策过程的传统。在1933年之前,在自由基础上社会组织和政府之间进行合作来界定不同社会群体的利益,就形成了一种基本的政治模式。[1] 1947年至1951年经济和社会重建期间,社会利益代表组织和政府之间展开了合作,签署了5个工资和物价协定,开启了第二次世界大战后新模式形成的历程。接下来,社会利益代表组织和政府之间展开了工资和物价之外更多层面上的合作,而且合作的一个基本出发点就是合作各方都必须照顾到整体的经济发展目标。不过,由奥地利工会联盟(Oesterreichischer Gewerkschaftsbund, OEGB)、工人协会(Arbeiterkammer)和奥地利社会党代表劳工利益,与雇主利益代表组织之间初步形成的社会伙伴关系,在1950年曾

---

[1] Emmerich Talos, "Interessenvermittlung und partikularistische Interessenpolitik in der Ersten Republik", in Emmerich Talos, Herbert Dachs, Ernst Hanisch and Anton Staudinger, eds. *Handbuch des politischen Systems Oesterreichs. Erste Republik 1918 – 1933*, Wien, Manz Verlag, 1995, pp. 371 – 394.

经遭遇较大的挫折。1950年很多企业爆发了工人罢工,虽然这次大罢工不只有共产主义取向的工人参加了,但是却被解读成是共产主义倾向的尝试,所以在第二共和国的历史上这次罢工是个备受重视的社会大事件,也被视为第二次世界大战后对社会伙伴模式的最后一次抗议。① 当然,在社会伙伴关系初建时期,这种合作只是临时性的,在内容上比较局限。如果这一机制继续发展,确实需要法制化,即政府究竟怎样与利益代表集团合作,社会组织在政治决策过程中究竟应该发挥什么样的影响?

随着战后重建阶段的结束,在预算、经济、社会和就业政策方面,社会不同的利益群体之间的差异开始不断地显现。在这种背景下,50年代末和60年代初期,社会利益代表集团之间的合作开始拓展,同时社会组织在达成社会共识、参与政治决策方面——首先是在经济和社会政策方面——也在拓展。1957年在"奥地利工会联盟"的倡议下,成立了一个临时性的主要探讨工资和物价问题的"平衡委员会"。该委员会实际上搭建了政府相关部门和社会利益集团相互协商的平台,为政府与社会利益群体之间以及不同社会利益群体之间提供了沟通和调节的场所。双方通过协商和妥协,在有争议的经济问题上达成一致,从而把可能出现的无序的街头社会冲突和劳资冲突带到了有序的谈判桌上来。"平衡委员会"不仅给政府提供建议,甚至起草工作方案,由于其发挥的积极作用,这个委员会不但继续存在,而且凭借这个平台,政府与社会利益集团商议的范围不断地扩大。1963年,在"平衡委员会"之下又成立了"经济和社会问题咨询委员会","旨在从整体经济发展出发研究探讨相关的经济和社会问题,以便为稳定购买力、经济持续增长和全民就业做出贡献。所以这个委员会在整体经济的取向下为政府提供建议,并且对社会伙伴之间的冲突进行科学分析,这样使政府在有效避免冲突的情况下来处理问题,在联邦层面上调控收入、增

---

① Michael Ludwig, Klaus Mulley and Robert Streibel, eds., *Der Oktoberstreit 1950. Ein Wendepunkt der Zweiten Republik*, Wien: Picus Verlag, 1991.

长和社会和平问题"。① 可见，经济与社会发展的重大宏观问题，几乎都在这个平台上进行探讨，与欧洲大陆其他国家相比，这是比较罕见的。

20世纪60年代下半期，参与政府与社会伙伴协商和探讨的范围不断扩大，除了代表劳资利益的工会联盟和工商联合会等社会组织、相关的奥地利政府经济和社会事务等主管部门外，奥地利国家银行的行长和副行长、经济研究所的专家、联邦各部的专家等也参与其中。② 与欧洲其他国家相比较，奥地利参与协商的"伙伴"覆盖面之广几乎是首屈一指的。整体而言，60年代下半期和70年代上半期社会伙伴与政府的合作模式为奥地利经济的飞速发展做出了重要贡献，主要表现在很好地调控了劳资关系。这种社会伙伴参与决策的方式，使奥地利政府形成基本法律草案时就对各方的利益进行了平衡和调控。

奥地利这种模式之所以行之有效，离不开以下几个重要的保障条件：第一，在奥地利，社会组织的利益代表性是非常集中的，这跟奥地利社会组织的结构直接相关，尽管这一点遭受过非常多的批评，但是奥地利社会组织发展的特点就是没有那么多的分行业和分地区的社会利益代表组织，这主要是义务代表规则造成的，比如劳工都有义务参加OEGB。在奥地利社会组织内部是集权式或者说集中式的利益代表形式，这样，组织在对外时也容易采取统一的立场去与其他组织和机构进行协商。所以，奥地利非常缺乏相互竞争的利益代表，不仅工会如此，雇主代表这边也如此。第二，在政治上，利益集团也享有优惠，因为是义务代表制，所以有义务缴费，那么利益组织在经费上就能够得到保障，能

---

① Emmerich Talos, "Sozialpartnerschaft. Kooperation-Konzertiertung-politische Regulierung", in Herbert Dachs, Peter Gerlich, Herbert Gottweis, Franz Horner, Helmut Kramer, Volkmar Lauber, Wolfgang C. Mueller and Emmerisch Talos, eds., *Handbuch des politischen Systems Oesterreichs*, Wien: Manz'sche, 1997, pp. 390 – 409.

② Bernd Marin, *Die Paritaetische Kommission*, *Aufgeklaerter Technokorporatismus in Oesterreich*, Wien: Internationale Publikationen, 1982, p. 60.

够持续地发挥其政治影响。第三，无论是劳工组织还是雇主组织，在其发布组织根本目标和原则时都有一个核心点，那就是以整体的经济和社会发展为基本出发点，这在不同时期不同的组织所发布的公开报告中可以查到大量的依据和素材。这个出发点意味着，社会组织的中心工作和策略就是妥协。第四，在政党和社会组织之间存在着非常密切的关系和机制化的沟通，即纵向网络体系（稍后将详加论述）。第五，在企业内，即微观层面上，社会伙伴的合作表现得不明显。第六，这种情况与奥地利经济发展状况直接相关，国有企业的比例相当高，1945年以后，私人经济的发展相对比较脆弱。第七，不仅参与合作的各方社会伙伴接受，而且民众普遍接受这一机制。

## ◇第五节　奥地利的联邦制

奥地利决策模式的形成与奥地利的联邦体制直接相关。正是在两次世界大战后特殊的历史条件下，奥地利形成了"集权"式的纵向国家结构，从而为"共识"模式奠定了最为重要的制度基础。

### 一　奥地利联邦制的历史发展

奥地利联邦制的现实与联邦制建立的历史直接相关。第一次世界大战结束之后，曾经辉煌的"哈布斯堡"垮塌、解体，其大部分土地转归新的南斯拉夫王国，新的国家——匈牙利、捷克斯洛伐克从旧王朝中脱胎而生；而成立于1918年11月12日，由原帝国议会中德意志族议员组成的议会所创建的"德意志奥地利"共和国，"从一开始就被视为哈布斯堡君主国遗留下来的孤儿，是个没人要的国家"，"在1050万要求归于维也纳治下的'德意志奥地利人'中，最后落在德意志奥地利境内的只略微超过650万人，几乎有400万人生活在非德意志国家";① 很多说德语的奥地利人生活在波希米亚南部、摩拉维亚各"语言孤岛"，以及苏台德地区，而原哈布斯堡君主国的意大利语地区、卡林提亚的卡纳塔尔，特别是完全说德语的南蒂罗尔地区，划归了意大利。在这样的背景下，"奥地利"的身份认同是非常低的，因而新选举产生的制宪国民议会在1919年3月12日公开宣布"德意志奥地利是德意志共和国的一部分"，不过协约国否决了德意志奥地利与德国的合并诉求，并且把国名由德意志奥地利改为奥地利共和国。而就奥地利社会来说，各个主要政治党派和政治集团"从根本上说，奥地利社会中没有哪个群体对新生的共和国生存下去抱有重大信心"。②

在第一次世界大战之后，只有建立联邦体制才有可能在越来越相互冲突和对立的各个不同的州和整个国家之间达成一种平衡。③ 这样建立起来的联邦制导致权力越来越向中央集中。这种集权的倾向在联邦宪法层面上表现得非常明显，即尽管宪法的基本原则是公共职权在联邦和州之间进行划分，各担其责，但是事实上州承担的职权极其有限。④ 这主要是在职权划分上社会民主工人党和基督教社会党内部难以达成一致的意见，所以索性就把哈布斯堡王朝时期的权力划分模式拿过来，其结果就是州的权力太小，到1925年和1929年的两条宪法修正案，让州的权力更局限了。

这种中央集权的倾向在1945年之后进一步加重了。一方面，西方占领

---

① [美]史蒂芬·贝莱尔：《奥地利史》，黄艳红译，中国大百科全书出版社2009年版，第191—193页。

② 同上。

③ Hans Kelsen, Georg Froehlich and Adolf Merkl, eds. *Die Verfassungsgesetze der Republik Oesterreich*, 5. Teil: *Die Bundesverfassung vom 1. Oktober 1920*, Wien: Verlag Oesterreich, 1922, p. 53.

④ Ibid., p. 80.

国美、英、法不希望奥地利的州有更多的自主权,而是希望州被置于一个集权的中央政府之下;① 另一方面,两大主流政党右翼的人民党和左翼的社会党"垄断"了执政地位,开始搭建一个"精英式"治理框架,而整个架构的基本特征就是权力向联邦政府集结。

还有一个导致中央集权的重要原因是第二次世界大战后奥地利经济和社会快速发展,相应地导致国家权力的扩张,这与其他西方国家相类似。奥地利国家权力的扩展突出地表现在联邦政府权力的扩展。直到1984年联邦参议院才开始拥有对给州带来不利影响的职权下放有绝对的否决权,但是截至2001年就有168个案例显示,联邦参议院对州的权力的丧失没有提出反对意见,而是接受了。② 当然,对联邦政府的立法草案有一个评估程序,在此期间,州政府可以提出自己的意见,但是州政府经常抱怨这个评估期太短了,对州的意见只考虑了一小部分而已,所以这个机制也不足以弥补和平衡联邦参议院的弱势。因此在奥地利,不同于瑞士和德国,在这两个邻国联邦参议院是非常重要的抗衡与修正联邦政府机构的绝对优势的重要联邦决策机构。

到了90年代,世界范围内出现一种"分权"的倾向,③ 即公共职权向下级政府下放,但是这种发展趋势在奥地利却很鲜见。其中非常重要的原因是奥地利加入了欧盟,欧盟的财政政策对奥地利联邦国家的发展产生了

---

① Robert Kriechbaumer, "Liebe auf den zweiten Blick-die Laender und der Bund 1945. Zu Vorgeschichte und Geschichte der Laenderkonferenzen 1945", in Robert Kriechbaumer, Hubert Weinberger and Franz Schausberger, eds., *Liebe auf den zweiten Blick. Landes-und Oestereichbewusstsein nach 1945*, Wien: Boehlau Verlag, 1998, pp. 15 – 46。

② Herbert Dachs, "Struktur und aktuelle Fragen des Foederalismus in Oesterreich", in Udo Margedant, ed., *Foederalimusreform. Foederalismus in Europa*, Sankt Augustin: Akademia Verlag, 2002, pp. 32 – 47。

③ Ronald L. Watts, *Comparing Federal Systems*, 2. Auflage, Montreal: McGill-Queen's University Press, 1999, pp. 4 – 5。

重要的影响，奥地利联邦体制改革首要的是一个效率的问题。①

## 二 联邦与州立法和执行方面的职权划分

与盎格鲁—撒克逊模式的美国、加拿大、澳大利亚等国家不同的是，奥地利联邦与州两个政府层面在职权划分上立法权和执行权通常是分离的，即并不是决策权属于哪个层面的政府，那么施行也由这个层面的政府来承担。在奥地利通常立法权集中在联邦政府，而具体的执行则由州来承担。所以奥地利也是一种"混合式"的形式。

德国政治学者沙普夫（Scharpf）提出了一个"政治交叉"的概念，来描述和分析德国联邦与州权力划分上，没有鲜明的界限，即谁做政治决策，那么由谁来出钱并具体实施。在德国，决策者、财政资助者和执行者几个角色不是合一的，而是分离的，这就造成了政治行为的"交叉"或者说"错位"，由此会导致联邦与州在职权划分和政治责任上的一系列问题。这个概念在欧洲大陆得到了比较广泛的认同，奥地利的学者也从这一观点出发来分析奥地利的联邦与州职权划分。

如果根据奥地利联邦宪法第15B第10—12款来看，联邦与州的职权划分主要有4种不同的形式：联邦立法并联邦执行、州立法并州执行、联邦立法但州执行、联邦立法但州制定执行规则并执行。可以具体看一下，第一种形式的公共职责包括外交、移民、联邦财政、货币金融、工商、民事和刑事权利、内政安全、交通、邮政、森林和山地事业、水资源、社会保障、健康、大气保护、垃圾处理、劳工保护以及军

---

① Peter Bussjaeger, "Oesterreich. Verhandlungsfoederalismus im Banne von Budgetsanierung und Verwaltungsreform", in Europaeisches Zentrum fuer Foederalismus-Forschung Tuebingen, ed., *Jahrbuch des Foederalismus 2002. Foederalismus, Subsidiaritaet und Regionen in Europa*, Baden-Baden, 2002, pp. 330–342.

事；第二种包括社区事务、规划、住宅建设、交通用地、长途交通、生态保护、农牧业、狩猎和渔业、体育、青少年保护和幼儿园等；第三种包括公民权利、国民住宅建设、警察、城市建设、生态评估；第四种包括社会救济、医疗设施建设、母婴保护、土地使用、植物保护、部分电子事业、农牧业领域。

从以上4种形式来看，应该说州独立承担的职责，即立法与行政两者完全吻合的职责领域，只具有象征意义，而大部分重要的公共职责都是由联邦立法并由州来具体承担和完成的；而且在奥地利联邦体制中更为复杂的部分是在每一个需要联邦立法和州执行的领域，双方的职责划分都不尽相同，但是从更细节的角度来看，联邦占主导地位的倾向可能更加强烈。所以，奥地利虽然是联邦制国家，但是州一级政府几乎成为联邦政府的"从属"，其独立性和自主性受到非常大的制约。[①]

相比在决策权上的"弱势"地位，在执行和管理方面州有着巨大的影响力。比如说，即使属于联邦的职权如商业、水资源和重卡通行权等，联邦并不"直接"进行管理，那么主要的管理者就是州长。根据奥地利的宪法，任何公共管理都需要法律授权，因而州借此在联邦"非直接"管理的领域通过大量的"管理规范"，而把联邦政府置于"从属"地位，甚至联邦政府的部长都很少给州长发布指示或给予批准。从这个意义上说，联邦和州的关系在奥地利很和谐，因为在处理具体事务时联邦与州的沟通还是比较充分的。[②]

同时，这里面还存在一个问题，那就是往往为了执行一项联邦的项目，几乎所有的州政府部门都被牵扯进来，这样当然一方面是有利于联邦政府

---

[①] Ronald L. Watts, *Comparing Federal Systems*, 2. Auflage, Montreal: McGill-Queen's University Press, 1999, p. 25.

[②] Ludwig Adamovich, Bernd-Christian Funk and Gerhart Holzinger, eds. *Oesterreichisches Staatsrecht, Bd. 1: Grundlagen*, Wien: Verlag Oesterreich, 1998, p. 192.

和州政府的沟通，以及在州层面上为执行这一任务进行统筹性的密切合作，但是不容忽视另一方面，即可能整个州政府都因此而成为联邦政府的"附属"，失去了其自主性。①

当然，这样职权划分的联邦制，使得州在执行权方面非常强大，有时也被视为不失优势，也被称作"执行联邦制"。②

总体上，从职权划分来看，奥地利与美国的联邦制模式不同，美国是按照政治领域和政策内容在联邦与州之间进行职权划分，比如经济政策、社会政策、教育和文化政策等。奥地利与德国和瑞士的联邦制有些相像，根据职权的类型进行功能性的划分，历史来看，职权就被划分为立法权和执行权。所以，一个政治领域的职权可能在不同的政府层面进行纵向的划分，这就要求或者说强迫不同的政府层面要进行合作来共同完成公共职责。但是，即使是与邻国相比，奥地利确实是立法权基本都放在联邦层面上了，执行权基本都放在州层面上了。无论如何德国和瑞士的州都有属于自己的一些经济领域的自主权，但是奥地利的州基本上"从属"于联邦政府各部了。

州只有相对的自主权。尽管奥地利是一个施行联邦制的国家，州可以举行自己的选举，安排自己的公共管理事务，但是这一切的进行都是在联邦宪法规范之下的。如果州想进行试验或者实行不同的体制，那么意味着需要修改联邦宪法，而且必须在政治上得到国民议会超过 2/3 的多数同意，这样也是防止州利用直接民主。

---

① Helmut Schreiner, "Provinz und Metropole-Die Laender und der Bund aus der Sicht eines Akteurs: Der Foederalismus als handlungsbestimmender Rahmen", in Robert Kriechbaumer, ed., *Oesterreichische Nationalgeschichte nach 1945. Bd. 1*: *Die Spiegel der Erinnerung. Die Sicht von innen*, Wien: Boehlau Verlag, 1998, pp. 859 – 885.

② Peter Perthaler and Fried Esterbauer, "Der Foederalismus", in Herbert Schambeck, ed., *Das oesterreichische Bundes-Verfassungsgesetz und seine Entwicklung*, Verlag: Berlin, Duncker&Humblot, 1980, pp. 325 – 345.

## 三 联邦与州的财政关系

首先，与其他国家相比，奥地利联邦的雇员非常多，联邦政府的税收收入和支出都比较高。

其次，联邦政府基本上占有主要的税收收入。在财政平衡体制之下，公共资源向各个州分配；所以，联邦财政部长，为财政资源的分配与各个州和社区来进行商榷或者说讨价还价。这里值得注意的是，财政平衡的规则只是由国民议会以简单多数通过，并没有州的充分参与，但是大部分的财政资源是按照这样的规则来进行分配的。

最后，进一步分析来看，虽然这种分配资源的模式中，联邦占主导地位，但是长期以来这种中央与地方的财政关系非常稳定，因为在奥地利也存在类似在德国存在的"混合式"的财政资助模式。一方面，从州的角度来说，有的州如蒂罗尔州从1963年直到1987年长期担任州长的瓦诺弗尔（Eduard Wallnoefer）就曾经不顾联邦的整体利益，积极地在本州大力推行一些联邦项目，以利于本州的发展，甚至不惜借助州的财政资源，让这些项目能够顺利完成。一些州还借着"混合"资助的外衣，把一些不受欢迎的税率比较高的税推到联邦层面去征收。另一方面，联邦也同样借着"混合"模式来让州也出资协助联邦完成属于联邦自身范畴的公共职责。①

从公共资源分配的数量来看，联邦占有60%以上的收入，但是2/3的支出都是经由财政平衡机制在州层面进行的，如此大规模的公共资源支出则是由国民议会通过简单多数的方式做出决策的。在财政平衡领域，虽然

---

① Helmut Schreiner, "Provinz und Metropole-Die Laender und der Bund aus der Sicht eines Akteurs: Der Foederalismus als handlungsbestimmender Rahmen", in Robert Kriechbaumer, ed., *Oesterreichische Nationalgeschichte nach 1945. Bd. 1: Die Spiegel der Erinnerung. Die Sicht von innen*, Wien: Boelau Verlag, 1998, pp. 859 – 885.

决策由国民议会做出，但是方案是事先由联邦政府做出规划的，当然联邦政府必须与各州政府包括市区和社区政府进行协商，所以在协商中州政府发挥着重大的作用，但是联邦政府也在交涉时始终威胁，如果它的方案落空，它可以单方面做出最后的决定。①

在这样的运作机制之下，州基本上不会去征收不讨好的税，不会去为此承担政治责任。这在奥地利是非常普遍的现象。

---

① Wilfried Haslauer, "Der Foederalismus Oesterreichs in der politischen Praxis", in Alois Mock and Herbert Schambeck, eds., *Bundesstaat heute*, Wien 1983, pp. 17–35.

# 第七章

# 奥地利的"共识民主"模式

## ◇第一节 "社会伙伴"与"共识民主"模式

"社会伙伴关系"在欧洲是人们极为熟悉的一个概念、一种体制,通常指的是不同行业资本和劳工集团的代表在雇员待遇上进行制度化协商,以"合作"的方式实现两个群体的利益平衡,把可能形成的"对立"状态转化为友好的"伙伴关系"。[①] 与其他采取议会民主体制的欧洲国家一样,奥地利政府在做出相关的决策时,往往都会吸纳不同利益集团的诉求,然后进行统筹性的评估,无论是不同行业还是涉及社会整体的政策制定过程中,资本和劳工两大社会利益集团的代表,都会向决策体系输入自身的意见和建议。

如前所述,虽然奥地利"社会伙伴"关系的成熟和正式建立是在第二次世界大战后,但是劳资双方由对立到成为"社会伙伴"实际上在奥地利起步很早。

---

① Thomas Delapina, "Sozialer und ziviler Dialog: zwei ungleiche Brueder", in Markus Marterbauer, Michael Mesch and Josef Zuckerstaetter, eds., *Nationale Arbeitsbeziehungen und Lohnpolitik in der EU 2004 – 2014*, Wirtschaftswissenschaftliche Tagungen der AK Wien, Reihne Band 18, Wien: OeGB Verlag, 2015, pp. 310 – 317.

奥地利的社会民主政党成立的背景与其他欧洲国家社会党相似，主要是在工业革命中工人运动的背景下产生的。在1848年的革命和19世纪60年代之后，工人阶级开始建立各种自助组织。在1867年确立宪政国家之后，工人阶级的各种组织包括自助组织开始整合起来，1874年在布尔根兰成立了社会民主党。1888—1889年的党代会上，社会民主党的创始人阿德勒（Viktor Adler）把工人运动这一重要意识形态与政党结合起来，这次党代会推出的方案被称为汉菲尔德方案（Hainfelder Programm）。其核心的目标是把人民（不分民族、种族和性别）从经济上的枷锁、政治上缺乏法制和精神上迷失的状态下解放出来。不仅有这些经济、政治和精神方面的要求，社会民主党还要求普选权。经过大规模示威游行等抗议行动，最后在1907年奥地利成年男性终于获得了普选权，这可以说是社会民主党的一个标志性的胜利。所以，尽管社会民主党的纲领最初与议会民主体制有距离，这只是理论层面上的，从一开始社会民主党就是把工人运动和议会体制联系在一起的，就是说社会民主党在奥地利从一开始就是议会民主斗争取向的，而不是非常激进地要打烂旧有的体制，重新根据社会民主党的意识形态建立全新的社会政治体系。[1] 在19世纪和20世纪转折之际，社会民主党曾经发展成为议会中的一支非常重要的党团力量。尽管在第一次世界大战之初，社会民主党在议会中也对开战投了赞成票，在大众中失去了很多信任，不过在战争中，社会民主主义者——无论是社会民主政党还是工会，都发挥比较重要的影响。在第一次世界大战结束后，1918年哈布斯堡王朝解体，永远地成为了历史，这时人民党对未来国家的建制和发展走向并没有施以有力的影响。正当这样的历史时刻，奥地利的社会民主党承担起来历史责任，在建设新国家中担当领导性角色，继续延续议会体制，并且工作的重

---

[1] Karl Ucakar, *Demokratie und Wahlrecht in Oesterreich. Zur Entwicklung von politischer Partizipation und Staatlicher Legitimationspolitik*, Wien: Verlag fuer Gesellschaftskritik, 1985, p. 290.

点放在处理战后的危机上。从1918年到1920年社会民主党与人民党组成了联盟政府,利用其领导性的角色和地位,推出了很多深具社会民主性的措施,比如建立协调机构(在雇主和雇员之间进行纠纷协调),建立工伤保险和国家对失业者的救济制度,采取解决住房紧张问题的措施,建立8小时工作制,通过建立企业咨询委员会采取的相关法律和带薪休假制度,建立工人和职员的利益代表组织。[①] 1920年联盟政府解体了,但是社会民主党一直在议会中发挥作用直到奥地利法西斯接管政权。

与其他欧洲国家相比,第二次世界大战后"社会伙伴关系"在奥地利所呈现的形态别具一格,它从创建之初就被纳入联邦决策过程之中,经过几十年持续的发展,更是成为联邦决策体制中一个不可或缺的重要环节。

奥地利正式的"社会伙伴关系"建立于20世纪50年代。如前所述,其背景是随着第二次世界大战后重建阶段的结束,在预算、经济、社会和就业政策方面,社会不同利益群体之间的差异开始不断显现。为防止矛盾激化,社会利益代表集团之间开始展开合作,同时作为利益代表组织积极参与政治决策——特别是经济和社会政策方面的决策。

而将"社会伙伴"纳入联邦决策机制之后,奥地利通过了非常重要的立法,比如1969年的"职业教育法"和"工作时间法"、1972年的"卡特尔法"、1975年的"外国劳工法"、1976年的"市场规范法"和"就业市场刺激法"等。这些重要的经济和社会立法都是经过政府与各社会利益集团主要是劳资双方的代表充分协商之后才推出法案,然后交予国民议会通过的。

因此,奥地利借助"社会伙伴"之间的合作,并把这种合作框架纳入联邦决策体制,使国家作为"公共利益"的代表,通过调节两大"社会伙伴"之间的利益来实现经济和社会发展的平衡。奥地利这种决策模式从20

---

[①] Emmerich Talos, *Staatliche Sozialpolitik in Oesterreich. Rekonstruktion und Analyse*, Wien: Verlag fuer Gesellschaftskritik, 1981, p. 143.

世纪 50 年代一直运作至今，其强大的生命力，得力于主要政党与社会伙伴的密切合作，在联邦决策平台上使不同社会利益群体的利益获得协调与平衡。

## ◇◇第二节 "政党联盟"与"共识民主"模式

奥地利与其他欧洲国家一样，社会利益集团更多地代表不同的职业群体在经济和社会发展方面的诉求，而不同社会群体的政治诉求主要由政党来代表和表达。不过在奥地利模式中，"社会伙伴"与两大主要政党即人民党和社会党之间密切地"交织"（Verflechtung）在一起，而这被认为是"奥地利道路"的独特而重要的组成部分。

奥地利的社会利益集团与政党之间有着特殊的密切关系。工会联盟（Gewerkschaftsbund，OEGB）、联邦商会（Bundeswirtschaftskammer，BWK）和奥地利工业者联合会（die Vereinigung Oesterreichischer Industrieller，VOEI）是国内最大的劳工和雇主利益代表组织，在工会联盟中更靠近传统左翼政党社会党的工会占据主要地位，在联邦商会和工业者联合会中占主导性地位的组织则更接近传统右翼政党人民党。事实上，更确切地说，奥地利两大社会利益组织与两大政党是"交织"在一起的，从人事安排的角度看，来自利益集团的领导者会在政党组织中担任要职，反之亦然。进一步而言，社会利益组织更像是由政党派生出来的。如果说政党主要是选民政治利益的代表和表达，而社会利益集团则是其成员经济和社会利益的代表和表达，在奥地利无论是政治利益还是经济利益，基本上被划归两大"阵营"，由两大主流政党及其派生的社会利益组织来代表。

社会伙伴是奥地利政治体制的重要部分。非常有特色的地方是社会伙伴（不同的社会利益代表集团）与政党的"交叉"关系。社会利益集团与政党的交叉是奥地利第二共和国的重要特征。两者之间的关系是机制化的，主要的表现是人事上的交叉，这样使社会利益集团、政党和议会的功能都相应地受到了削弱。

在奥地利，不仅劳资两大不同社会利益集团借助"社会伙伴关系"进行制度化协商"合作"，左翼和右翼两大政党也以"大联盟政府"形式，在1945年后长期"合作"执政。奥地利的政党格局是在第二次世界大战后的历史背景下形成的，它对联邦决策模式产生了决定性的影响。1945年4月27日，奥地利组建了临时政府，主要有三大党派参与：奥地利人民党、社会党和共产党。1945年11月25日举行了国会选举，在选举中奥地利人民党（获得85席位）和社会党（获得76席位）赢得大选，虽然共产党仅获得4个席位，但还是建立了包括所有党派的联合政府。1947年，奥地利为了获得美国"马歇尔计划"的支持，将共产党排挤出去，组建了由人民党和社会党组成的"大联盟政府"。1955年10月26日，"大联盟政府"达成共识，通过了"永久中立"宪法条款，来获取"统一和自由"。① 自此，奥地利步入了第二次世界大战后繁荣发展的轨道，而"大联盟政府"一直"在位"至1966年。②

纵观第二次世界大战后几十年奥地利政治的发展，有一种现象不容忽视：除了1966—1970年人民党、1971—1983年社会党单独执政；1983—1986年社会党与其他政党以及2000—2007年人民党与其他政党联合执政外，相当长的时间里是由人民党和社会党两党联合执政，组成所谓的"大联盟政府"。奥地利这种独特的政党格局，对其联邦决策体制产生深刻

---

① Gerald Stourzh, *Um Einheit und Freiheit. Staatsvertrag, Neutralitaet und das Ende der Ost-West-Besetzung Oesterreichs 1945 – 1955*, Wien：Boehlau Verlag, 1998.

② Michael Gehler, "Die zweite Republik-zwischen Konsens und Konflikt. Historischer Ueberblick (1945 – 2005)", in Dachs, Gerlich, Gottweis, Kramer, Lauber, Mueller und Talos, eds., *Politik in Oesterreich, Das Handbuch*, Wien：Manzche Verlags-und Universitaetsbuchhandlung, 2006, pp. 36 – 51.

影响。

为什么奥地利总是组成大联盟政府？① 我们可以看一下奥地利政党的历史，在议会制还没有取代封建体制的时候，奥地利的政党就已经开始组建了。从 20 世纪的历史来看，第一共和国建立实际上的积极推动者和行动者就是奥地利的政党，当然共和国的建立符合这些政党的根本利益。第二共和国也是在当时的三大主要政党的推动下，即人民党、社会党和共产党建立的。所以，在奥地利政党和共和国的命运是紧密联系在一起的。即使今天来看，政党仍然是政治生活中最具决定性和持久性的因素。在奥地利，政党的主要功能是形成政治意见，政党与利益代表集团一起形成利益诉求，然后由政党在议会的工作委员会中处理这些政治意见和诉求。另外，政党组建政府。在奥地利，政党不仅在国家的建立和承担国家责任方面发挥最重要的作用，在社会方面也扮演重要角色。政党在一些社会领域和公有化经济领域扮演"守门者"（gatekeeper）的角色，政党也是整体社会结构的一个组成部分。

能够突出体现奥地利政党特色的是 1945 年到 1983 年组织性强、成员人数最多的人民党和社会党，一直在执掌政府，两党加在一起获得超过 90% 的选票，并且始终在共识的基础上在议会和政府中进行合作，也通过社会伙伴机制与社会进行合作。这种"精英共识"式的决策模式（Konkordanz-demokratische Entscheidungsmuster）自 1986 年开始出现变化，绿党进入了联邦议会，随后自由党进入联邦议会，而且自由党拥有的选票比例不断地增长，确实改变了奥地利的政治图景，对奥地利政治体制的变化也带来越来越不容忽视的影响。

从两大党的民意基础来看，社会党脱胎于社会民主党，虽然在第二次世界大战后改变了名称，但是其代表广大劳工利益的基本立场并没有转变。

---

① Anton Pelinka and Sieglinde Rosenberger, *Österreichische Politik Kapitel 8*, (2. Auflage), Demokratiezentrum Wien, 2002, www.demokratiezentrum.org.

人民党实际上脱胎于基督教社会党，为了将保守派和资本势力团结在一起，第二次世界大战后摒弃了与教会的紧密联系，成立了新的奥地利人民党，成为一个世俗党派。两党联合执政后，政治上的很多分歧与争论都交给两党联合委员会讨论，在两党之间经过相互妥协和协商之后，形成解决问题的法案，再交付联邦议会讨论和批准。① 实际上，这意味着两党所代表的社会不同群体的利益诉求通过"合作式"决策体制相互调和、相互让步，并且实现利益的整合。因此，在这个框架里，每个群体的利益都获得了回应，同时任何一个群体都不能够"独大"，从而形成了一种利益平衡的"均势"。

"社会伙伴"机制本来是社会利益集团与政府相关部门的协商平台，由于两大"社会伙伴"和两大政党的相互交织关系，在奥地利演变为大部分重大的政治、经济和社会政策由两大派利益代表方关上门后拟定，然后再交给议会批准的。资方与劳方的社会合作实际上成为政治大联盟在经济上的对应物，即成为联邦大联盟政府政治上合作模式在经济领域和社会发展层面的折射和反映，甚至有人评价这种独特的体制使第二次世界大战后的奥地利看上去更像一个"社团"，② 而且是一个联邦"社团"，这个"社团"在联邦层面上对整个经济和社会生活进行统筹性的"组织"，以使各方面的发展实现一种"均衡"的态势。

由于"社会伙伴"与政党的密切合作，奥地利也被称为"政党国家"。政党国家是指政党与社会、政党与经济、政党与国家密切交织在一起。奥地利两大政党，即人民党和社会党，不仅是利益代表，吸纳政治精英，同时还是调控经济和社会地位的入口。在奥地利高级公务员都是政党任命的，虽然奥地利并没有美国式政治公务员的概念，但是事实上其实行的是美国式的方式。另外在国有企业，在中小学教育，在联邦宪法法庭、央行的人

---

① ［美］史蒂芬·贝莱尔：《奥地利史》，黄艳红译，中国大百科全书出版社2009年版，第246—247页。

② 同上。

事任免方面，政党都起决定性的作用。而如何任免，原则是按照比例来分配，最典型的比如在州的教育主管机构有表决权的成员，是按照政党在州议会选举中获得多少票的比例来分配和安排的。"水坝守护者"（防止社会发展中的"洪水泛滥"）、精英共识、政治比例分配机制、长期的经济与政治的交织，从国际比较来看，奥地利政党在所有这些方面都扮演着关键性的角色。尽管社会党曾经连续13年单独执政，但是社会党与人民党的权力分配其实一直没有停止过，因为人民党在州层面掌握着权力，通过与社会伙伴的合作，人民党始终与社会党一起分享着决策权力。

政党国家事实上源于历史上长期形成的基本观念，人们对政党阵营有很多的期待。人们需要属于社会党或者人民党的阵营，并且对这个阵营很忠诚。他们不仅只是选举这个政党，这个政党实际上还是他们的家园。政党对选民也是忠诚的，在第一共和国他们提供从婴儿床到棺材，在第二共和国他们打开水坝，提供住房和工作岗位。

人民党和社会党的一大特点是其党员占其选民人数超过30%。传统的人民党和社会党都致力于与社会利益代表集团合作。在它们各自独立执政时期，它们都成为有精英共识倾向的政党。它们都尽可能地避免公开的冲突，而是在已经设立的程序里致力于在政治精英的层面上寻求妥协。而社会伙伴在政策决策上寻求一致性立场和意见的相关机制和规则，则让这种妥协的倾向更为突出。本来社会不同利益群体的可能的冲突，都通过一种"整合的民主"或者叫"调和的民主"的方式，即把利益相互冲突的双方比如雇主协会和工会纳入决策体系，最终使冲突能够和平地解决。

但是，随之而来的一个重要问题是：奥地利是个联邦制国家，各个地方政府具有相对独立性，社会伙伴与两大政党"交织"在一起的"联邦社团"如何能够有效地把各地方的经济和政治利益诉求整合与协调在一起？这就涉及奥地利的另一项重大的制度安排，即独具奥地利特色的"集权式"联邦体制。

## ◇◇第三节　联邦"集权"与"共识民主"模式

奥地利"联邦社团"之所以能够有效地整合和协调不同地区、不同群体的社会利益，与其高度集权的中央与地方关系直接相关。奥地利虽然是联邦制国家，但"集权"使联邦政府在事权和财权的划分上占有绝对优势。

### 一　"集权式"联邦与州之间的职权与财政资源分配

奥地利的财政平衡体制[①]——奥地利1948年推出的财政法中规定了进行财政转移的基本原则和措施，基本的原则是"承担费用原则"和"负担平衡原则"，最重要的一个原则是"谁做事，谁出钱"；基本的措施主要有联邦税、州或者社区税、共同税、非捆绑条件的财政资源转移、捆绑条件的财政转移以及补贴、收费等。至于财政转移支付在奥地利1959年之后都是由联邦与州包括市和社区的代表一起协商来决定的，这种协商通过一个"指挥部"即联邦财政部和各州的联络处及社区的联邦事务秘书处，还有各个层面政府的专家一起进行筹备的。但是联邦在财政平衡事务中上演"权力—权力"游戏，在谈判和协商中联邦只扮演"领导"的角色，并不致力于一定达成什么结果，联邦当然也可以自己做出最后的决定。一般来说，在奥地利4—6年就会就财政平衡进行一次协商。整体上看，财政平衡是一个特别复杂的牵涉到纵向和横向分配财政资源的体系。在这个体系之外还存在着一系列的关于安排财政

---

[①] Erich Thoeni, "Intergovernmental Fiscal Relations: Die Verteilung der finanziellen Mittel in Oesterreich", in Peter Bussjaeger, ed., *Kooperativer Foederalismus in Oesterreich, Beitraege zur Verflechtung von Bund und Laendern*, Schriftenreihe des Institutes fuer Foederalismus, Braumueller, 2010, pp. 103 – 120.

资金的协议，它们都属于非公开的甚至是"灰色的"财政转移和平衡，它们是针对政治形势的变化，对公开的财政平衡的"平静的"补充，也被概括为"平静的财政平衡"。

## 二 "政党联盟"与国民议会和联邦参议院

奥地利毕竟是联邦制国家，根据联邦与州之间职权和资源的划分，虽然在如何通过财政支出完成州的行政职责上，各州政府有权力与联邦政府进行协商甚至讨价还价，并在协商中拥有举足轻重的影响力，但是联邦政府事实上把握着最后的决定权力。首先，这种财政支出的方式和规模是由国民议会以简单多数通过的。如前所述，第二次世界大战后两大政党长期在奥地利政治竞争中居于主导地位，并且通过合作组成大联盟政府，因而在国民议会的投票表决中，必然体现出两大政党及其相对应的社会利益群体之间的"合作性"。

接下来的问题是，联邦参议院是代表各州参与联邦决策的代表机构，那么参议院在财政资源分配和支出中是怎样发挥作用的？

首先，奥地利联邦参议院是根据各州的人口确定代表本州的代表名额的，而且由总统根据各州人口的变化调整代表名额。截至2018年，议员代表总数是61名。数量最多的是下奥地利，有12名；维也纳有11名；上奥地利有10名；福拉尔贝格和布尔根兰最少，各有3名代表；萨尔茨堡和克恩顿各4名；施蒂里亚有9名；蒂罗尔有5名。与德国由各州政府在联邦参议院代表各州的方式不同，奥地利联邦参议院议员是由各州选举产生，一个基本原则是在州议会中第二大党至少拥有1个席位。而人口规模小的州由于在参议院的席位非常少，因而小的党派基本没有可能进入联邦参议院。截至2018年，人民党在参议院占22席，社会党占21席，自由党占16席，无党派占2席。由此可见，在参议院大党派也可以轻易地联合起来。事实上，在国民议会中占优势地位的党派往往在参议院中也占优势；因此，在参议院中进行政治表决时，州的立场常常退在后面，而党派站队极为常见。在某种程度上，参议员代表的是党派的利益而非本州的利益，因此在重大的联邦决策上，大的政党可以实现在国民议会和联邦参议院的操控。这里两大政党及与其相对应的两大"社团"之间的"合作"这一奥地利政治特色不可避免地再次被体现出来。

还需要进一步指出的是，在宪法意义上，联邦参议院参与联邦决策，但是有限的。如果在宪法层面上限制一个州的某项职权或者执行权力的话，必须在一半以上的参议员出席的情况下获 2/3 多数票通过（适用于1985年之后）。事实上，截至2003年底，有174项使州丧失权力的提案，都在参议院获得通过，即参议员们没有动用否决的权力。[①] 理论上，参议院可以对国民议会的所有决议都提出反对，但实际上，在50%国民议会议员出席的情况下，国民议会可以原稿再次审读，把参议院的反对意见搁置一旁。因此，参议院事实上很少使用这项权力。如前所述，整体上看，参议院跟国民议会不同，它不能对联邦政府和联邦政府雇员提出信任质疑，不能成立调查委员会，也没有政治监督权力，更不能在联邦宪法法院起诉联邦政府部长以及行使法律监督权力。法律监督及财政监督（审计署的举办）都是国民议会的权力。

## ◇第四节 "共识民主"模式与"生活水平一致性"的平衡发展

借由"集权"，两大政党及与其密切"交织"的两大社会利益代表组织

---

① Institut fuer Foederalismus, 28. *Bericht ueber den Foederalismus in Oesterreich*（2003），2004，Wien，p. 217.

得以在联邦层面的经济和社会事务决策中"全面地"展开"合作",两大社会群体的不同利益诉求能够通过制度化的协商得以"整合",从而促进经济和社会的平衡发展,推动第二次世界大战后奥地利联邦宪法的基本原则即"保障在全国范围内生活水平相当的一致性"[1] 的兑现。最为引人注目的是在1948年通过了"劳动法""劳动保护法"的基础上,奥地利在1955年通过了"子女资助和平衡家庭负担法",1956年通过"住房福利法"和"劳动安全法",1971年通过"教育津贴法"等一系列社会立法,建立完善的社会保障制度,而完善的制度之所以能够建成并且付诸实施,正是由于联邦政府"垄断性"地掌握了权力并控制了公共财政资源,因而有足够的能力在全国范围内采取统一的措施、实施统一的标准,让每一位公民——无论是居住在共和国的哪一个地方,都能够平等地享受到应有的社会福利和服务。[2]

表7-1显示,联邦政府有将近60%的财政支出用于社会福利、医疗健康等保障社会公平、民众生活水平的领域。

表7-1　　　　　　　　2013年联邦政府财政支出结构

| 支出项目 | 占总支出的比例（%） |
| --- | --- |
| 社会保障 | 41.9 |
| 卫生健康 | 15.6 |
| 一般性公共管理 | 14.2 |
| 经济事务 | 11.1 |

---

[1] Peter Buessjager and Karl Koessler, *Die Foederalismusreform in Deutschland und ihre Erkenntnisse fuer die Verfassungsreform in Oesterreich*, Herausgeber und Verleger: Institut fuer Foederalismus, Innsbruck, 2008.

[2] Herbert Obinger, "Federalismus und wohlfahrtsstaatliche Entwicklung. Oesterreich und die Schweiz im Vergleich", *Politische Vierteljahresschrift*, Vol. 43, Iss. 2, 2002, pp. 235 - 271.

续表

| 支出项目 | 占总支出的比例（%） |
|---|---|
| 教育 | 9.8 |
| 公共安全和秩序 | 2.6 |

资料来源：www.statistik.at（访问时间2014年12月1日）。

而且无论各个地区的经济发展水平如何，无论是位于山区还是平原城市，奥地利各州的执业医生分布密度非常均衡，医疗资源较为丰富（见表7-2）。

表7-2　　　　各州每千名居民中执业医生所占的比重

| 州 | 比重（%） |
|---|---|
| 布尔根兰 | 3.5 |
| 克恩顿 | 4.1 |
| 下奥地利 | 4.3 |
| 上奥地利 | 4.0 |
| 萨尔茨堡 | 4.9 |
| 施蒂里亚 | 4.6 |
| 蒂罗尔 | 4.9 |
| 福拉尔贝格 | 3.6 |
| 维也纳 | 6.6 |

资料来源：http：//www.statistik.at（访问时间2014年12月1日）。

奥地利的教育支出比例也不低，职业教育水平较高。与德国一样，奥地利作为发达的工业化国家，其职业教育为各产业发展输送了源源不断的人才。虽然奥地利9个联邦州的产业结构和经济发展水平仍有相当的差别，不过从表7-3可以看出，职业教育机构的分布密度差别并不是非常明显，维也纳作为首都是个例外，一方面相比于其他联邦州其人口密度极高；另一方面，有统计显示维也纳受过高等教育人口的比例比较高。

表7-3　　职业教育机构在各州的分布状况（2011年）

| 州 | 职业教育机构的分布密度 |
| --- | --- |
| 福拉尔贝格 | 12 |
| 蒂罗尔 | 10.6 |
| 上奥地利 | 10.3 |
| 萨尔茨堡 | 10.1 |
| 克恩顿 | 9.7 |
| 施蒂里亚 | 8.1 |
| 奥地利平均指数 | 7.7 |
| 下奥地利 | 6.3 |
| 布尔根兰 | 5.9 |
| 维也纳 | 3.8 |

注：分布密度指每100个商会成员中拥有职业教育机构的比例。

资料来源：Wirtschaftskammer Oesterreich。

上述例子可见，在教育和医疗等政府提供公共服务的领域，在奥地利全境没有出现"贫富不均"的现象。OECD的报告也显示，奥地利是贫富和地区差距非常小的国家，在社会公平建设方面取得了令全球瞩目的成就。[①]

另外，公共资金在社会发展方面的高投入，并没有束缚奥地利经济发展的手脚，第二次世界大战后奥地利一直处于发达工业化国家行列。在"世界经济论坛"发布的"2015—2016全球竞争力报告"中奥地利位列第23位，而且自2000年以来其排名一直处于20名左右相对稳定的状态。[②] 在奥地利，"公平"与"效率"相辅相成、相互促进，不仅成为社会共识，更

---

① OECD Economic Surveys, *Austria 2013*, July 2013, p. 10.
② 资料来源：http://www3.weforum.org/docs/gcr/2015-2016/Global_Competitiveness_Report_2015-2016.pdf。

是制度化的现实。

　　"兼顾"经济竞争力和社会团结稳定是国家治理的理想目标,奥地利找到的重要方法是在联邦决策层面对两大不同社会利益群体的"合作"进行制度安排。奥地利联邦决策机制由"社会伙伴关系"、"大联盟政府"、社会利益组织与主要政党的密切"交织"、"集权式"联邦体制等一系列制度构成。每一种体制都与其他制度环环相扣、紧密相连,缺少哪一个环节,联邦决策机制都不会呈现出目前高效运作的状态。因此,制度安排是一项系统工程,由各个方面搭配组合才能使这个制度最终组成一个有机整体,否则就会成为一个"残缺"的组织,无法有效发挥其功能并实现其目标。当然奥地利联邦决策机制是其特定的历史背景和内外发展环境下的产物,并不是"纸上谈兵"、人为设计的结果。

# 第八章

# 奥地利"共识民主"模式面临的挑战

## ◇第一节 融入欧洲一体化带来的挑战

　　1945年法西斯德国战败后，奥地利由美、英、法、苏四国占领；1955年四国与奥地利签订合约，奥地利恢复独立；同年10月，奥地利宣布永久中立。奥地利由于推行"中立国"政策，所以它成为西欧国家中几乎最晚加入欧盟的成员国。1994年6月12日，奥地利举行全民公投，决定是否加入欧洲联盟，结果66.6%的公民赞同加入。1995年成为欧盟正式成员后，奥地利的公共生活和每个公民的个人生活都发生了天翻地覆的变化。1999年1月1日，欧盟国家开始实行单一货币欧元，并在实行欧元的国家实施统一的货币政策，奥地利与德国、法国、意大利等11个国家加入欧元区，正式使用欧元。2004年当时的新任外交部长普拉斯尼克（Ursula Plassnik）上任后，将外交部（Ministry for Foreign Affairs）的名称改为欧洲和国际事务部（Ministry for European and International Affairs），以示奥地利是欧洲和世界的组成部分，而且不是"旁观者"，而是股份"持有人"。欧盟对奥地利产生的影响，由此可见一斑。特别值得回味的是，在2005年那场欧盟宪法危机中，法国和荷兰两个欧盟的创始国通过全民公投否决了当时的欧盟宪法草案，而奥地利作为西欧国家中的"后来者"，在议会表决时通过了宪法草案，而且只有1票反对。

## 一 欧洲一体化的"受益者"

根据奥地利经济协会于 2018 年 7 月发布的报告显示，① 虽然奥地利在 1994 年 6 月举行的全民公投中，超过 66.6% 的公民赞同奥地利加入欧盟，这是一个极高的支持比例，接下来在瑞典和芬兰举行的公投中都没有达到奥地利的赞成率。不过，对欧盟的支持随后在奥地利大幅下降，比如上一次即 2014 年欧洲议会的选举中，奥地利的选民参选率仅有 45%，显示人们对欧盟兴趣的大幅下降，尽管如此，这个参选率还是高于欧盟的平均值 43%。

虽然在奥地利加入欧盟之前，对于奥地利入盟很多公民心存疑虑，但相关研究显示：加入欧盟之后的 10 年，奥地利获得了"额外"4.5% 的 GDP 增长率；与邻国欧盟非成员国瑞士相比，1990—2006 年，奥地利的 GDP 增长高于瑞士总计约 28%。② 奥地利一直是一个比较开放的经济体，但是如果将奥地利加入欧盟前后的状况做一个对比的话，不难发现开放特别是一体化给奥地利带来的巨大变化。1970 年在商品、资本和服务的自由流动方面，奥地利仅排在 97 个国家中的第 29 位，而 2004 年（成为欧盟成员国近 10 年之后）则排在 109 个国家中的第 7 位。③ 奥地利与瑞士不同之处在于，瑞士拥有很多国际知名的大型跨国公司，但是奥地利的大多数企业都是中小型企业，甚至有大量的"家庭式"经营的小企业，但是这些企业却能够生产出高度专业化和良好品质的产品提供给世界市场，从而使奥地

---

① WKO, "Oesterreich in der EU", July, 2018, https://news.wko.at/news/oesterreich/eutt_Oesterreich-in-der-EU.pdf.

② "Ungrateful Europeans", Special Report, *The Economist*, November 22, 2007, https://www.economist.com/special-report/2007/11/22/ungrateful-europeans.

③ "Mustn't Grumble", Special Report, *The Economist*, November 22, 2007, https://www.economist.com/special-report/2007/11/22/mustnt-grumble.

利经济能够保持竞争力。奥地利处于中欧,伴随着2004年10个中东欧国家"集体"加入欧盟,奥地利的独特地理位置以及与中东欧国家历史和文化的联系,为其带来巨大的发展机遇。奥地利的企业得天独厚、近水楼台,非常便利地投资中东欧,与这些前社会主义国家展开全面的经贸和其他领域的交流,开拓出一个全新的广阔市场。事实上,不仅奥地利的电信、能源等企业在中东欧发现了新的巨大商机,更为引发广泛关注的是奥地利的银行业在中东欧地区的快速发展,抢占了2/3的市场份额。同时,与中东欧的"一体化"发展,让奥地利的很多企业,也能够获得更多的来自中东欧的高素质劳动力。另外,其他国家的企业,为了进入中东欧市场,往往把维也纳作为"前哨站",如德国西门子公司奥地利分公司,由于地处维也纳,德国总部将在8个中东欧国家的业务完全"下放"给维也纳,维也纳分部享有自主权力,开拓中东欧的新市场。① 这无疑给维也纳和奥地利的发展创造了前所未有的良好条件。

从奥地利加入欧盟一直到今天的统计数据都无疑地展示了奥地利从其成员国身份所获得的"益处"。

奥地利是一个对外部市场高度依赖的国家,其国民生产总值的6/10来自对外贸易。以2017年的统计数据来看,奥地利70%的产品出口欧盟,近10%出口美国,9.52%出口其他非欧盟成员的欧洲国家,9.05%出口亚洲;从进口来看,奥地利70.9%的进口产品来自欧盟,12.9%来自亚洲,9.7%来自其他非欧盟成员的欧洲国家,只有5.2%来自美国。② 欧盟在奥地利所依赖的外部市场中,占有压倒性的优势,从这一角度看,堪称奥地利的经济命脉。如果纵向比较来看,1995年奥地利刚刚正式加入欧盟时,其货物

---

① "Mustn't grumble", Special Report, *The Economist*, November 22, 2007, https://www.economist.com/special-report/2007/11/22/mustnt-grumble.

② WKO, "Oesterreich in der EU", July, 2018, https://news.wko.at/news/oesterreich/eutt_Oesterreich-in-der-EU.pdf.

对外出口占国内生产总值的比例是 23.4%，到 2017 年这一比例增加到 38.4%；而货物贸易和服务贸易出口加在一起，1995 年占国内生产总值的 33.6%，而 2017 年则 54.0%，占比超过一半。统计数据确凿地显示，奥地利 20 多年来的财富增长，在相当大的程度上拜欧盟所赐，成为欧洲统一市场的正式一员，让奥地利每年仅在关税这一项上就节省大笔费用。奥地利"入盟"的所有相关数据都显示，在 2006 年有一个明显的变化，那就是奥地利对 2004 年新加入欧盟的中东欧成员国的贸易量大增，而这些国家加入欧盟共同市场，使奥地利在中东欧市场节省了以前由于贸易壁垒带来的巨额费用成本，高达 1000 亿欧元。由于奥地利处于欧洲中部的优越地理位置，在哈布斯堡王朝时期与中东欧国家有着历史传统上的密切联结，因此，奥地利的企业相比于其他欧盟成员国，在中东欧地区有着独特的竞争优势。而伴随着中东欧国家正式"入盟"，货物、资本、人员的自由往来，极大地推动了奥地利与这些国家的贸易增长。1995 年，奥地利出口 5 个主要中东欧经济体波兰、捷克、斯洛伐克、匈牙利和斯洛文尼亚仅有 40 亿欧元，2005 年这几个国家正式加入欧盟 1 年后，奥地利向其出口达到 114 亿欧元，2017 年已经高达 200 亿欧元。

从直接投资的统计来看，在奥地利加入欧盟之前的 3 年，奥地利吸引跨国公司的投资约为每年 13 亿欧元，1995 年正式加入欧盟，当年吸引外资达到 160 亿欧元，至 2017 年这一数字为 1550 亿欧元，每年增长近 70 亿欧元，增长的速度和规模都非常惊人。其中大部分投资来自德国、意大利、荷兰和"准成员国"瑞士。同时，奥地利的资本也更便捷地走出去。2017 年，奥地利对外投资达到 2010 亿欧元，其中 1410 亿欧元投在欧盟成员国，250 亿欧元投资其他欧洲国家，170 亿欧元投在美国，150 亿欧元投在亚洲。当然，奥地利资金投入最多的仍然是中东欧地区。1990 年冷战刚刚结束时，奥地利与中东欧国家都不是欧盟成员国，奥地利在中东欧国家的投资仅有区区的 4 亿欧元，2017 年则达到 640 亿欧元。在罗马尼亚、保加利亚和斯洛伐克，奥地利是其第二大外资来源地；在巴尔干地区的斯洛文尼亚、克罗地亚，以及欧盟候选国波黑和塞尔维亚，奥地利是排在第一位的投资者；此外，奥地利在捷克外资来源地中排在第三位，在匈牙利排在第四位。

从这些重要的统计数据可以看出，奥地利堪称加入欧盟的最大受益者之一。欧盟成员的身份，使奥地利每年获得额外630亿欧元的增长，每年额外创造18500个工作岗位。或者换个角度来计算，加入欧盟，让奥地利每年额外获得0.9%的经济增长，1989年至2015年累计达到28.5%。而中东欧市场更让奥地利获利最多，甚至超过同样在中东欧市场拥有竞争优势的德国和瑞士。

经济协会的报告也认同此前贝塔斯曼基金会的专项研究——谁是过去20年欧洲共同市场的最大受益者（仅限于"老欧盟"成员15个国家）？研究结果表明，排在第一位的是丹麦，从欧洲共同市场获益而使得国内生产总值每年人均多增长500欧元；排在第二位的是德国，人均每年450欧元；奥地利以人均每年280欧元荣登第三位。而欧盟的创始国之一意大利人均每年只有80欧元，老欧盟成员国西班牙和希腊为70欧元，葡萄牙仅为20欧元。

以上均为宏观上的统计，从微观角度看，1995年奥地利加入欧盟之后，体力劳动者的收入增长了70%，文员的收入增长了63%，同时，物价水平仅增长了45%，工资增长远远跑过通货膨胀的上升，这对普通老百姓来说，是真实的福利和获得。

因此，这份报告得出一个毋庸置疑的结论：离开欧盟奥地利是否可以做得更好？答案是不能。

## 二 "不爱欧盟，又不想离开"

尽管如此，奥地利公民的感受与奥地利工商业的感受仍然存在巨大的差距。在2007年，奥地利加入欧盟12年后进行的民意调查显示，36%的受调查者认为加入欧盟对奥地利是一件好事，而25%的人认为完全是一件坏事。对于奥地利加入欧盟究竟是否获得了益处，受调查者的看法几乎是分裂的：44%的人认为奥地利获益了，而43%的人认为没有获得什么益处，两者的看法刚好针锋相对，而且两个"阵营"的支持率也旗鼓相当。认为奥地利并没有获益的理由主要集中在，抱怨奥地利太小了，不足以对欧盟产生真正的影响，因此，在欧盟奥地利不过是大国的"陪跑者"，真正获益的是欧盟中的大国。从这次调查的结果来看，对比所有的老欧盟成员国（不计新加入的中东欧成员国），奥地利民意对欧盟的怀疑程度仅次于英国。究其原因，通常认为人们对欧盟的看法和感受受自身的经济利益影响和制约。受教育程度高、素质良好的人们认为，奥地利作为欧盟新成员国的中东欧国家，会有巨大的发展空间和机会，而来自这些国家的劳动力也将解决奥地利一些行业劳动力紧缺的问题；而受教育程度低、处在社会底层的人们则担心，来自中东欧国家的劳动力会抢走他们的工作岗位。①

由此可见，对奥地利人来说，成为欧盟的正式成员，一方面，让奥地利获得更多的发展机遇和空间，不仅让奥地利在财富增长的道路上走得更远，而且奥地利的福利国家也拥有更坚实的基础，奥地利一直以来都是欧盟内部"小而美"的典范；另一方面，不能忽略的是，尽管成为欧盟的一员，客观上给奥地利的整体发展带来毋庸置疑的益处，但是对欧盟的疑虑始终是奥地利社会的一个"潜伏"着的问题，而且一旦某种时机、某种条件出现，"疑欧"就会浮现，以这样或那样的形式表现出来，从而给奥地利政治和社会发展带来巨大的冲击和影响。因此，既质疑欧盟，但是又不想离开欧盟，奥地利人对欧盟显然同时存在两种相互矛盾的心理，想在两者之间维持平衡，这无疑是对奥地利决策者和奥地利现行决策模式的考验，

---

① "Ungrateful Europeans", Special Report, *The Economist*, November 22, 2007, https://www.economist.com/special-report/2007/11/22/ungrateful-europeans.

在支持和质疑欧盟的不同社会群体之间将如何达成"共识"？最关键的问题是：越来越多的主权"上交"布鲁塞尔，"共识"决策模式能够覆盖，还有权力做出决策，还能够追寻"共识"的机会有多少剩余下来呢？

随着难民危机和极右民粹主义政党自由党的崛起，2016年夏天，英国全民公投退出欧盟之后，对欧盟不友好的气氛在奥地利也在酝酿。2016年底奥地利经济学教授克尔施尼格（Christian Keuschnigg）作了一项专项研究，[①] 探讨奥地利退出欧盟的利弊。奥地利成为欧盟的一员，必须服从欧盟的法律和管制，自主权的丧失是显而易见的，另外就是每年要交给欧盟约5亿欧元的"会费"，2015年会费达到高峰值为8.5亿欧元，约占奥地利国内生产总值的0.1%至0.5%。如果退出欧盟，那么每年经济增长将损失0.5%，国内生产总值将缩水7.2%，这个规模将是奥地利缴纳给欧盟会费的19倍。更不要说出口企业和对外有大量投资企业的损失。总之，损失很难具体估量，单纯从经济发展的角度看，作为一个高度依赖外部市场的小国，奥地利退出欧盟、放弃成员国身份得不偿失。

### 三 欧盟多层治理体制下的认同：奥地利

除此之外，第二次世界大战后奥地利的"国家认同"也是不容忽视的因素。1945年以后的中立国政策，让奥地利摆脱了第二次世界大战中跟随法西斯德国的历史，享有战后的和平和繁荣，即使冷战结束后，"中立"似乎失去了其本来的意义；但是进入21世纪之后，仍然有超过70%的奥地利人拥护中立国政策，并将其视为奥地利"认同"的一个重要组成部分。因此，即使奥地利早已成为欧盟的正式成员，但是仍然把加入北约的可能性排除在外，这使得奥地利的国防开支仅占公共开支的不足0.8%，也长期被

---

[①] WKO, "Oesterreich in der EU", July, 2018, https://www.wko.at/branchen/tourismus-freizeitwirtschaft/OesterreichInEU_Oexit.pdf.

视为北约的"搭便车"者。

奥地利成为欧盟成员国之后,在政府管理方式上发生了前所未有的变化,越来越多的经济和社会管理权力"上交"到布鲁塞尔,欧盟的统一规则已经覆盖到奥地利经济和社会生活的方方面面,对每个普通的奥地利公民的生活也产生了极其深刻的影响。"欧盟"已经成为奥地利经济、政治和社会生活不可或缺、不可分割的组成部分,"多层治理"成为常态。

在越来越多的经济和社会治理领域,欧盟委员会享有法定的创议权,在议题设定上具有决定性的权力;而奥地利的联邦政府以及奥地利的州政府也通过在布鲁塞尔设立代表的形式,采取各种方式施加压力,间接地影响欧盟委员会的创议,从而敦促欧盟决策者能够充分考虑奥地利作为整体,以及奥地利不同地方在相关议题上的观点和主张。欧洲议会在越来越多的领域有至关重要的立法权,是欧盟政策的重要推手。在欧盟决策机制中扮演关键角色的是欧盟理事会和部长会议,作为成员国的代表机构,成为维护成员国主权的主要平台,一些关涉欧盟发展的重大决策甚至需要成员国的一致同意,是成员国制约欧盟权力的重要机制。

在欧盟政策执行方面,成员国政府当然是最重要的行为体,不过,由于欧盟内部发展的不平衡性和治理的复杂性,欧盟的很多政策方案都只呈现总体框架和期望目标,这样就给成员国留出可操作的空间。成员国可以根据自身的发展水平、对政策的认知与理解及公众的反应等,选择适合自身的方式推进欧盟的方案。当然,欧盟的政策执行,有欧盟委员会和欧洲法院的监督,对成员国形成制约。

欧盟、联邦、州、社区这样多层次、复杂的治理结构,给奥地利政府和社会带来了空前的挑战。下面从一项调查来看,多层治理对奥地利社会和公民的真实影响。

2008年,贝塔斯曼基金会对德国人联邦体制认同进行了民意调查,结果可以简单总结如下:25%的公民认为德国的州是多余;基本上公民首先认同的是他或者她所生活的城市或者社区，再其次是德国和欧盟，州几乎很少被提及；88%的接受调查的公民认为在各州之间团结比相互竞争更为重要；关于未来是否让州这一层面更为强大，几乎很少提及，而提及更多的是让社区、联邦和欧盟更为强大；绝大多数人支持联邦范围内统一的纳税税率和统一的教育机构。

如果以德国的调查作为参照的话，我们来看一下 2009 年贝塔斯曼基金会在奥地利进行的类似主题的民意调查。

首先看一下州对公民的意义，对于调查的问题"我们不再需要州了"，整个奥地利只有 20.0% 的人同意，而不同意的占 79.3%。从各个州的情况看，表示反对的比例最高的是福拉尔贝格州，高达 85.3%，上奥地利、下奥地利和克恩顿州反对声音也比较高。如果跟德国相似的调研问题比较一下，在德国反对取消联邦州的占 75.0%，奥地利的整体反对的比例还要高于德国。

下面看一下公民对"归属感"的回答，归属感分为四个层次，对城市或者社区、对州、对奥地利和对欧盟的归属感。从奥地利整体来看，对奥地利的归属感高达 40.3%，是最高的；对州的归属感为 19.3%，是最低的；对欧盟的归属感稍高于州，为 19.9%；而对城市或者社区的归属感则高于州和欧盟，大约为 20.4%。显然对奥地利的归属感最强，其他三个层面大同小异。如果再进一步看各州的情况，还是反映出一些问题的。比如，蒂罗尔州对本州的归属高达 42.7%，克恩顿高达 35.1%，福拉尔贝格 29.4%。对奥地利归属感强烈的有维也纳，为 46.1%，同样比例的是上奥地利，施泰尔马克和布尔根兰达到 47.9% 和 47.2%。维也纳对欧盟的归属感最高，达到 30.3%。如果跟德国做过比较的话会发现，德国对城市和社区的归属达到 39%，最高；其次是对德国的归属感，32%；再次是欧盟 14%；对州的归属则最低，为 11%。相比之下，奥地利人对州的归属和对欧盟的归属都要高于德国。有意思的是，德国人首要归属所在城市和社区，而奥地利人首要归属奥地利联邦。下一个有意思的问题是"在本州出生，在本州生活"，在奥地利整体上回答"是"的人高达66%，其中比例最高是上奥地利，然后是蒂罗尔、施泰尔马克和福拉尔贝格，最低的是维也纳，为51.2%。那么对于下一个问题"什么理由让你生活在这个城市或者社区"，从奥地利整体来看，选择理由居于前三位的是社会环境、在这里长大、离工作单位近。选择最少的是纳税率低，看来这个因素已经不称其为理由，反映了奥地利联邦制的真实情况，即几乎所有的税都由联邦来征收，而且由联邦来定税率，这样，整个联邦范围内来看，纳税率上基本上没有差别，它完全不是人们选择居住地的理由。当然，从另一个角度来看的话，这就意味着各个州之间当然包括各个城市和社区，在税收这一块儿上是没有什么竞争可言的。从各个州来看，还是有一些差异，比如选择"社会环境"作为自己选择居住地的理由，最高比例是蒂罗尔州（74.5%），维也纳甚至也排在了蒂罗尔的后面（72.5%），克恩顿（61%）也比较高，而整体奥地利是55.1%。

那么公民对不同层面的政府工作如何评价呢？根据这一次的调查，把政府层面分为欧盟、联邦、州、城市或者社区4个层次，打分分为非常好（1分）、良好（2分）、尚可（3分）、及格（4分）、不及格（5分）五个档次。对欧盟48.9%的受调查者给予3分的评价，19.9%的人给予4分的评价，给1分的只有2.8%；对联邦46.7%的人给予3分的评价，28.8%的人给予2分的评价，3.7%的人给1分；对州46.5%的人给予2分评价，25.6%的人给予3分的评价，给1分的占15.5%；对城市和社区，41.1%的人给予2分评价，25%给予3分，20.9%的人给予1分评价；给予不及格（5分）的，欧盟到城市和社区依次为10.5%、4.4%、3.3%和3%。从这个调查结果可以看到非常明显的倾向，那就是政府层级越高，得分越低；政府层级越低，得分越高；离公民更近的地方政府，得到的评价越高。这确实是非常有意思的，同时也是可以理解的一个现象。下面的一个调查就更加有意思，问题是你期望未来哪一个政府层级应该有更强的影响力？整个奥地利的情况是69.7%的人选择城市和社区，67.4%的人选择联邦，58.7%的人选择州，60.3%的人选择欧盟。整体上各个层面得到的公民期望差别不是特别大，但是无论如何，离公民最近的层面还是得到了最多的鼓励，令人深思的是州毕竟在这个选择中获得了最低的支持率。特别是比联邦低了近10个百分点。奥地利的州政府在公民心目中所处的地位，由此确实可见一斑。这项在奥地利的调查与在德国进行的调查相比，结果大体一致。德国人对社区和联邦的期待都比较高。如果再进一步分析各个州的数据的话，会发现对州的期待虽然整体上比较低，但是各个州之间还是有一些差别的，比如比较富裕的西部州，对州的期待远远高于平均值，福拉尔贝格高达75.4%，蒂罗尔为73.9%，而东部维也纳最低为42%，施泰因马克为55.5%，下奥地利为59.4%。维也纳历史上就一向被视作主张中央集权，有这样的传统。那么东部和西部其他州的选择与其历史传统特别是与经济发展的状况也相关。接下来的一个调查结果与这一结果相吻合，对于未来是不是要增强州在联邦政治的影响力，整个奥地利的选择是70.2%的接受调查者不同意，非常明确，就是州不要更多地介入联邦政治。在这一项的选择中，西部的福拉尔贝格、蒂罗尔和上奥地利州不赞同的选择达到86.6%、83.6%和79%。但是对于下一个问题，即未来州是不是在布鲁塞尔加强其代表性和影响力，赞同的高达57.1%。实际上这里很明显展示了一个倾向，即随着欧洲一体化的不断深入，越来越多的民族国家的权力转移到布鲁塞尔。虽然权力上移，民众却希望离自己更近的州政府能够更好地代表和表达自身的利益。当然最能够反映出奥地利特色的是这项调查，即联邦各州之间应该更多的团结而不是竞争。整个奥地利的支持率高达88.1%，特别明确和一致的表态了。最后，对于你希望在下列哪些领域里各州展开竞争。奥地利整体的选择最多的是企业聚集（41.1%），然后是行政改革（35.5%）、教育政策（34.6%）、医疗政策（27.4%）、社会政策

(24.4%),税收政策最低(20.3%)。所以,虽然从经济角度来看,各州希望吸引更多的企业,振兴本州的经济,但是并不希望在税收和社会政策方面各州有更大的差别,这确实反映了社会福利水平非常高的奥地利的一个突出的特色。希望在社会领域保持更多的平等和一致,当然也不想放弃经济发展的活力。

从这项由"微观"视角(即普通民众视角)出发的调查可见,欧盟一方面成为奥地利社会治理不可或缺的一部分,另一方面在欧洲一体化的背景下奥地利联邦反而成为奥地利认同度最高的行为体。这从一个侧面反映出来,奥地利由于领土面积和人口规模等因素,其与德国、法国、英国等大国相比,在欧盟的影响力受到很大程度的制约,在多层治理模式之下,作为小国的奥地利如何能够实现其与欧盟的互动中,能够达成一种平衡:既不违背欧盟的规范,从而使奥地利充分享受欧盟统一市场和其他领域统一行动所带来的巨大利益;同时,又能够充分保护奥地利本身的诉求和利益,这是奥地利与欧盟关系的关键点。事实上,随着越来越多的主权"上交"布鲁塞尔,奥地利在与欧盟的关系领域能够自主操作的空间越来越局限,正由于此,奥地利联邦政府承载了民众最多的认同和期待。也正是在这个关键点上,借由2015年将奥地利也深深卷入其中的难民危机,奥地利和欧盟产生了"冲突",由此引发了奥地利政治格局的变化,而伴随着2017年10月联邦议会大选落幕,反移民、质疑欧洲一体化的极右民粹主义政党——奥地利自由党获得大胜并成为联合执政政党,不仅影响奥地利未来政治的走向,对欧盟也将带来深远的影响。

显然,这次重要的选举以及2016年一波三折的总统选举暴露出来,奥地利的主流政党——人民党和社会党,本来在奥地利第二次世界大战后漫长的历史发展中,成功地代表劳动和资本两大"阵营"的社会诉求,由此建设成就了一个和谐而繁荣的奥地利;但是,这两次选举,让两大阵营发生了动摇和变化,新的阵营出现并且在走向主流。那么,成功运行多年的以两大阵营的协商为基础的"共识"模式还能走多远？

## ◇ 第二节 "非主流"政党的挑战

政党的变化不仅从政党本身来看，如果换个更直接的角度，从选民的角度来看，选民的选举行为发生变化，必然推动政党的变化，而选民行为的变化，其实反映的是社会利益诉求的变化，而诉求的变化则与社会、经济、政治、文化等各个方面的发展直接相关。由此入手可以对政党进行更深入细致的分析。

2014年秋在奥地利福拉尔贝格州举行的地方选举，引发了广泛的关注，被认为是奥地利政治发生某种变化的"前兆"。这次州议会的选举，清楚地显示了不同年龄段选民选举行为的不同，同时不同的性别也扮演着非常重要的角色。自由党有很多年轻的男性支持者，而绿党和社会党则有更多的女性支持者。根据几个奥地利主流媒体（ORF, oesterreichischer Rundfunk/SORA, Institute for social research and consulting/ISA, Institut fuer Strategienalysen）的相关调查和统计，男性选民38%投票给人民党，35%给自由党，13%给绿党，6%给社会党；女性选民44%给人民党，21%给绿党，14%给自由党，11%给社会党。29岁以下的选民37%的选票都投给了自由党，是这个年龄段最多的选择，25%投给了绿党。相比之下，60岁以上的选民，60%投给人民党，17%投给自由党；在44岁以下男性选民那里，46%的选票投给了自由党，而44岁以下的女性选民35%投给了绿党。在工人阶层，53%的选票给自由党，而自由职业者、公务员和退休选民则选择人民党。在有高中或以上学历的选民首选人民党和自由党。而选民为什么做出这样的选择？在调查中，选民提及的各个党的政策和纲领有很大的不同。之所以支持人民党，是因为人民党在推动经济发展方面确实很有能力，而自由党则是在移民和融合的话题上吸引选民,绿党则是因为环保主题,社会党是因为住房和租金以及就业岗位等。所以,如果从政党的政策主张和相应的选民群体两个方面综合起来看的话,对奥地利政党图景确实可以有一个基本的了解,那就是"男青年选蓝党(自由党),女青年选绿党"。这在奥地利几乎成了一句流行语。德国媒体(EurActiv.de)对这次州议会选举的评论是,在福拉尔贝格这个西奥地利的州,经过9月20日的大选之后,长期在该州独立执政的人民党也没有能够获得多数议席,不得不寻找新的联合执政的伙伴,而且比较戏剧性的是,绿党和自由党都可以成为人民党的合作伙伴。5个在州议会获得代表议席的政党中,只有绿党在选举中可以说获得了胜利,它可以在第六个奥地利联邦州成为执政党。而且有意思的是,绿党不仅在维也纳与社会党联合执政,在克恩顿参与多党派联合执政,而且在奥地利联邦层面、在萨尔茨堡和蒂罗尔州,与人民党也组成了联合政府。这就意味着绿党在这个阿尔卑斯共和国,其政治前景是空前开放的,这次在福拉尔贝格的胜利对绿党来说可以说是历史性的。从这次选举中可以看出一些明显的迹象,那就是老政党已经老了。从对选举结果的分析来看,执政的人民党丢掉了1/5的选票,基本上这些选票都被绿党和自由党拿去了;社会党失去了10%的选票,主要是在29岁以下的年轻选民那里丢失的;还好人民党在中年和老年选民那里还算拿到了不少选票。这两个老牌的奥地利政党——人民党和社会党在选举中的不佳成绩,确实令人深思,即这些政党如何能够持续地获得选民的信任?

对于这次选举,如果从"战略分析研究所"(Institut fuer Strategieanalysen)之后的更为细致的分析来看,历史对比的数据很能够说明问题:如果与1989年冷战结束、东欧剧变之前相比,1989年人民党得到51%的选票,可以独立执政,虽然后来出现变化,比如1999年选举中人民党只得到45.8%的选票,但是直到2009年的选举,人民党还得到50.8%的选票,有能力和资格独立执政;但是这一次,只得到41.8%选票,确实是1989年以来的最低值，对州的政治图景，甚至对奥地利未来的政治图景都将产生影响。1989年社会党在福拉尔贝格州得到21.3%的选票，是人民党之外的第二大党，选票数量远远超出其他的小党。但此后社会党一直呈下降趋势，直到这一次得到了8.8%，确实是历史的最低值，相比2009年的10%，这一次的失利也在意料当中。那么自由党在1989年得到16.1%，在2009年到达25.1%，这一次确实由于联邦层面政治发生一些变化，在选举之前几周，联邦副总理换成人民党的政治家，比社会党的联邦总理人气更高，因而为人民党挣回了一些面子和分数，阻止了自由党快速增长的势头，否则，自由党有可能在本次选举中会势不可挡地获得更高的支持率。绿党在1989年还是一个默默耕耘的小党，只获得了5.2%的选票，但是多年来绿党的选票一直在增长，2009年为10.6%，本次则实现了最大幅度的增长，达到了历史的高值17.1%。最后组阁的结果是人民党和绿党联合执政。如果只与上一次2009年选举相比较的话，人民党赢得了2/3在2009年支持其的选民，自由党赢得了57%在2009年支持其的选民，绿党赢得了66%，社会党赢得了47%。如上面已经多次提到的基本分析，从性别来看，男性第一位支持人民党，自由党紧随其后，分别为38%和35%，比例相差并不多；但是女性44%支持人民党，21%支持绿党。比例有不小的差别。从年龄段的统计，可以更清楚地看到，29岁以下，第一位支持自由党，第二位支持绿党，分别为37%和25%；30—59岁年龄段的选民，第一位支持人民党，第二位支持自由党，第三位支持绿党，分别是40%、24%、20%；60岁以上则是60%支持人民党，其他的党远远被抛在后面。年龄的分野是最明显的。还有一个有意思的分析，就是调查中发现，38%的选民认为在过去5年中，福拉尔贝格州的发展是正面的，21%认为负面，39%认为没有什么变化。给出认为正面发展的选择中，63%把功劳记在了人民党上，认为负面发展的选择中54%记在了自由党身上。那么对未来5年有什么样的预期呢？57%的人认为对未来5年的预期与今天的看法相同，31%的人担心，11%的人认为不会有什么变化，对未来有正向预期的，56%把信任给了人民党，对未来表示担心的，41%把不信任投给了自由党。

从以上分析可见，自由党和绿党作为非主流政党，逐渐在占领主流政党人民党和社会党的阵地，而且一个绝不容忽视的现象是，越是年轻的选民，支持非主流政党的比例相对越高，从这个趋势，是否某种程度上可以窥见奥地利政党未来的发展走向呢？尽管相当一部分选民选择不信任非主流政党自由党，但是无法否认其快速发展的事实。

更具体来分析，5个政党比较来看，选民究竟由于什么因素选举某一个政党？人民党确实得到了比较好的分数。在政绩和推出优秀候选人方面，人民党得到了最高分数；在值得信任方面，绿党分数最高；而在提出了新鲜的政策主张方面，从自由党分离出来的新奥地利和自由论坛 NEOS（Das neue Oesterreich und Liberales Forum）得到99%的认可。对于选举中各个重要的议题，各个党派得到的分数也有较大的差别。在经济议题上人民党得到最高分，在社会消费水平方面社会党得分最高，在环境保护方面绿党得分最高，在移民方面自由党得分最高，在教育和学校方面 NEOS 得分最高。这些议题也与各个党派的基本政策主张和执政的侧重点相吻合，从最后选民的选择来看，在选民心中这些议题究竟怎样排序，那么选举结果就是最好的答案了。

虽然这是几年前的一个西奥地利富裕的州层面选举，它在奥地利及其欧洲邻国引发了关注，在欧洲之外，它赢得的关注度几何，很难知晓。不过，这次选举确实与2016年和2017年举世关注的奥地利总统大选和联邦议会大选直接相关，堪称"预演"。在2016年总统大选中最后进入"决赛"的是非主流政党自由党和绿党的候选人，几经波折，最终赢得总统职位的是绿党的候选人。而在联邦议会大选中，自由党更是获得大胜，成功地与人民党组建联合政府，在奥地利联邦层面执掌政权。而自由党最广为人知的诉求就是反移民、质疑欧洲一体化。这是否意味着，随着"非主流"政党正式走上执政舞台,将不可避免地冲击"主流"价值和建制,让固有的"阵营"动摇,从而给体制带来新的变化?

## ◈第三节 "分权"潮流和奥地利联邦制的改革诉求

如前所述,奥地利的和谐生活很大程度上拜联邦"集权"所赐,由于联邦在事权划分和财政资源的支配上,具有毋庸置疑的优势地位,使得奥地利能够让高水平的福利制度在联邦范围内全面覆盖。而联邦"集权"最突出的体现在财政平衡体制上。不过,在全球化和欧洲一体化的不断演进中,"分权"自20世纪90年代起,成为一种世界性的发展潮流,而奥地利联邦制的改革诉求也一直没有中断过。

如果从好的治理和可靠性(可预期性,accountability),从全球化带来的许多客观条件的变化,从未来"体制竞争"的角度来看,奥地利的财政平衡体制确实需要改革。但是近年来奥地利的改革基本上没有什么进展,而这种共同承担责任和共同分担财政负担的体制非常复杂,费用成本非常高。

奥地利的问题是过于重视平等分配目标即生活状况的一致性或者说共同的需求(Einheitlichkeit der Lebensverhaeltnisse/Homogenitaetsbeduerfnis),当然这是在第二次世界大战后非常时期形成的取向,但是忽略增长和就业压力下的更为完善的资源配置机制。因此,对财政法和财政平衡体制进行改革是非常必要的。自主性、分权、财政平等,这些重要的原则当然与目前的"生活状况一致性"相冲突,但是这些原则需要得到优先的关注。奥地利财政体制最脆弱的地方表现在共同税收的规模太大了,州也好社区也好,只有非常有限的税收权,即收税及安排公共支出权限十分有限,尤其是从国际比较的角度来看。这样，在极大程度上州依赖联邦的财政转移和费用承担，所以如果推进改革，地方政府必须在自主性方面强化意识、自主决策、自主管理，特别是自主财政支持。当然，改革并不是一个单纯的分权概念就能够概括的，必须慎重地分析和探讨，究竟如何将纠缠在一起的责任和财政资源更合理地在联邦与州之间划分开来。而且在奥地利原则上必须是在团结的前提下推进地区间的竞争，竞争必须被置于秩序之后的位置，而秩序是由共同商议和共同承担的协调一致带来的。主要的问题在于改革总是不能够一直前行，经常倒退，主要原因在于州想依靠在联邦的大树下面，联邦政府确实征收绝大部分税种，但是同时也承担相应的税收责任，而州拒绝自主承担责任。这种说法其实只部分正确，一些州认为，联邦提供的给予州的自主权限远远不够，达不到州应有的要求，而且在改革的问题上，不同的州也有不同的看法，不是所有的州都欢迎增强自身的自主性（由于奥地利存在的东、西地区的差别，西部的州相对更富裕）。2007年联邦政府曾经提出一个改革计划，要点有二：对联邦与州责任划分进行反思；增强州和社区的自主性。这个计划再没有更细节的关于改革的设计了。因此，在奥地利有一种说法，即奥地利联邦制的改革，每前进一步，就会再倒退两步。

为什么奥地利能够长期置身于"分权"潮流之外？这与奥地利联邦体制的实际运行状态直接相关。

奥地利联邦体制，如果从宪法的角度来看，联邦与各州的关系是完全对称和对等的。所有的州在宪法地位上完全平等，拥有的管理权限也完全相同。但从正式的体制角度来看，联邦与州在治理权力和财政资源的分配方面，存在严重的不平衡，州的权力和资源太有限了，以致在国际比较中奥地利被视为最不像联邦制国家的联邦国家。但是如果超越正式的法律和体制，看一看同样在奥地利联邦国家中发挥重要作用的其他行为体，比如政党，比如经济领域的利益代表组织，就会对奥地利联邦国家的认识发生非常大的变化。事实上，通过政党和利益代表集团在政治决策中发挥的影响和作用，州的利益不仅在维也纳被代表了，而且很多也付诸实施了；所以，奥地利实际上还是一个联邦国家。

比如，政党在联邦与州的关系中占有重要的地位，维也纳作为一个州，社会党长期执政，由于其党员人数众多，所以在联邦层面的社会党组织中维也纳州的影响力非常大，同样的情况发生在下奥地利州，其执政的人民党同样声势浩大，所以在联邦层面影响力很强，这样对联邦层面上关于各州利益的决策就可以施展其他州所没有的影响能力。另外，有些州长也会利用其与联邦政治家比如联邦总理的私人密切关系来为本州谋求利益。典型的例子就是蒂罗尔州长期执政的州长人民党的瓦诺弗尔（Eduard Wallnoefer，1963—1987年）就曾经不顾联邦的整体利益，在本州大力推行联邦资助的学校和公共道路建设等项目，并且不惜让本州也参与对这些项目的财政资助，这样就让联邦分配给各州的财政资源的蛋糕缩水了、变小了。同时，其他州也不想被利益分配抛在后面，也纷纷效仿他的做法。联邦呢，也开始让州参与联邦资助项目，并且开始依赖州提供的财政资源。再比如，1999—2008年执政的自由党的克恩顿州州长海德尔，在修格拉兹直达克拉根福德的铁路时，不顾这个项目没有进入欧盟的相关项目，不顾奥地利联邦铁路推行紧缩计划，还是让这个项目上马了。蒂罗尔州认为在扩建一条重要的交通要道（Drautalstrasse）方面受到了不公平的待遇，甚至因此告到了联邦宪法法庭，而宪法法庭通过审理也证实了这一点。所以从这些典型的例子来看，联邦借助以横向平衡为出发点的财政转移支付机制，对各州进行政治控制，其实进一步制造和加强了这种不对称性。

与其他联邦制国家相比，奥地利究竟哪些因素对联邦与州关系的对称性产生影响呢？

如果看民族、语言和文化因素，这些在其他的联邦国家，比如加拿大，瑞士和比利时都非常重要，因为加拿大有魁北克法语区；瑞士有4种不同的正式语言即德语、法语、意大利语和罗曼语,在瑞士每个公民的身份证都同时使用4种语言;在比利时划分为法语区和荷兰语区。相比之下,在奥地利语言文化因素在联邦体制的发展中并不扮演什么值得注意的角色。

地区主义通常是指地方政府或者说地区出于经济、政治或者文化等方面的因素,相对于中央政府获取更大的影响力。这个因素在奥地利不构成问题。比如2001年的民意调查显示,除了蒂罗尔州是个例外,其他所有州的居民对奥地利整体的认同都比较强,尽管各个州的居民都有一定的关于本州的认同。而且不仅在普通的民众阶层,即使在政治精英的层面上,奥地利与德国不同,在德国一些州的政治精英比较强烈地推动州的自主权力和州与州之间的竞争机制;但是在奥地利,州的政治精英很少会有这样的倾向,特别是一些学者反复呼吁的增强州的征税自主权,但是这种呼吁在绝大多数奥地利州的政治家那里并不受欢迎。尽管州长们都希望在切关本州居民的事务上能够获得更多的决策权力,但是又不想承担一些富于争议性的事务,比如2009年联邦就曾经想把各州接收难民的决策权下放给各州,但是州长会议在年初就拒绝了这一来自联邦政府的提议。

接下来是经济和财政的差异对联邦与州的关系有非常大的影响。这里必须提及财政平衡体系的谈判交涉和自20世纪50年代以来运行的旨在缩小东西部差别的地区发展计划。尽管没有在奥地利联邦宪法中出现这一条款,但是事实上在奥地利维持联邦范围内的生活状况一致性是财政平衡体系的出发点和根本性的原则,这对于基于各地区区位优势和质量而推进的地区经济增长不是非常有利。另外,就是奥地利加入欧盟,从州的角度来看,欧盟给予的地区发展资助基金对州的发展来说是非常重要的财政资源,所以奥地利各州积极推动奥地利加入欧盟,后来加入欧盟以后,如何分欧盟地区发展项目这块蛋糕成为州与州之间产生冲突的一个原因。

同样的,如前所述,在奥地利政党政治在联邦与州关系中发挥着突出的作用。州长和州一级的政党党首在联邦政党党团中发挥重要影响力,那么，州政党在联邦层面的影响力就比较强势，当然这与州政党的党员人数等硬性指标有关系。这与奥地利"政党国家"基本上没有产生像德国基督教社会党那种只在巴伐利亚州执政的地方性政党直接相关，几乎所有的政党都是联邦范围的党。只有在 2009 年 3 月 1 日"奥地利未来联盟"（Bündnis Zukunft Oesterreich，BZOE）在克恩顿州议会选举中获得了 44.9% 的选票，主要原因是其创建者海德尔作为州长去世了，为了纪念他，选民的情绪反映在了选举当中。虽然这个政党最初只是在这一个州范围内发展，但是由于它的强势发展，所以在国民议会也有其代表席位。

最后必须提及的因素是奥地利加入欧盟。这对联邦与州的关系产生了非常大的影响。早在奥地利正式入盟之前，1992 年联邦与州就达成了协议，由于加入欧盟奥地利各州丧失了更多的自主权力，作为补偿，在欧盟政策方面奥地利联邦承诺给予州更多的参与决策权。但是事实上，奥地利的欧洲政策主要还是由联邦政府制定和实施的，州事实上较少运用自己这方面的权力，即使州发表对欧洲政策的意见，但总是比较一般化，对联邦政府的欧洲政策的约束力或者说制约力十分有限。

从以上几方面因素的分析可见，在奥地利的实际政治运行中，联邦在决策权和资源支配方面的优势是毋庸置疑的，只不过有一些"非正式"的方式，对州的弱势加以补偿，使联邦与州的关系能够维持某种平衡的状态。而维持平衡的关键节点，仍然集中在两大主流政党身上，它们无论是在州层面还是在联邦层面都成为两大阵营当仁不让的代表。因此奥地利联邦制的改革其实不单纯是两个政府层级的关系需要调整，更为重要的是，无论是州层面还是联邦层面，如果两大阵营之外有代表"第三阵营"的政党出现，也许才能真正冲击目前的联邦与州的关系结构。这正是奥地利联邦制改革的特殊性和复杂性所在。

当然，还有一些历史的和现实的因素需要引起重视，可以帮助我们认识奥地利未来联邦制发展可能产生的一些变化。例如，不能忽略的是，在影响奥地利地区认同的因素中东西部的发展差异所起的作用。从相关的研究来看,奥地利一些州的认同可以追溯到几个世纪之前,有非常深厚的传统,如萨尔茨堡、蒂罗尔和福拉尔贝格3个州的居民对州的认同度非常高,为32%—39%,而整个奥地利对州的认同度平均只有25%,这3个州的认同度确实远远高于奥地利的平均值,其中最高的是萨尔茨堡。① 但是,我们再看另一个统计数据,即各个州的居民对奥地利整体国家的认同度有多高,这个统计结果是比较耐人寻味的,奥地利各州平均的认同为48%,相比这个平均值,可以看出一个比较明显的趋向,即西部奥地利各州对奥地利整体国家的认同不及东部各州的认同度高。尤其是蒂罗尔州对整体国家的认同呈现出最低值,只有30%。当然这首先与历史因素有关系,在第一次世界大战后奥地利第一共和国成立之时,实际上迫于外部压力,蒂罗尔地区很大一部分没有被保留在奥地利的国家边界范围内。除了历史原因之外,经济因素也发挥非常重要的作用。我们可以再看其他的西部州,比如福拉尔贝格州,它对联邦的认同度也远远低于平均值。这个州可以说过去几十年来都对奥地利联邦体制有诸多批评,在州选举之时,候选人对自己所属政党处理联邦与州关系的政策也有很多的指责,这个州长期主张在奥地利进行联邦体制改革,而改革的核心是增强州的自主权。当然这个州也有其特殊性,就是它离德国和瑞士的边界非常近,在公共交通设施上,它与德国瑞士也联系得非常紧密,与德国和瑞士的大都市慕尼黑和苏黎世的紧密联系更是很突出。所以,经济和社会发展因素在这里起到明显的作用。克恩顿州是个特例,它对自己州的认同非常强烈,这里历史因素比较突出,这个州的历史起源于976年,而1995年奥地利在庆祝自己的千年历史,显

---

① Fritz Plasser and Peter A. Uram, "Regionale Mentalitaetsdifferenzen in Oesterreich. Empirische Sondierungen", in Herbert Dachs, ed., *Der Bund und die Laender. Ueber Dominanz, Kooperation und Konflikte im oesterreichischen Bundesstaat*, Wien: Boehlau Verlag, 2003, pp. 421 – 440.

然这个州的历史比奥地利的历史要长，另外第一次世界大战后这个州在1920年曾经举行过全民公投决定这个州及其各地区的归属。在第一共和国时期这个州与联邦的关系就存在很多困难和障碍，这一点到第二共和国时期也时不时显现出来，在奥地利这个州是唯一建立以本州为基础的类似德国基督教社会党一样的地区性政党。还有一个州比较特殊，就是下奥地利州，这个州的认同的确立非常晚，直到1965年这个州才有州歌，1976年创建了"下奥地利基金"，专门致力于强化下奥地利州的认同。

整体上看，奥地利似乎存在东西部的差异。大体上西部各州对本州的认同度都比较高，对联邦的认同度相对较低；而东部各州则相反，对本州的认同度不那么高，但是对联邦的认同度比较高。除却上面谈到的各州历史的因素，包括像福拉尔贝格州这种特殊的地理位置因素，有一个因素不能够忽略，就是经济发展的因素。从经济发展数值来看，西部各州要更加富裕一些，那么东部不那么富裕的州对来自联邦政府或者更确切地说对联邦政府主导的财政转移支付更加依赖，而财政转移支付即财政平衡体制在奥地利的法律和政治表述，正是要保障奥地利联邦范围的生活状况的一致性，所以对此东部各州的居民可能对受益于这一平衡体制有更深刻的感触，这一点确实在实际的调查数据中显现出来了。尽管经过多年的发展，特别是第二次世界大战后财政平衡体制的推行，奥地利各个地区的发展实质上并没有较大的差距，只能说有一些相对的差距。

不过，地方层面这些差异，近年来也经常在地方选举中反映出来，如果在州层面上，非主流政党不断地发展，对奥地利固有的利益代表格局的冲击也非常值得关注。

## ◇第四节　对"共识民主"模式的批评

如前所述，"共识"模式的核心行为体是两大主流政党——人民党和社会党,以及由它们"派生"出来的经济和社会利益代表集团,从而形成两大阵营,而它们之间的妥协和合作达成"共识",将决定奥地利的资源分配和未来走向。但是,从政党体系的发展来看,新的非主流政党正在不断壮大,标志着一些新的社会诉求不再能够被主流政党辨识和包容,因此正在寻求新的出口和输入决策体制的渠道;从联邦与州的关系来看,州的自主性诉求从未消失,而且在州层面越来越多地形成新的政党格局;从奥地利与欧盟的关系来看,伴随着欧债危机特别是欧盟难民危机的演进,奥地利对欧盟既爱又疑的矛盾张力正在加大,而这一矛盾又成为奥地利内政、外交相关问题的交叉点。在这样的背景下,如何维系原有的共识民主模式,并在这一制度框架下达成"共识"?事实上,对共识民主模式的批评由来已久,在新的危机条件下,更引发社会对奥地利固有模式的深入反思。

## 一 对"共识"模式"赢者通吃"的批评

"共识民主"模式也被称为"与敌人共眠"(sleeping with enemy)、"人人都有份"(something for everyone)。如前所述,第二次世界大战后奥地利联邦政府长期由人民党和社会党联合执掌,组成"大联盟"政府,而在州政府层面,是按照"比例制"分配政府的职位,每个进入州议会的政党,都有机会担任政府的某一或者某些职位。而经济利益集团——无论是雇主协会还是工会,都与右翼或者左翼政党结盟,政党与利益集团相互交织在一起,形成涵盖政治和经济利益的两大阵营。在这种模式之下,两大阵营的触角触及社会生活的众多领域,特别是在政治和经济领域的精英选拔和任命方面享有很大的决策权。例如,在公共管理领域、在众多的国有企业(尤其是在奥地利成为欧盟成员国之前),很多职位都是由政党及其"派生"的社团来安排的,为了在社会各领域谋求更好的职业发展,很多奥地利人选择加入某一阵营,特别是政党;因此,奥地利成年人群体,加入政党的比例高达15%，这在所有西方国家都是空前罕见的。①

"共识"模式的突出特征是两大阵营之间，由精英操作，通过相互协商，建立"共识"而实现合作。"社会伙伴"在第二次世界大战后奥地利的运作始终很成功，无论是在制定经济发展政策还是薪酬和待遇分配政策方面，雇主协会和工会都能一起坐下来协商，任何的"分歧"都能够通过相互妥协，最后达成一致意见来解决，从而让每个人都能够一定程度上得到他想要的东西（everyone gets a bit of what he wants）。因此，第二次世界大战后奥地利是最少发生罢工的国家，是非常和谐的国家。从这个意义上说，"社会伙伴"就像政府的"第二只"手。如我们所知，这只手与政府的"第一只"手又是相互交叉的，属于同一个身体的。

那我们来看经济利益集团和政党具体是如何操作的。像奥地利最重要的"经济协会"（Wirtschaftskammer）的各个选举出来的机构都是相应于政党针对各个主要议题而建立的党团的，跟随党团的政治宣讲的。所以，从这个角度来看，不能不说社团就是党团的分支机构。在"经济协会"中像"奥地利经济联盟"（der Oesterreichische Wirtschaftsbund）是人民党的"附属"机构（Teilorganisation），因为其实力雄厚，特别是在经济协会的相关选举中（Kammerwahlen）是非常强大的一支力量，所以在人民党内它的地位是非常高的。而"社会民主经济联盟"（der sozialdemokratische Wirtschaftsverbund），在2002年之前称为"自由经济联盟"（Freier Wirtschaftsverband），在Kammerwahlen中相对来说不太成功，它拥有社会党机构的地位，但是在社会党内的影响力比较弱。在社会党联邦大会上，它只派出4位代表。相较于属于"奥地利工会联盟"（Oesterreichischer Gewerkschaftsbund, OEGB）的"社会民主工会"（Sozialdemokratische Gewerkschaft），其可派出50位代表参加联邦党代会，影响力之大，可见一斑。当然，不能忽略其中一个重要原因，即人民党是主要

---

① "Sleeping with the Enemy"，Special Report，*The Economist*，November 22, 2007, https://www.economist.com/special-report/2007/11/22/sleeping-with-the-enemy.

倾向代表工商界利益的右翼政党，而社会党是代表劳工利益的。

更为重要的是，在经济协会选举中参与竞选的利益代表组织与政党之间的机制和组织上的牵连，突出表现在资金从经济协会流向了政党，这样一来，让经济利益代表组织在政党内部的地位就更加强大了，比如在资金上相当有优势的"奥地利经济联盟"（der Oesterreichische Wirtschaftsbund）在人民党中的地位举足轻重。尽管政党是不能够直接插手经济协会给予其在政党党团的资金的，但是事实上这笔资金经常在党内转移，或者用来资助某个候选人在联邦、州或者社区层面的竞选。有统计显示，早在1998年，从经济协会流入政党的资金，如 der Oesterreichische Wirtschaftsbund 渠道就流入755万欧元。人民党的整个资金规模，如果不算非直接的捐助和大型捐助的话，从经济协会流入的资金占到整体资金的11%。自由党则次之，从经济协会流入的占到自由党整体资金的7.1%。①

前面谈到的多是"经济协会"（Wirtschaftskammer），对于"工业联合会"（Industriellenvereinigung）来说，看不到公开直接的与政党的联结，但是其与人民党传统上的密切联系也无论如何都不能够忽略。这里非常重要的线索是，"工业联合会"是人民党的非常重要的资金提供者，尽管找不到公开的数据，不过据估算，在20世纪80年代末期每年它捐助给人民党的资金高达220万—290万欧元，15万—25万欧元捐助给了自由党。除此之外，事实上从80年代早期开始"工业联合会"就逐渐地把对政党的直接捐助转变为非直接的财政支持。② 比如，采用对联合会与政党联合举办活动进行资助，对政党及其议会议员和部长们进行"补贴"等不同的形式。

除了体制机构和资金上的交叉牵连之外，人事上的交叉就更引人注目，

---

① Hubert Sickinger, "Parteien-und wahlkampffinanzierung in den 1990er Jahren", MS., http://homepage.univie.ac.at/hubert.sickinger.

② Ibid..

当然随着时间的推移这种人事牵连正在逐渐弱化。传统上看，在第二共和国的漫长历史发展时期，利益集团和政党的人事牵连使政党和利益集团成为一个一体化的个人职业发展模式。比如，在 20 世纪 70 年代国民议会中 10%—12% 的国会议员同时是雇主协会的主要领导或者在雇主协会兼职。到 90 年代末期，这个比例降到 4.9%。1973—1998 年一般不超过两个社会党的议员是来自雇主协会的领导成员，对自由党来说差不多也是两个。但是在 70 年代末期，19 个人民党国民议会议员是雇主协会的领导成员，占到整个议员总数的 24%。① 后来这个比例也下降了，1998 年降到了 6%，占人民党议员总数的 11.5%。在 2005 年的统计中，这个比例降到了 7.6%。下降的重要因素是在 80 年代及 90 年代早期社会上展开了公开的讨论，对这种人事交叠的现象提出了很多的质疑和公开的批评。

显而易见，如果一个人同时承担两种角色，一个是利益集团的代表，另一个是政府的最重要的决策机构——国会议员，那么他怎么能够在国会的相关决议和立法方案中，真正地代表其所属的利益群体的利益呢？这种利益代表会不会缩水？这是从立场和价值方面来说的。还有一个广泛被提及的批评的焦点是，社会利益代表和国会政治家毕竟属于两个专业区域和范围，在强调技术性和专业化的现代 20 世纪和 21 世纪，一个人恐怕很难在两个不同的专业领域都能够得到很好的发展，能够非常专业地完成好这两个不同领域里的职责。所以，比较引人注目的是 2000 年开始"经济协会"（Wirtschaftskammer）的主席就不再是国会议员了。当然，虽然变化已经开始了，但是人事上密切牵连的传统模式并没有退出历史舞台，比如"经济协会"（Wirtschaftskammer）秘书长仍然是国会议员。

---

① Ferdinand Karlhofer, "Verbaende: Organisation, Mitgliederintegration, Regierbarkeit", in Ferdnand Karlhofer, Emmerich Talos, eds., *Zukunft der Sozialpartnerschaft. Veraenderungsdynamik und Reformbedarf*, Wien: Boehlau Verlag, 1999, pp. 15–46.

## 二 奥地利雇主利益集团的分化

"经济协会"（Wirtschaftskammer）和"工业联合会"（Industriellenvereinigung）都是代表雇主一方的，在第二共和国长期的历史发展过程中，前者更强势，在政治上更有影响力。主要的原因是第二次世界大战后的国有化，使得私人经济比较脆弱，所以后者当然在组织和组织的影响力方面也比较弱，比如前面介绍的非常重要的由政府和社会利益集团共同参与的咨询委员会，比如关于工资和物价的咨询委员会，后者就没有参与其中。另外，两者在组织机构和人事上也相互交叠在一起。比如，后者的主席也同时是前者的联邦机构领导机构中的一员。

但是自20世纪80年代中期开始，"工业联合会"的地位和影响开始加强了。首先是私有化在奥地利的展开，让"工业联合会"的基础扩大了，成员数量扩大了。特别是奥地利在1995年加入欧盟之后，"工业联合会"成为欧盟最重要的"雇主代表联合会"（UNICE）的成员，代表奥地利的雇主，主要原因是这个组织要求其成员必须是自由的利益代表组织。相比之下，"经济协会"只在重要性和影响力都更弱一些的欧盟雇主代表组织"欧元协会"（Euro-Chambers）和"小企业与手工业者协会"（UEAPME）充当成员。从90年代末期开始，"工业联合会"就开始与"经济协会"明显分野，主要是质疑"经济协会"的义务会员制。到了1999年秋天时，二者之间的矛盾伴随着当时奥地利整个政治和社会形势的发展更为突出了。在国民议会大选举行前，4个专业利益集团的主席举行联合记者招待会，对自由党迅猛发展的势头进行警告，说这将威胁到社会伙伴模式，让奥地利这个国家没有办法治理了。[①] 在大选结果出来之后，"工业联合会"表示，4个

---

① *Der Standard*, September 29, 1999, p. 1.

利益集团的表态才说明"社会伙伴"模式的失灵，而且表示其多数成员支持自由党与人民党组成联合执政政府。① 除此之外，两个企业家、造纸工业和自由党议员一起发起了一个叫"现代奥地利创意"的运动，核心内容就是要大大削减义务制，并且对义务成员制度进行了原则上的质疑。② 同时一项专业研究（IMAS-Studie）公布了它的调研结果，80%的"经济协会"的成员认为他们很少或者基本不使用他们的成员资格和身份，这对"经济协会"来说是非常不利的一个统计结果。③ 再加上捐款丑闻的爆发，确实让"经济协会"和原有的社会伙伴模式陷入了危机。

这场危机的爆发，随着奥地利重要传媒的传播，在奥地利社会引发广泛的反响，它确实反映出原有两大阵营的变化，"经济协会"作为最具影响力的雇主利益代表组织，其与人民党的密切关系和长期的利益交织与勾连，使其在人民党内部和整个奥地利决策体制中都拥有举足轻重的地位。但是，随着奥地利加入欧盟，以及私有化的全面展开，奥地利的经济结构本身开始发生变化，使得"经济协会"的地盘在缩小。同时，不受义务代表制束缚的经济利益代表组织，突破奥地利模式框架，首先在欧盟层面获得了"地盘"和影响力，然后再尝试在奥地利政治生活中扮演角色。意味深长的是，它支持非主流的自由党。自由党作为20世纪80年代后期开始加快发展（在1999年选举中获得了"空前"的成功）的原本边缘化的政党，是被排除在两大主流阵营之外的，没有自己的地盘，但是现在它获得了"工业联合会"的支持，拥有了支持自己的基本盘；不过，人们还必须看到的事实是，"工业联合会"在奥地利之外的欧盟层面可以获得发展机遇，但在奥地利内部，它仍然被排除在"共识民主"决策机制之外，重要的

---

① *Der Standard*, October 6, 1999, p. 26.
② *Der Standard*, October 22, 1999, p. 1.
③ *Der Standard*, October 19, 1999, p. 1.

经济和社会发展咨询委员会并没有接纳它。因此，拥有"权力"的行为体，不会轻易放弃地盘和权力的。

## 三 对"社会伙伴"模式的改革诉求

首先，"经济协会"尽管划分地区和不同的行业，仍然是个高度集中的组织（只有少部分例外的情况，即代表私有经济利益的，因为私有经济这一块不分行业和就业的专业领域），而且是义务成员制。这是非常重要的前提条件，让奥地利的社会伙伴，即雇主代表组织、劳工代表组织和政府之间能够展开长期而稳定的合作。[1] 其次，之所以"经济协会"在政治上有特权，是因为其参与决策的话语权是不断得到法律上的保障的。一方面，它们被允许对法律草案进行评估；另一方面，设置了一些机制，比如各种咨询委员会，在这样的平台上，社会伙伴可以与政府，以及社会伙伴之间可以进行沟通和相互磋商，而且这些机制是由法律来规范，是长期性的稳定性的沟通和协商。最后，虽然"经济协会"参与决策咨询，但是值得注意的是，这种介入和参与主要集中在经济领域，如工资和物价问题。[2] 当然，这些条件在近年不断地变化，那么"经济协会"应该怎样适应这些变化呢？

其实"经济协会"的义务成员制和利益代表的垄断在相当长的时间内相对来说并没有受到质疑。从20世纪80年代末期开始不断地公开受到质疑，特别是受到自己的会员的质疑，主要是在工业领域。[3] 而且这里面还有一个合法性的问题。在协会选举中参加选举的人数不断地在减少，比

---

[1] Emmerich Talos and Bernhard Kittel, *Gesetzgebung in Oesterreich. Netzwerke, Akteure und Interaktionen in politischen Entscheidungsprozessen*, Wien: WUV-Universitaetsverlag, 2001.

[2] Ibid..

[3] Anton Pelinka and Christian Smekal, eds., *Kammern auf dem Pruefstand. Vergleichende Analysen und institutionelle Funktionsbedingungen*, Wien: Signum Verlag, 1996.

如从70%减少到51.7%，另外90年代初期由自由党发起的强制义务成员制和"经济协会"有特权的讨论更让人民党和社会党都开始与"经济协会"保持距离。在1994年人民党和社会党两党秋天达成的联合执政的协议中也约定将终结义务成员制。但是在相关的调查中，比如在维也纳的调查中，对于问题"你是否同意经济协会及其所属的机构代表维也纳的所有企业"，被调查者82%表示同意，而调查的人数占到维也纳经济协会成员人数的36.4%。① 这是非常有意思的现象，即一方面全社会在讨论和质疑；但另一方面，调查显示，即使是经济协会的成员本身更乐于墨守成规。

　　因此，顶层的利益代表集团包括"经济协会"参与各种咨询委员会这一机制一直没有改变。20世纪80年代末期开始发展壮大的"工业联合会"尝试作为独立自主的组织参与一些咨询委员会，所以从企业的角度来看，"经济协会"的垄断地位开始松动了。但是正式对法律草案进行评估这一点上并没有什么变化，不过从2000年蓝黑联合政府（人民党和自由党联合政府）上台之后，这一传统的功能被削弱了很多，由"经济协会"来进行评估的时间缩短了，同时如果出现争议，"经济协会"一方可以提出自己的创意申请，实际上通过这样的方式，一定程度上减弱了它的发言权。② 事实上，在蓝黑政府上台之后，在传统的社会伙伴议题比如劳动权利方面把顶尖的利益代表集团纳入政府决策过程中，成了特例。尤其对雇主协会来说，更加受到影响，而且在具体的交涉中，其运作的空间也受到限制，只在一些尚且保留的领域，其余新的领域则没有开辟，而且在新的条件下，如何保持和完善社会伙伴之间及其与政府之间的合作，比如"经济协会"也并

---

① Anton Pelinka and Christian Smekal, eds., *Kammern auf dem Pruefstand. Vergleichende Analysen und institutionelle Funktionsbedingungen*, Wien: Signum Verlag, 1996.

② Emmerich Talos and Marcel Fink, "Sozialpartnerschaft in Oesterreich: Das Korporatistische Modell am Ende?", in Sven Jochem and Nico A. Siege, eds., *Konzertierung, Verhandlungsdemokratie und Reformpolitik im Wohlfahrtsstaat. Das Modell Deutschland im Vergleich*, Opladen: Springer VS, 2003, pp. 194–231.

没有展现出新的理念。①

根据奥地利的宪法，工资协议要由雇主和雇员协会还有自由会员制的一些职业代表组织共同达成。但在实际操作中，雇主代表这边只有"经济协会"处于垄断地位，当然它所属的各个不同的利益代表组织都根据自己的意愿达成一个协议，这样各种不同标准的协议就非常多，最后在"经济协会"就要进行协调，不过这种协调都是以非正式的方式进行的。但是从发展的趋势上来看，未来会有越来越多的更有针对性的专业性的小范围的工资协议达成。②像"工业联合会"与"经济协会"的利益代表方式就非常不同，它们不是全面地涵盖所有议题的代表模式，但是在很多情况下也被纳入政府的决策过程，而且它们也利用传媒，并且进行游说，包括对决策的政府责任人当然不是公开地直接进行财政支持，而是间接的人力和管理方面的支持。③

"工业联合会"对改变传统的奥地利的社会伙伴图景有很大的影响，从它的成员结构来看，与利用传统的自有资产、在奥地利发展的企业家不同，在"工业联合会"中国际大企业及其管理者占有主要的位置。它更多的是游说型的利益代表组织，在奥地利层面和欧盟层面代表其成员的利益。它的主要诉求是"瘦"而有效率的国家（即"小政府"）、私有化、减税、降低工资之外的其他社会性开支、让就业市场更有灵活性、对教育研究和创新进行结构性改革等。这些基本诉求具有浓郁的新自由主义色彩，有利于

---

① Emmerich Talos and Christian Stromberger, "Verhandlungsdemokratische Willensbildung und korporatische Entschedidungsfindung am Ende? Entscheidende Veraenderungen am Beispiel der Gestaltung des oesterreichischen Arbeisrechts", *OEZP* 33, 2004, pp. 157 – 174.

② Ferdinand Karlhofer, "Verbaende: Organisation, Mitgliederintegration, Regierbarkeit", in Ferdnand Karlhofer and Emmerich Talos, eds., *Zukunft der Sozialpartnerschaft. Veraenderungsdynamik und Reformbedarf*, Wien: Boehlau Verlag, 1999, pp. 15 – 46.

③ Franz Traxler and Ernst Zeiner, "Unternehmerverbende", in Dachs, Gerlich, Gottweis, Kramer, Lauber, Mueller and Talos, eds., *Politik in Oesterreich. Das Handbuch*. Wien: Manzche Verlags-und Universitaetsbuchhandlung, 2006, pp. 371 – 388.

提高奥地利的国际竞争力。事实上,"工业联合会"的这些诉求自2000年以来被政府以项目支持或者其他近似的方式落实了,尤其是减税,这项措施最受益的就是奥地利的大型企业,企业税自2005年1月1日起从34%降到25%。

所以从雇主协会的角度来看,利益代表集团在新的经济、政治和社会发展背景下,面临很多前所未有的挑战。对传统的雇主联合会"经济协会"来说,其成员的结构开始发生较大的变化,越来越多的小型企业增加,也增加了国际大型企业,成员结构的复杂化和多样化也导致利益代表的复杂性,很难将这些不同的利益诉求整合起来,签订统一的集体合同,而且从组织的角度来看,"经济协会"也越来越多地受到奥地利工业联合会的挑战。

长远来看,虽然对"经济协会"的批评比较多,但是不能判断它就会成为历史。它的地位和作用仍然在奥地利的经济和政治生活中非常不可或缺,它的组织结构本身整体上仍然利于整合不同成员的诉求;对于义务成员制,1995年和1996年的大调查,实际上加强了其合法性(多数成员予以支持)。虽然公众舆论一直探讨关于它的改革,但是改革事实上并没有发生。当然改革是必要的,在理念、组织结构和利益代表方式等方面都需要进行进一步的优化和改革。

由此可见,"共识民主"模式的核心环节社会伙伴关系,自20世纪80年代后期,特别是奥地利加入欧盟之后,已经发生了很多变化,新的"伙伴"崛起,传统的社会伙伴参与咨询的方式也在变化。但是,总体上看,改革并没有发生,变化仅是在现有体制框架下的变化。不过,这些变化代表着新的面向未来的发展趋势,如果不能改变现在,也有机会改变未来。

# 第九章

# 奥地利向"右"转及其给"共识民主"模式带来的冲击

## ◇第一节 极右民粹主义政党在奥地利强势"崛起"

作为一个阿尔卑斯山小国，奥地利近年来不断引起全球关注，极右民粹主义政党奥地利自由党的"崛起"是其中关键的因素。

### 一 极右民粹主义政党自由党强势"崛起"

2017年10月15日，奥地利联邦议会选举结束后，传统右翼政党奥地利人民党获得超过31%的选票，拔得头筹，极右翼反移民的自由党得票率达26%，成为国会第三大党，而传统左翼社会党得票率刚刚达到26.9%。大选结束后，全世界都聚焦在年仅31岁的人民党主席库尔茨身上，他将出任奥地利总理，并成为欧洲历史上最年轻的领导人。事实上，这次选举后最令人关注的应该是奥地利政治格局的"转折性"变化。人民党明确与极右翼政党自由党联合组阁，因此奥地利政治将"向右"转向成为定局。因此，对奥地利这场大选的典型评价是右翼民粹主义在奥地利

"又下一城"①。尤其是这场选举让人们不禁回想起2016年一波三折的奥地利总统大选。在4月进行的初选中,奥地利两大主流政党的候选人都被淘汰出局,而自由党的候选人霍费尔与绿党出身的范德贝伦进入第二轮。5月23日,在第二轮投票中,范德贝伦以50.3%对49.7%的极其微弱的优势战胜霍费尔,但是,由于这一轮投票中,邮寄选票的密封性存在问题,投票结果被裁定无效,并于12月4日重新进行总统选举第二轮投票,结果范德贝伦以更加明确的53.3%对46.7%战胜霍费尔最终成功当选奥地利总统,让整个欧洲和世界松了一口气。但是这次总统大选实际上大爆冷门,因为奥地利在1945年之后,总统的职位一直为主流政党人民党或社会党所把持。这次总统职位却落入非主流的小党手中,而且,左翼的绿党候选人与极右翼政党候选人之间的差距如此接近,被认为一方面反映了奥地利选民与"建制派"政治精英"决裂",抛弃了他们;另一方面,如此接近的得票率反映了奥地利社会的"撕裂"。这次选举中,霍费尔反移民、反欧洲一体化的色彩浓厚,而范德贝伦则主张奥地利作为欧盟成员国应开放并融入欧洲,"奥地利依赖出口,从开放的欧洲市场、开放的边界中受益。怀疑欧盟,甚至主张退出欧元区,意味着奥地利将失去许多就业岗位"②。霍费尔的"崛起"则与仅有860万人口的奥地利自2015年以来接收了10万难民相关,因为这确实给奥地利的社会体系带来巨大负担,尤其是广大草根阶层对此感到不安和愤怒。③

显然,奥地利民粹主义政党的胜出,呼应了目前在欧美国家快速"崛起"的右翼民粹主义政治势力的发展潮流,但是与其他国家不同的是,在这次选举举行之时,奥地利的经济发展向好,失业率较低,与法国等深陷

---

① 项梦曦:《奥地利政党落下帷幕,右翼政党又下一城》,《金融时报》2017年10月18日第10版。
② 梁锡江:《奥地利总统大选与分裂的欧洲》,《文汇报》2016年5月25日第6版。
③ 同上。

第九章 奥地利向"右"转及其给"共识民主"模式带来的冲击

欧债危机至今难以自拔的情形有较大的差别。另外，奥地利也与其他国家不同，在第二次世界大战后，人民党和社会党曾长期在奥地利联合执政，由它们一左一右组成的"大联盟"政府一直在奥地利政坛占据主导地位。人民党此番与自由党联合执政，对奥地利政坛来说，是非常重大的方向性变化。

如果从自由党的发展来看，2000年的欧盟制裁奥地利事件让世界记忆犹新。正是海德尔任主席期间，奥地利自由党在2000年与人民党联合组阁，因此导致欧盟委员会采取外交制裁措施，要求成员国政府不得与奥地利新政府进行任何正式的双边往来。欧洲议会也通过决议警告海德尔为纳粹"涂脂抹粉"的言论。海德尔关于纳粹历史的错误言论和立场引起了欧洲和世界的反感和警惕。但是为什么在20世纪90年代自由党在奥地利就呈"崛起"之势？当时奥地利所面临的外部新挑战是非常重要的因素。

相比于其他西欧国家，奥地利是欧盟大家庭中的"后来者"，于1995年才正式加入欧盟。1986年2月欧盟各国签署的"欧洲单一文件"就提出了引入竞争框架，逐步结束国有企业垄断公共服务性行业的现状，使欧盟成员国广大公众能够真正享受到统一的大市场所带来的福利。加入欧盟前奥地利的经济运行体制比较独特，在电信、电力、邮政等关系国计民生的公共服务性行业，主要以国有企业为主，不符合欧洲统一市场的自由竞争的基本规范和要求，因此，奥地利的企业和经济运行模式必须进行改革。更为重要的是，这种经济体制与奥地利的政治和社会体制紧密相连。因此，奥地利民众认为，加入欧盟后奥地利的企业经过私有化改制之后，能否适应欧洲统一市场新的竞争环境，是否会保持竞争力，充满不确定性，而且与之相配套的政治和社会体制变革，也使民众感到离开了熟悉的生活轨道，对未知的未来难以把握。而作为自由党党首的海德尔一直激烈反对欧洲一体化，反对奥地利加入欧盟。

而推动自由党1999年在奥地利联邦议会大选中获得高达27%的选票，

成为第二大党的重要因素之一,则是欧盟"东扩"的进程。奥地利地理位置独特,正处于欧洲的中部、东西欧之间,欧盟东扩之后,原属中东欧"社会主义"阵营的国家成为欧盟成员国,因此民众担心欧洲统一市场带来的人员流动便利,会导致大量的中东欧国家移民涌入西欧,而处在东西欧"通道"上的奥地利将首当其冲会受到重大影响。外来移民进入劳动力市场会使一些奥地利人失去工作,造成本土居民失业率的攀升和生活水平的下降,而奥地利的生活水平高于当时欧盟的平均水平,失业率则低于欧盟的平均水平,堪称欧盟成员国中的佼佼者。而海德尔的基本主张即反对吸收中东欧的"穷国"加入欧盟,特别是坚持外来移民不仅冲击本国就业市场,而且会带来福利制度的负担,增加财政赤字。①

另外,不容忽视的是自由党的"反精英"特色,主要表现在自由党作为主要反对党期间,对执政政党的政策弊端进行暴露和猛烈抨击,比如在民众非常关心的社会生活议题上,自由党揭露奥地利城市犯罪率攀升、生态环境面临威胁、传统社会道德沦丧、单亲家庭数量攀升和独身风潮对传统家庭结构的巨大冲击等,认为主流政党长期执政,但是并未有效地解决这些社会基本问题。②

因此,"排外"和"反精英"一直是自由党的基本立场和主张,这呼应了欧美其他国家民粹主义的基本诉求。值得注意的是,在 2000 年自由党与人民党联合组阁,使奥地利招致欧盟的制裁,并由此引发了全球的关注和对纳粹历史的反思和警惕。当时的反思主要集中在当年希特勒的纳粹党在德国上台的教训;1920 年,纳粹党成立时不过仅拥有几十名成员,但在 1930 年的议会大选中强势"崛起",得票率近 18%,从仅有 12 个议会席位,迅猛增加到 107 席,成为议会第二大党,打下了 1933 年希特勒上台的基础。纳粹党的基本主张也是关注"人民"的生活状况,并且把排外的目

---

① 曲星:《从海德尔现象说开去》,《世界知识》2000 年第 5 期。
② 陈宣圣:《奥地利向何处去》,《瞭望新闻周刊》2000 年第 14 期。

标直指犹太人。1929年爆发的世界性经济危机是最重要的历史背景，在这次危机中，德国的工业生产和投资几乎缩水了一半，失业率也急剧上升，通货膨胀率不断攀升，达到史无前例的程度。

但是显然今天奥地利所处的时代背景与20世纪30年代的德国有显著的不同。

## 二 作为"第三阵营"的自由党来自何方？

2000年2月4日，由人民党和自由党联合组成奥地利新一届政府。为什么自由党会在1999年大选中赢得27%的选票而成为奥地利第二大党？这让人们看到奥地利不仅仅是表面看上去的一个富裕的国家，其实它还面临着很多严峻的经济和社会问题。非常引人注目的是，1987年至1999年奥地利政坛都在一如既往地维持着由社会党和人民党组建的"大联盟政府"格局，主政的是社会党，人民党做其参政的伙伴。正是在这一时期，奥地利发生了翻天覆地的历史性变化，其中对奥地利人民生活影响最深刻和最广泛的就是加入欧洲联盟。为了适应欧盟统一市场的要求，奥地利展开了私有化、减少市场调控和以削减福利为导向的社会保障体制改革。这场不可避免的改革，对奥地利来说是重大的调整和变化，但相比较于其他国家已经"温和"很多，而且最重要的是决定奥地利经济运行模式的制度架构"社会伙伴"的"合作主义"模式不仅仍然在劳资关系中，而且在政府的经济和社会政策形成中依然保留下来。正是这样的政治安排，让奥地利成为最后一个社会民主的阵地。[①]

2000年自由党参与组阁，它的政策主张除了属于传统保守主义的深化私有化改革，缩减健康、教育和福利等领域里的开支，增加国防和治安方

---

① Rick Kuhn, "The Threat of Fascism in Austria", *Monthly Review*, June 2000, pp. 21–35.

面的开支外,还从种族主义角度对奥地利既有的秩序进行检视,把奥地利存在的失业问题、健康和教育领域里的问题等都与在奥地利外国人的数量直接挂钩,主张降低家庭团聚类移民比例,打击非法移民,歧视学校中不说德语的儿童,延长移民成为公民的等待时间……①

之所以移民成为自由党主张的突出部分,确实拜海德尔所赐。海德尔在1986年成为自由党的党首之后,致力于实现其终极目标,即建立奥地利"第三共和国"以取代他所界定的已经腐败的"第二共和国"。② 第二共和国体制的关键就是人民党和社会党对奥地利政治的垄断。海德尔不仅把1970年到1986年之间自由党意识形态中"自由"部分逐渐边缘化到最后剔除,而且引入了国家社会主义,并使其成为自由党主导性的价值观,美化希特勒和纳粹德国,企图在奥地利重建纳粹党。自由党在1999年大选中获得重大胜利,也进一步使其成为一个由上至下"top-down"独裁式的政党,对不同意见和持有不同意见的人并不宽容,从而使整个政党处在海德尔的控制之下。归结起来,奥地利自由党与昔日的德国纳粹党和意大利墨索里尼的法西斯政党相像:极端民族主义和种族主义意识形态;独裁式政党内部结构;惊人的愤世嫉俗的民粹主义诉求(对中产阶级和小经营者非常具有吸引力)。而关键的不同点在于:不具备拥有潜力打击对手和受害者的准军事力量。进入政府内阁无疑使自由党获得了合法性,而且自由党接受了新政府的新自由主义施政方案,无疑会让自由党获得更多来自资本阶层的支持。下一轮不可避免会到来的国际危机将使社会危机更具张力,自由党这样的发展态势,将使法西斯主义成为奥地利的一个现实威胁。③

那么海德尔和自由党到底从何而来?19世纪晚期,在奥匈帝国的德语

---

① Rick Kuhn, "The Threat of Fascism in Austria", *Monthly Review*, June 2000, pp. 21-35.
② Ibid..
③ Ibid..

区政治上划分为三个阵营。第一个阵营是小市民阶层组织起来建立基督教社会党以对抗贵族和大资本阶层的统治，20世纪初期，在部分统治阶级妥协之下，基督教社会党融入了现存政治架构，转变成为一个富有宗教色彩的、保守的、反犹的政党。但在希特勒上台之后，伴随着奥地利经济的崩溃，基督教社会党的总理杜尔福斯（Engelbert Dolfuss）抛弃了议会民主制，于1934年通过一场短暂的内战镇压了劳工运动，他及其继任者舒斯尼格（Kurt Schuschnigg）相继主持奥地利法西斯内阁，在德国和意大利法西斯政权的夹缝中谋取生存。这个政党即今天奥地利主流政党人民党的前身。第二个阵营是社会民主党，它在1889年后建立了稳固的劳工阶层作为其立党的基础，但是其右派总理恩纳尔（Karl Renner）却在1914年8月支持奥匈帝国的宣战行动。1918年革命后，恩纳尔出任总理，但是社会民主党参与执政终止于1920年第一共和国成立。第二次世界大战后社会民主党长期与人民党联合执政，一直是奥地利的主流政党。第三个是日耳曼民族主义阵营，它们强调反犹主义，长期坚持主张与德国统一。支持它们的是主张世俗化的城乡中产阶级和部分官僚阶层，经过1918—1920年与新南斯拉夫共和国的边界战争，种族主义和日耳曼民族主义在南部省份卡提林纳建立了一个"根据地"，到20世纪30年代纳粹党成为这个阵营的主导力量，海德尔的父亲正是在30年代早期去慕尼黑参加了冲锋队。1938年奥地利与德国合并，这在奥地利赢得了广泛的支持。我们看一下当时奥地利内部的基本状况：劳工阶层已经被打压下去，无力成为反对力量；而舒斯尼格政府对奥地利第一次世界大战后糟糕的经济状况一筹莫展，毫无良策，因此并入因重整装备而恢复了经济的德国，对奥地利人来说非常具有诱惑力。海德尔的父亲在德奥合并后回到上奥地利成为一名纳粹官员，他的母亲在合并前就参加了纳粹组织。由于犹太人遭到迫害，很多人被迫以极低的价格卖出了自己的财产，而海德尔的一位叔叔通过这样的方式在卡提林纳获得了一笔巨额财产，1986年海德尔继承了这笔财产。①

如我们所熟知，第二次世界大战后人民党和社会党成为主流，并在奥地利长期联合执政，但是第三个阵营哪里去了？1945年后在美国和苏联占领时期，与德国再统一的努力被打压下去，支持纳粹主义的阶级基础也被掩盖起来。占领国将奥地利视为国家社会主义对外政策的第一个受害者和牺牲品，而重出江湖的社会民主党和人民党则愿意接受占领集团的这样的一种结论，以期由此推动奥地利的权力中枢能够从占领集团重新回到奥地利人手中，尤其重要的是让奥地利避免像德国那样被分裂，两个德国隶属于东西方两个不同的阵营，因此去纳粹化的过程在奥地利进行得三心二意，并没有真正展开。因此，这个第三阵营也参加了1949年举行的联邦议会选举，并以一个新的党派"独立者联盟党"赢得12%的选票，这个新党派创始人当然想让旧纳粹党人借由联盟党的"新壳"参与联邦政治，不过他们在意识形态上疏远了国家社会主义，而是更倾向自由主义。1956年该党进行改革，以"奥地利自由党"的面貌出现。虽然日耳曼国家主义和建立一个种族主义社会一直是该党保守派的基本立场，但是同时也把当时的一些自由主义基本主张纳入党的主张中。虽然1953年该党在大选中支持率降到10%以下，仍然在人民党和社会党联合执政、共产党退出奥地利政坛之后成为唯一的反对派，并且向奥地利体育协会和其他一些青年组织渗透。海德尔除了其家庭背景之外，这些青年组织也影响塑造了他的世界观。海德尔14岁就加入了自由党的青年组织，1966年年仅16岁的海德尔在奥地利体育协会发表演讲并获奖，而后演讲稿"我们是奥地利日耳曼人吗"在德国一份新纳粹报纸上被发表。但是第二次世界大战后，德国自由民主党进行了转型，以自由主义为导向，政治立场向中间靠拢，其党首彼得（Friedrich

---

① Rick Kuhn, "The Threat of Fascism in Austria", *Monthly Review*, June 2000, pp. 21-35.

Peter)希望奥地利自由党也往这个方向发展，他欣赏海德尔的口才，成为他的赞助人。在20世纪70年代和80年代初期社会党单独在奥地利执政期间，海德尔的政治策略也向自由主义倾斜。①

1983年社会党与自由党联合组阁，1986年海德尔成为自由党主席，社会党终止了与自由党的联合政府，但接下来的大选中自由党的选票却翻倍。这使得海德尔一跃而成为奥地利大政党负责人，拥有37000余名党员，接下来，他对自由党进行了大刀阔斧的改革，清除了自由主义阵营，强化党中央集权，这些改革到20世纪90年代末期已经完成。自由党从一开始建立就不是一个法西斯政党，今天也不是，但是不可否认，从它的发展历史来看，它与纳粹党有着不容忽视的历史联结，而且自1986年海德尔掌舵后，它一直向法西斯主义开放。②

那么海德尔1986年执掌奥地利自由党之后，之所以能够给这个党本身带来较大变化，特别是能够大幅度提升该党的支持率，这与自20世纪80年代中期以来奥地利社会发生的重大变化分不开。在50—60年代奥地利与其他西方国家一样经历了战后的繁荣发展，随着经济实力的不断增强，奥地利的社会福利制度建设也不断完善。但是在80年代后期自1987年社会党和人民党的大联盟政府再次执政伊始，奥地利与其他西欧国家相比，虽然经济发展没有遭遇严重挑战，但是与之前的快速发展相比，经济增长速度明显放缓；而1995年奥地利加入欧盟，这是奥地利融入全球化的重大转折点，尤其是根据欧盟的规范，奥地利对众多的大型国有制造业企业和银行进行了私有化改革，虽然为了提高效率很多工作岗位都被砍掉，表面上看，失业率并没有像之前人们所担心得那样大幅攀升，但是这背后是以大量的"提前退休"为代价的。另外，也为了推动奥地利经济发展效率的提高，奥地利政府削减了教育和社会保障领域里的开支，这里必须强调的是，公共

---

① Rick Kuhn, "The Threat of Fascism in Austria", *Monthly Review*, June 2000, pp. 21–35.
② Ibid..

领域里开支的缩减势必对成千上万普通公民生活带来影响，但是缩减开支是在什么条件下进行的？恰恰是在私有化过程中，卖掉国有企业政府赚了300亿美元的背景下。1999年6月，大联盟政府又推出了有利于工商业的减税改革。一方面，虽然表面上奥地利加入欧盟之后并没有实质性地导致其经济发展的退后或者人民平均生活水平的下降，奥地利的整体发展仍然处在发达国家的前列，但是其经济和社会制度的改革和调整还是让身处其中的民众感受到了深刻的变化，原有体制下对未来的稳定预期被彻底打破，让人感到奥地利和奥地利人在欧洲和全球平台上未来发展和命运的不确定性；特别是另一方面，传统的代表劳工利益的左翼政党社会党立场不断向中间甚至向右移动，让一部分支持者非常失望，有被背叛之感。从社会心理层面上，人们感到奥地利的变化堪称天翻地覆。而海德尔正是在这一历史时期抛出他的主要诉求，即移民和外国人是奥地利经济和社会问题的根源。在与人民党联合执政时期，自由党一方面推动人民党共同推出有利于资本阶层的政策，比如公营部门如学校等市场化运营，再如削减很多员工福利，削减解雇补偿、休假时的工资待遇，推迟退休年龄，这让自由党抢占了一些人民党的选票；另一方面，自由党强调传统价值观，主张妇女扮演传统角色留在家庭中，因此主张提高家庭为单位的收入，让其又抢走一部分左翼社会党的选票。那么工会呢？在奥地利800万人口中号称拥有150万名会员，只忙于变化的条件下谈判细节而不是动员和组织劳工阶层对这些政策进行反对和抗议，当然，这是由奥地利"社团国家"的体制特色决定的，大的社会利益集团与政党已经捆绑在一起了。因此，特别是劳工阶层，还能依靠谁呢？所以即使在繁荣背景下，奥地利人也对这固化的体制感到失望，希望寻求另外的选择。这种不满刚好被海德尔领导的自由党利用了。①

不过令人印象深刻的是，人民党和自由党组阁后，奥地利不仅遭受欧

---

① Rick Kuhn, "The Threat of Fascism in Austria", *Monthly Review*, June 2000, pp. 21–35.

盟的制裁，特别值得一提的是当时奥地利各界群众在维也纳举行抗议行动，在德国、英国等其他欧洲国家的人们也同时举行抗议。这使人们看到未来的希望，海德尔和自由党的纳粹和种族主义不会走多远。①

## 第二节 "全民党"政治支持的流失

"第三阵营"之所以能够自20世纪80年代后半期重整旗鼓、重出江湖，与主流政党人民党和社会党不断向中间靠拢，最后成为"全民党"，从而失去了相当一部分选民的支持不无相关。

### 一 人民党走向"全民党"

奥地利人民党的前身是基督教社会党，1945年后的人民党一方面非常明确地参与议会民主政治竞争，另一方面放弃宗教的意识形态以及强调奥地利民族国家。人民党的群众基础也变得非常广泛，即农民、商人、公务员和职员等。但是并没有切断与教会的联系，直到20世纪60年代，人民党的一个非常大的支持力量是来自教会的，而且在意识形态上与教会的共同之处多于分歧之处。其实从一开始，人民党就是市民社会的聚集而组织起来的，所以它不仅包括各种不同的职业群体，同时也包括不同的意识形态取向，比如保守的、自由的、基督教社会取向等，是这些不同取向的一个整合，构成了人民党的主流意识形态。

如前所述，人民党在第二次世界大战后曾经长期与社会党联合执政组成大联盟政府，也曾经单独执政，并且有十几年作为反对党的经历，在21

---

① Rick Kuhn, "The Threat of Fascism in Austria", *Monthly Review*, June 2000, pp. 21–35.

世纪初又自 1945 年以来首次与自由党联合执政,在联邦层面组成蓝黑政府。总之,在战后的政治舞台上,无论是在联邦还是在州的层面上,人民党其实都是非常成功的政党。

从人民党的意识形态来看,首先它是实践型取向的政党。应该说人民党一直非常重视政治实践,它从来就不是一个单纯靠漂亮的竞选方案或者政党的施政方案来制胜的。在 1945 年后它作为反对党的第一阶段里,即 1972 年人民党才真正有了一份属于自己的方案或者说纲领;而且在它的长期执政或者与社会党及后来与自由党联合执政时,它也没有一份严格的执政方案,而更多的是注重社会实践。

其次,在第二共和国期间,按照时间顺序来看的话,在第二次世界大战后的最初阶段,人民党是非常倾向基督教社会改革取向的。认同必要的经济计划、国家导向和国有化,是克服战后经济和社会发展的危机和困难的关键。从政策取向来看,这一时期人民党比较"中左"。[①] 当时也有其他国家的政党作为参照,比如英国的工党。

到了 20 世纪 50 年代初期,人民党的政策取向开始发生变化,一个是第二次世界大战后的经济匮乏期度过了,国家的过分干预越来越成为经济发展的阻碍了;另一个是人民党与 1949 年国民议会选举中非常成功的"独立者联盟"(VdU)在右翼政策方面的竞争性加强了。VdU 认为在去纳粹化过程中遭遇很大冲击的、收入大受影响的公务员和职员以及企业主更期待自由经济回潮,在一定程度上,VdU 抢走了人民党的这部分选民。所以出于经济和政治两方面的考虑,人民党开始调整政策取向,尽管还大致保留原来的立场,但是已经开始部分地撤退了,[②] 即开始向右转向了,更多地强调

---

[①] Robert Kriechbaumer, *Parteiprogramme im Widerstreit der Interessen. Die Programmdiskussion und die Programme von OEVP und SPOE 1945－1986*, Wien: Verlag fuer Geschichte und Politik, 1990, p. 63.

[②] Ibid., p. 270.

的是供给方面，与第二次世界大战后风行的凯恩斯主义强调需求管理不同，认为国家的导向和干预不能够作为长期的策略来采用。① 这时的人民党更多的是以德国的基督教民主党为榜样来学习，不仅是在施政方面效法社会市场经济，也效法阿登纳的党内权威。

1959年人民党在大选中取得了胜利。这时社会发展发生了很大的变化，经济增长开始出现问题，大联盟政府趋于僵化，党内的批评增加了……所以有必要在意识形态上做出新的调整。在人事上1963年克劳斯（Josef Klaus）当选为党的主席，1964年成为联邦总理。他主张科学地执政，把凭感觉、机会和即时的决策转变为系统性、有针对性和长期性的决策，而且他的名言是"Politik beim Weinglas und durch das Weinglas"，即政治公开和透明。② 政治应该有界限，即如果没有找到经过科学验证的解决方案的话，则不能草率地做出决策。这种政治理念实际上与德国的保守派知识分子的观点相呼应，在德国和斯堪的纳维亚的姊妹党中可以找到清晰的痕迹。所以这一时期就是一个技术官僚保守主义（technokratischer Konservatismus）时期。③ 当然了在人民党的下层当中，科学政治的接受度比较低，而且也确实没有提供明确的科学知识，但是这个时期人民党非常强调天主教的保守主义立场，主要是因为世俗化的进程日益威胁宗教和家庭的核心价值。

到20世纪70年代初期，随着人民党在国民议会选举中落败，它们认为确实有必要给选民一个内涵丰富的文件，阐发人民党的执政理念，塑造人民党的独特认同。在这种背景之下，人民党在1972年提出一个萨尔茨堡纲领，接下来1973—1975年由专家们提出了4个提高生活质量的计划。在经

---

① Karl Aiginger, "Die Wirtschaftsprogrammatischen Vorstellungen der OEVP 1945 bis 1985", *Schwarz-bunter Vogel*, Wien, 1985, pp. 95-124.

② Josef Klaus, *Macht und Ohnmacht in Oesterreich*, Wien: Molden, 1971, p. 108.

③ Martin Greiffenhagen, *Das Dilemma des Konservatismus in Deutschland*, Muechen: Piper Verlag, 1977.

历了科学决策时代之后，萨尔茨堡纲领又开始重新强调意识形态，基督教价值观当然非常重要，但是它是一个对党内的意志形成非常重要的标准，也是引领这份纲领的要素，并不是纲领要探讨的具体内容。在经济政策方面，人民党也没有提出清晰的更优选择，人民党作为传统上的与劳工阶层的诉求相对应的代表经济利益的政党，尽管对社会党执政的细节有诸多深刻的批评，但是人民党并没有提出一个替代社会党的奥地利凯恩斯主义的总体施政纲领。人民党只是把自己标榜为代表进步的中产的政党。但是实际上生活质量这个概念来自德国的社民党，所以在人民党内部4个提高生活质量计划也存在巨大的争议。所以到70年代中期，这个纲领就失去了其引导性的作用。

直到1982年特别是1983年大选之际，人民党才真正作为社会党的反对党提出了有实质内容的而不只是针对现实问题的有自身特色的基本纲领。针对当时恶化的经济形势，人民党提出了新自由主义的主张。针对社会党仍然要加大国家的投资应对令人不满的经济形势，人民党认为加大国家投资只是应付经济危机的一部分措施，实际上奥地利需要转换政策方向。这时期人民党取得了一定的胜利，首先是社会党失去了绝对的多数，人民党在地区和"经济协会"选举中取得了胜利，而新自由主义的政策在其他国家取得了成效，加之奥地利国内经济形势迟迟不见好转，在这样的背景之下，人民党在1983年至1986年期间不断地完善党的纲领，提出全面的新自由主义政策，比如弹性、国家干预撤退，缩小预算，全面的税收改革包括减税、私有化和个人财产建构。当然如果与其他国家的新自由主义方案相比，人民党的方案要弱化一些，因为对于技术官僚主义和社会政策的诉求，人民党仍然坚持不放弃，只不过程度上有所减弱而已。即人民党不希望通过国家措施强制性地推行，而是象征意义地在宪法中确立家庭的地位和价值，以及推出正面积极的社会政策。在人民党开始坚持新自由主义立场时，社会上的道德保守主义也开始回潮。整体上看，20世纪80年代人民党的纲领是新自由主义和传统保守主义的混合物，一般也被称为新保守主义。① 如我们所知，由于里根总统的推动，新自由主义加上传统道德的保守主义正是在这一时期成为主流，也成为西方国家纷纷调整和对焦的经济与社会发展方向。

自 20 世纪 90 年代开始环保成为全社会关注的重要话题，这时产生了一个新的概念即环保社会市场经济，它被视为第二次世界大战后在欧洲大陆普遍施行的社会市场经济的进一步发展，强调生态环境的保护和可持续的发展，这种观念成为社会的主流。这时奥地利内外形势也发生了重大的变化，中东欧结束了社会主义时代，奥地利加入了欧盟，社会福利国家开始面临公共财政困难。这种背景下人民党在 1995 年的党代会上通过了新的纲领，这份纲领与 1972 年的萨尔茨堡纲领相比，确实针对变化了的新形势做出了调整，其中安全、可持续、负责、宽容等新的理念加入党的纲领中来，平等被限制于法律面前的平等。② 在这份纲领里生态社会市场经济作为基本原则被补充进来。基督教的基本价值观也被强调。在政治实践上，基于人民党在 90 年代中期的困难境遇，人民党更加强调基督教的传统价值，与自由党相对抗，来保住其原有的忠实选民。自 1995 年以后，人民党不再提出系统性的纲领性文件，其政策规划主要针对现实的政治问题，回应其所代表的利益群体在变化了的社会环境中提出的新诉求。

整体上看，人民党的纲领在内容上是保守的（社会道德层面）和自由的（市场竞争原则），那么在 21 世纪这意味着什么呢？首先就是对国家承担的责任进行限制，因为国家如果承担的越多，那么它对个人生活的决策

---

① Wolfgang Mueller, "Conservatism and the Transformation of the Austrian People's Party", in Brian Girvin, ed., *The Transformation of Contemporary Conservatism*, London: Sage Publications, 1988, pp. 98–119.

② Franz Fallend, "The Rejuvenation of an 'Old Party'? Christian Democracy in Austria", in Steven Van Hecke and Emmanuel Gerard, eds., *Christian Democratic Parties in Europe since the End of the Cold War*, Leuven: Leuven University Press, 2004, pp. 79–104.

实际上换一个词来说就是干预也越来越多。当然人民党并不是追求无限制的自由，在2004年人民党将自身界定为"为基督教社会定义下的Daseinsvorsorge"（生存保障）而奋斗的政党。而基本的原则就是要求公民个人要有风险意识和自我负责的精神。"如果谁希望过更富裕的生活，那么他就不能够反对全球化；如果谁想享有更便宜的价格，那么他就不能够反对竞争。"人民党怎么与社会党和自由党区别开来？与社会党区别，人民党主要强调效率取向，但是并不反对社会福利国家；与自由党区别，人民党主要强调社会团结意识。①

## 二 社会党走向"全民党"

社会党在1967年凯斯基（Kreisky）当选为主席之后，开始在"所有生活领域民主化"的口号之下制订出一系列的改革计划，而施行这些计划无疑意味着扩大政府承担的责任，事实上由于社会党的当政，在20世纪70年代这些计划确实付诸实施了。这里面非常值得注意的问题是，由于第二次世界大战后奥地利的政治现实和所形成的政治文化，在国民议会里"妥协"是基本的工作方式，所以，社会党与其他党派一样，尽管制订了自己的纲领和改革方案，但是一切都是开放的，即与其他党派所代表的利益诉求要进行商谈和妥协，所以对社会党的政治家来说，制订纲领和计划之初，就做好了妥协和修改的准备，实际上这个纲领或者计划本身就是比较原则性和一般化的。

如果从历史发展来看，直到1945年奥地利从法西斯的统治之下被解放出来之后，对于社会党来说，仍然奉行的是1926年的林茨纲领，其主要的内容是奥地利马克思主义，争取国家权力，并运用议会斗争的手段。在

---

① Guenther Burkert-Dottolo, "Mit Optimismus und Skeptizismus in die Zukunft", *OE-JP*, 2003, pp. 559–581.

1947年社会党提出了一个党的行动方案,为了适应当时的社会现实,这份方案与党的纲领之间存在比较大的差距。那么从一个以阶级斗争为特征的政党转变为一个属于所有劳动者的政党,这个转变主要体现在1958年的党的纲领上。这份纲领明确指出,无论是社会主义出于信奉马克思主义的教条,还是其他的基于社会分析而得出的结论,抑或是以宗教和人文主义的视角,所有人追求的实际上是一个共同的目标,即一个公平的社会秩序,更富裕和更自由的社会,以及世界和平。而1978年社会党纲领则是在这之前持续两年之久的党内讨论基础上形成的。这个纲领也是涵盖面非常广泛,针对20世纪最后20年要实现的社会理想目标而制定的。其核心内容是民主的进一步深化和发展,即保持一个无阶级社会的持续发展,消除社会上仍然存在的不平等现象。在这份纲领中值得注意的是并没有提出进一步的公有化或者社会化,而是提出财产所有制和决策方式必须在强化公民的参与权的条件下进行变革,明确提出社会民主主义的最重要的目标就是真正实现社会民主。为此,对于经济增长,纲领里提出不只是需要数量层面上的增长,更重要的是质量方面的增长,而且对于80年代开始盛行并成为社会主流意识的生态保护主题,社会党在1978年的纲领里就提到了。生态、和平与安全、民主化、第三世界这些纲领中非常详细地阐发的主题和探讨的解决途径,实际上直到21世纪的今天仍然是社会党的执政主题和现实目标。

从1995年起社会党开始讨论新的纲领,以适应快速变化的社会发展形势,这次讨论有非常激烈的各种争论,而且运用了互联网新技术。1998年党代会上通过了这份新的纲领。它确立的社会党的基本目标是自由、平等、公正和团结。社会党人就是为了一个超越了阶级界限,以和平的方式解决问题,每个人都从恐惧和困境中解放出来并能够充分发展其能力的社会而奋斗。与1978年一样,这份纲领主张社会党的基本原则是社会民主——这是国家与社会关系的基本原则。这份纲领强调了社会党从所有劳动者的党转变为所有人的党。虽然社会党的纲领没有运用社会市场经济这一概念,但是在纲领中明确指出，只依赖市场机制并不能够很好地解决社会分配问题，所以必须对市场的不利于人和环境的这部分进行介入和修正。

从社会党的纲领来看，它与人民党相比，更多地强调社会平等和公平分配，但是并不反对市场机制。

事实上，社会党在奥地利"共识民主"模式的形成和发展中起到了非常关键的作用，做出了巨大的历史贡献，正是在社会党的积极推动下，劳工的代表组织工会，才与雇主代表组织结成"社会伙伴"，不仅有效地解决了资本和劳动之间的固有矛盾，调和了劳资之间的关系，而且以劳资伙伴为基础建立起来的"共识"决策模式在经济和社会治理的广泛领域进一步拓展，为奥地利的经济快速发展，特别是社会福利国家的建设和完善做出了突出的贡献。

但是冷战结束后，社会党的发展相比于其"鼎盛"时期，出现了明显的变化。20世纪90年代，在欧洲以英国首相布莱尔和德国总理施罗德为代表的左翼政党领袖，积极推动新的"第三条道路"理念和政策，在欧洲引起了很大的反响，对奥地利社会党的发展也产生了影响。奥地利与其他欧洲国家一样，在冷战后都面临新的国际发展环境和国内经济与社会发展的变迁，因此，奥地利社会党也提出自己的走"第三条道路"的主张，并且试图突破社会党的传统理念和政策导向，将其体现在1998年通过的新纲领中。

首先，关于国家权力的运用，传统上，社会党一直立足于其作为劳工阶层的代表这一基本点，因此在经济发展领域一直倾向于国家的干预，而干预的出发点则是出于对劳工权益的保护，在奥地利成为欧盟成员国之前，奥地利的国有企业曾经在经济领域占有举足轻重的地位，因此社会党所主张的国家干预不仅受到劳工阶层的支持，而且具有现实的可操作性。但是，随着奥地利加入欧盟进程的推进，奥地利对其国有体制经济进行了大刀阔斧的改革，而且整个社会的观念导向也发生了深刻的变化，为了适应全球化的发展形势,让奥地利的经济更具有竞争力,必须尽可能地减少国家的干预,遏制政府权力的扩张,从而开放市场,调动企业的积极性,这种"新自由主义"主张开始占据主流地位。在新的形势和背景下,社会党也开始向"右"移动,虽然其对"新自由主义"放任市场的主张不能够认同,但是也通过对当时风行全球的"治理理论"进行了带有自身党派色彩的解读,认为政府那种自上而下命令式的对社会的管理方式已经不适应时代发展的要求,而新的治理方式则充分尊重社会和公民"自下而上"的创新和力量,政府以更友好的方式与社会组织互动和合作,而且在合作中政府并不是以领导者自居,而是更多地担任参与者、催化者和促进者,让社会和公民充当主角,政府处于辅助的地位。以此来寻求国家干预和自由放任之间的平衡。

其次,公平与效率孰轻孰重?从保护劳工权益出发,社会党为奥地利完善的社会保障体制的建设做出了突出的贡献,但是在新的历史背景下,由于其尝试进行意识形态方面的调整,开始反对第二次世界大战后一直在欧洲处于主流地位的凯恩斯主义对国家干预的主张,传统的社会民主主义的国有化原则,又不愿对新一轮的自由主义浪潮随波逐流,因此力图超越"左"与"右"的束缚,强调一种中间路线,即在经济发展和社会公平分配之间寻求平衡。一方面,社会党主张市场竞争;另一方面,又坚守社会公正。为此,它提出提高以财产为税收计算基础的税率,降低以公正为税收基础计算的税率,这样就会减轻广大的工薪阶层的税收负担,让富裕阶层多交税,通过税收的杠杆使之惠及贫困阶层,从而加强社会团结。不仅在宏观层面通过税改推动社会公平,在微观的企业层面,社会党也主张企业内部实现民主,让员工参股,让员工拥有更多的参与企业决策的权利,以此来推动社会公平更好地实现。虽然在社会分配议题上,社会党始终站在自己的阵地上,站在劳工阶层的一边,但是,无论是宏观层面还是微观层面的政策主张,都是在推动经济增长、竞争力提高、不损失效率的前提之下的"补充"措施,并且与之前的奥地利福利国家发展路径相比,并没有更多的突破。值得注意的是,虽然社会党仍然主张社会公正,尽管社会党一以贯之地主张每个奥地利公民,无论经济地位如何,其人道尊严必须得到保障,而且奥地利未来的发展必须坚持很强的包容性,即所有人都有权利和机会为企业、社会、国家的发展做出决定,但是其社会公正的主张是在"平衡"的前提之下的,如果抛弃或者忽视了经济发展,那么社会公正将无从谈起,因此,社会党明确地指出允许一定程度上不平等现象的存在,与社会公平正义并不矛盾,这只是功能性的不平等,而允许功能性不平等存在,有利于经济的发展。这一点被一些社会党的传统支持者视为模糊立场的表述,甚至是从劳动向资本"转向"的迹象。

最后,有了效率与公平之间"平衡"的表述,就不难理解社会党也主张在社会福利领域权利和责任的平衡。20世纪80年代之后,欧洲国家普遍陷入了经济发展的"瓶颈"。至90年代,在欧洲主要国家失业现象凸显,一方面增长乏力,另一方面社会保障系统要承担的人却在增加,这就造成了公平和效率的失衡。在剖析当时的主要发展症结时,即使是社会党的学者,也认同多数同行的研究,认为过于完善的福利制度,会导致一批懒惰的公民躺在社会福利制度上睡觉,不思进取,成为社会团结机制的负担,而社会福利系统不堪重负,成为经济发展的阻碍,因此必须改革社会福利体制,从而调整社会的认知和观念,即社会福利系统只是给真正需要帮助的弱势群体提供保障的。因此,社会党在社会福利议题上明确主张不承担责任就没有权利,把社会福利变为积极的福利,把经济增长放在第一位,社会福利则以促进经济增长为目标,因为经济增长是社会公平分配的基础,因此有针对性地削减部分社会福利或者提高享有社会福利的标准,让社会福利真正应用于需要扶持的社会群体,这样可以节省开支,将更多的资金用于对失业者进行培训等更积极的领域,激励所有的社会成员发挥自身的主观能动性,承担起应该承担的责任,而不再有机会把责任轻易地推给社会、他人和国家。同时，进行劳动力市场改革，改变国家为了保护劳工权益更多地干预，以致劳动力市场过于僵化，抑制了有活力的经济发展，因此应该提倡更灵活的用工制度。奥地利经过加入欧盟之后的迅速调整和改革，在劳动力市场和社会福利制度效率提高方面，很快成效显现。①

虽然社会党的新主张号称是超越传统的"左"与"右"的创新，但从其判断经济发展和社会公正的基本思路来看，不过是在其传统的社会民主主义和新流行的新自由主义之间寻求某种折中和妥协，最后成为两者的混合物。不过，从其对市场和竞争的重视、对效率的强调、允许在其传统阵地"社会福利"领域里展开全面的改革，可见，其政策主张是向"右"倾斜，这种选择在全球化的背景下无疑是非常现实的。但从严格意义上来说，在社会党这里，并不存在真正的超越"左"和"右"的政治立场，没有哪个党派可以真正做到不偏不倚、刚好处在中间的位置，社会党想向中间移动，事实上却更向"右"移动了。② 这当然会引起其传统支持者的不满，认为左翼政党也向资本的洪流妥协，失去了"初心"和最基本的原则和立场。这也不难理解，随着德国社会民主党在2017年大选中经历了历史上最大的失败，奥地利社会党也紧随其后，失去了执政权，成为被选民所抛弃的政党。

由以上分析可见，主流政党的纲领虽然有自身的重点，如人民党对自由竞争、社会党对公平分配的强调，但是整体上看，两党都在走中间路线，都试图成为最大多数选民即"全民"的代表。成为"全民党"似乎将所有的选民诉求都涵盖了，这虽然是两个主流政党长期依靠"共识"来建设"和谐"社会的一种必然结果，但事实上，这恰恰给"第三阵营"留下了巨大的可操作空间，催生了其"崛起"，从而给主流政党带来严峻挑战。

---

① 王海霞：《奥地利社会民主党研究》，北京广播学院出版社2003年版，第188—196页。
② 同上。

## 第三节 极右民粹主义政党对"共识民主"模式的挑战

### 一 海德尔的自由党反对"共识民主"模式

海德尔对纳粹历史的美化确实让欧洲和世界强烈反感:把集中营称为惩罚营,赞扬希特勒的劳工政策,把丘吉尔称为战争犯,等等。但是,海德尔现象的出现,确实一开始就让人不得不反思奥地利的政治体制,而奥地利的政治体制是第二次世界大战后欧洲政治发展的一个组成部分,它一方面反映了整个欧洲政治的发展走向,另一方面又体现了奥地利的特色。那就是在奥地利共识民主体制中,一切几乎都是由国家控制的,从医院到银行再到媒体,甚至一个公司里如果有一个保守派的总裁,那么就必须有个社会党派的副总裁,以体现和谐与共识。在过去的几十年里,社会党和人民党几乎拥有了这个国家的大部分,本来民主党派应该通过民意代表表达不同群体的诉求,但它们则雇用了大量的刻板的技术官僚。从这个意义上来看,海德尔把奥地利称为"中欧的朝鲜",是一个发展中国家。这其实也正是海德尔推动的民粹主义之所以能够在奥地利如此声势惊人的深层原因。海德尔对这样的政治现状不满,致力于改变它,建立他所说的哈布斯堡王朝走入历史后奥地利的"第三个共和国"。在1999年的大选中,有47%的工人投了海德尔的票,这让自由党看上去似乎成为一个"工人阶级"的政党,而且海德尔不仅不像奥地利民主体制的威胁,反而更像唯一一个能够拯救奥地利民主制的政治家。海德尔不仅在奥地利内部事务上,而且在对外事务特别是对欧洲政策上也把自己塑造成一个捍卫奥地利自由的政治家,以反对腐败的且压

第九章 奥地利向"右"转及其给"共识民主"模式带来的冲击 | **229**

制奥地利的欧洲联盟。①

就西方学者已有的研究，他们认为民粹主义在西欧国家泛起，原因有很多，如果单纯从政治体制角度来看，几个方面的因素非常值得关注：第一，相比于两党博弈的"多数民主制"，奥地利等欧洲国家第二次世界大战后形成了多党合作式的"共识民主制"。这种共识民主制的突出优点是包容性更强，但是其缺陷也十分突出，那就是问责方面比较差。② 多个政党联合组阁执政，这是欧洲国家的常态，那么不同的利益诉求都被纳入议程，一方面都有机会得以兑现，另一方面又必须相互妥协，所以任何利益群体都很难独占鳌头，因此各个群体利益诉求的实现都是打折扣的。第二，"行政"和"政治"的关系问题，或者说"官僚"与"政治"的关系问题。一方面，在"共识民主制"中越来越多地出现左翼、右翼主流政党"合流"联合执政，这样政府的支持面拓展到最大限度，当然有利于达成更大的社会"共识"；另一方面，主要政党一旦垄断了权力，就会形成一种政治上的"卡特尔"化（这在奥地利最为典型），容易造成主流政党与其所应该代表的选民群体疏离、渐行渐远，一旦背离选民的诉求，那么就为政党为自身利益和发展服务打开了空间，这样就为反建制、反政治精英的社会运动开了口子。③ 奥地利的长期大联盟政府执政，虽然是以选民的投票为基础的；但是，在谈执政协议时，完全是政党精英在谈判。技术化党派谈判，把政治诉求以技术化的方式来解决，因此，精英色彩非常突出。主流政党联盟

---

① Jacob Heilbrunn, "A Disdain for the Past: Jorg Haider's Austria", *World Policy Journal*, Vol. 17, No. 1, 2000, pp. 1 – 78.

② Rudy Andeweg, "Lijphart versus Lijphart: The Cons of Consensus Democracy in Homogeneous Societies", *Acta Politica*, Vol. 36, Iss. 1, 2001, pp. 117 – 128.

③ Peter Mair, "The Green Challenge and Political Competition: How Typical is the German Experience", in Stephen Padgett and Thomas Poguntke, eds., *Continuity and Change in German Politics: Beyond the Politics of Centrality? A Festschrift for Gordon Smith*, London: Routledge, 2001, pp. 99 – 116.

的卡特尔化，实际上把政治变成技术化操作，这样是在"去政治化"，非常容易引发对体制的反抗行动。① 第三，联邦制也是一个不容忽视的因素，它在体制上是中央与地方的分权，是纵向的权力制衡，可以抑制多数人的暴政。奥地利的特殊性体现在联邦的"集权"色彩突出，虽然这有利于在联邦层面顺利地达成"共识"，但是卡特尔化也导致了决策体制的不透明和僵化。这其中起到关键作用的是主流政党的权力垄断。如何定义民粹主义？"纯粹的人民"和"腐败的精英"，是民粹主义最典型的表述，而且民粹主义者认为他们是人民普遍意志的代表。正是奥地利两大主流政党的"卡特尔"化及其对社会的钳制，为自由党的发展提供了土壤。

但是，多数今天关注民粹主义政党的人都忽略了民粹主义深厚的历史基础，而正是在此基础上民粹主义政党得以建立和发展；另外，重视不够的地方是今天欧洲的政治、社会和媒体环境为民粹主义提供了土壤。

第二次世界大战后的最初一个阶段，西欧国家在三个非常重要的方面达成广泛的共识：在冷战期间与美国结盟、欧洲大陆政治上的整合、建设强大的福利国家。这样的背景下，其他的意识形态没有发展的空间，民粹主义也不例外，直到20世纪80年代民粹主义才开始发展。而现在民粹主义政党的发展呈燎原之势，在过去的5年（2011—2016年）里在16个欧洲国家至少有1个民粹主义政党赢得超过10%的选票。整体上来看，民粹主义政党平均赢得16.5%的选票，在匈牙利最多（65%），在卢森堡最低（1%）。在6个国家民粹主义政党控制多数席位：匈牙利、意大利、波兰、斯洛文尼亚和瑞士。②

大多数对民粹主义政党的解释都从两个方面入手：全球化和2008年以

---

① Rudy Andeweg, "Lijphart versus Lijphart: The Cons of Consensus Democracy in Homogeneous Societies", *Acta Politica*, Vol. 36, Iss. 1, 2001, pp. 117 – 128.

② Cas Mudde, "Europe's Populist Surge", *Foreign Affairs*, Vol. 95, No. 6, Nov/Dec 2016, pp. 25 – V.

第九章 奥地利向"右"转及其给"共识民主"模式带来的冲击

来的欧洲经济危机导致的财政崩溃和经济萧条。但是事实上，当前这场民粹主义运动与20世纪60年代引发欧洲社会翻天覆地变化的后工业革命有直接的渊源。这场革命有两个突出的特征：去工业化和传统宗教信仰断崖式下跌。这给传统的政党带来非常大的冲击，因为传统左翼政党的票仓是劳工阶层，而传统右翼政党的支持者大多数是天主教徒和基督教徒，这就开始促使政党走中间路线；所以经过1/4世纪的发展，欧洲的选民发现，他们要么支持没有意识形态的政党，要么支持意识形态非常狭窄的新政党。而在20世纪最后20年，欧洲国家的主流政党都普遍达成一致新的精英共识：推行新自由主义改革，通过欧洲一体化建设多民族的社会。最为典型的是英国传统左翼工党首相布莱尔推出的"新工党"和德国传统左翼社民党总理施罗德推出的"新中间道路"意识形态。而传统右翼如英国保守党首相卡梅伦和德国基民盟总理默克尔的执政路线也更"中间道路"，从其传统的立场向中间立场大幅移动。所以，对欧洲的选民来说，这些政治精英已经分不清楚谁是谁，他们固有的党派立场已经完全模糊了。但是这些精英们有一个共同的非常重要的共识，那就是把国家权力让渡给欧盟、国际货币基金组织等区域和国际组织。这在选民看来，是把民选的官员的权力让渡给非民选的官僚。对多数欧盟成员国来说，非常重要的公共事务如边境控制和货币政策等，都不再是本国政府的职责范围，因此在欧洲民众称之为"TINA政治"（There is no alternative），这等于是将这些重要的事务交给欧盟或者国际货币基金组织，那么他们就有充分的理由不再对此负责任了。①

奥地利与其他欧盟国家相比，其主流政党走"中间道路"是最为突出的，甚至社会党也大力支持奥地利为加入欧盟而展开私有化、自由化的改革，两党都主张奥地利更深刻地融入欧盟和世界经贸体系。而"第三阵营"在主流政党的主流价值观上，提出了自己明确的反对意见。

---

① Cas Mudde, "Europe's Populist Surge", *Foreign Affairs*, Vol. 95, No. 6, Nov/Dec 2016, pp. 25 – Ⅴ.

## 二 自由党从坚持新自由主义转向反全球化

1994年1月1日北美自由贸易区生效当天在墨西哥爆发萨帕塔运动；1999年世界贸易组织第三次部长会议在西雅图开幕，约5万名来自世界各地的各界人士走上街头抗议全球化，呼吁世贸组织关注贸易环境和劳工福利等问题；2001年西方8国峰会在热那亚召开，结果有15万—30万人走上街头抗议示威，并与警方发生大规模冲突。这些新闻事件曾经成为全世界关注的焦点。人们开始探讨这场抗议全球化运动其背后的原因究竟是什么，对未来全球化发展将产生什么样的影响。但是应该说，对反全球化运动的研究忽略了一个非常重要的方面，那就是极右翼政党的反全球化诉求和主张。① 在2008年国际金融危机爆发后，右翼民粹主义政党在欧洲风生水起、强势崛起，由此引发了全球范围内的强烈关注。

从极右民粹主义政党的意识形态来看，强调民族主义，主张排外，反对移民和多元文化。这种强调文化和民族属性的主张，融合了原生态市民社会理念，其渊源大体上出自基督教/天主教。尤为不容忽视的是，它们反对经济和文化全球化。② 在2008年前后，学者们开始关注取得成功的极右民粹主义政党，除了法国的国民阵线、意大利的五星运动外，就是奥地利的自由党。当时过境迁、物转星移，国民阵线和自由党几乎已经在本国和欧洲政治中翻云覆雨，带来震撼性的冲击。

事实上，如果追溯起来，不难发现，在极右政党最初的意识形态中并不是反对全球化，而是新自由主义取向的。比如奥地利自由党就明确主张

---

① Andrej Zaslove, "Exclusion, Community, and a Populist Political Economy: The Radical Right as an Anti-globalization Movement", *Comparative European Politics*, Vol. 6, No. 2, 2008, pp. 169–189.

② Ibid..

减少政府的干预,给个人以最大限度的自由,以此来提高"机会平等"。具体来说,就是通过私有化、自由市场经济、减税来创造经济财富,提高劳动生产率,缩减国家的规模,让经济发展的成果真正惠及创造它们的人。他们反对的是"不劳而获"的政治和知识精英,以及官僚阶层。[1] 奥地利自由党在20世纪70年代晚期和80年代,尖锐地批评奥地利的协商式民主和合作主义式的福利国家。虽然第二次世界大战后西方发达国家普遍经历了黄金30年的快速增长,奥地利协商民主模式和全面而完善的福利国家都是在这一黄金时期建设和完善的。但是石油危机后,黄金期走进了历史,西方国家的普遍问题是,一方面经济增长缓慢,另一方面又失业率高企。而这些问题出现的背景是国家层面和全球层面的经济发展已经发生了结构性的变化,奥地利在面对新的危机局面时,并没有体制创新,仍然延续老模式,采用老方法,不足以应对危机带来的新挑战,而新自由主义则是治疗奥地利和西方国家"病症"的一剂良药。

但是进入20世纪90年代之后,极右政党的意识形态方向发生了转向。它们开始成为福利国家的捍卫者,就像海德尔所说的自由党要捍卫"公平的市场经济",而"公平"正是欧洲福利国家赖以奠定的基础。那么他们要捍卫的福利国家的敌人是谁?他们找到了新的敌人,而这个敌人来自外部,主要是外来移民。外来移民特别是来自伊斯兰世界的移民,他们抢夺了当地人的工作,西方国家面临的高失业困境主要根源在于此,同时这些外来移民导致犯罪率升高、社会治安恶化,尤其是从长远来看非常重要的,他们也在很多社会服务方面享有与本地人同样的待遇,将给福利国家体制造成持续的压力,特别是会破坏国家的文化认同。之所以产生这些不利的后果,是由资本主义的国际化造成的。资本主义国际化不仅仅是经济层面的,同时也是文化层面的,必然带来多元文化的发展。那么对欧洲的现状谁应

---

[1] Hans-George Betz, "The New Politics of Resentment: Radical Right-wing Populist Parties in Western Europe", *Comparative Politics*, Vol. 25, Iss. 4, 1993, pp. 413–427.

该承担责任呢？首先就是欧盟。欧洲一体化本身就是全球化的一个重要步骤和组成部门，欧盟窃取了民族国家的权力，采取了宽松的移民政策。那么经济全球化是谁来推动的？是经济精英和政治精英，而且也为他们的利益服务。但是经济全球化却摧毁了市民社会的原生态特性，威胁到它本来的经济秩序和传统的组织原则。这就是极右政党反精英、反全球化、反欧洲一体化的逻辑，当然也是奥地利自由党的逻辑。

那么极右政党是怎么把支持新自由主义转换到反全球化上来的？他们认为新自由主义经济政策尽管把国家垄断的部门和行业私有化了，但是它们最后转移到了跨国垄断集团手中。所以极右政党把跨国财团、银行、公司、欧洲联盟这样的国际机构作为自己的批评对象。以奥地利自由党来说，本来在1986年海德尔接手担任党主席时，新自由主义还是它的主导性意识形态，认为只有施行新自由主义，最终才能够打破奥地利协商民主模式背后主流政党、社团和政治精英的垄断。但是海德尔接手后，随着自由党在工人阶层获得的支持率越来越高，自由党也施行了意识形态的转换。所以海德尔的口号是"公平的经济"，意味着相对于垄断资源的经济和政治精英，缺乏保护的普通人需要"公平的机会"。改变经济全球化的这些衍生的"恶果"，国家首先要收回更多的决策权力。然而，回溯一下历史，不难发现，其实在坚持新自由主义时代，奥地利自由党和意大利五星运动都支持欧洲联盟，认为它是能够遏制国家权力垄断的一股推动"自由化"的力量，而且欧洲联盟也能够支持地方文化主义。但是随着欧盟的扩展（东扩），极右政党开始认为欧洲一体化是对市民社会的经济、政治和行政管理的"殖民"，疑欧主义成为极右政党的共同点。奥地利自由党一开始就反对奥地利加入欧盟，认为会损害国家认同，同时有利于全球化和文化多元化。海德尔多次在演讲中强调"祖国"（homeland）这个概念。祖国就是和特定的风景、习俗、文化、历史和语言紧密相连的，它们不是可以简单地就继承的东西，而是要人用心灵去感受的。所以自由党强调奥地利的历史和文化传统是保持奥地利民族国家认同中最重要的"民族"印记。因此，极右政党是建立在强烈的国家主义基础上的。那么这样就比较好理解，为什么极右政党从坚持新自由主义转向了反全球化。因为它们强调保护"我们自己"。新自由主义是主张拆散福利国家的，极右政党也将其转换为福利国家应该支持本土的勤奋工作的劳动者。所以，它们的政治经济学应该说本质上不是反对自由市场经济原则，它们强调的市场经济必须服务于本土利益。而且非常具有欺骗性的是，极右政党把失业与移民联系起来。它们认为跨国公司、媒体、国际组织和国家精英推动全球化，是把西方的经济发展模式强加给第三世界，所以第三世界原有的经济形态被破坏，人们被迫移民到欧洲；而欧洲的雇主又对廉价的劳动力有大量的需求，这对于第三世界并不公平，对第三世界移民出来的劳工其实也不公平，这是一种新型的经济殖民主义。所以海德尔才说，所有人都对祖国拥有重要的权利。不仅仅是奥地利人，来自第三世界的劳工也是一样的。他猛烈抨击政治精英剥夺了人民的权利，来决定谁可以居住在他们自己的社区里。这就是精英和人民的根本性矛盾所在了。[1]

## 三 自由党触动奥地利的"国家主义"认同

海德尔现象的出现，还有奥地利国家认同方面的深刻根源。第二次世界大战后奥地利实际上陷入了是寻求自身的认同还是一个更广泛的欧洲认同的困境；但是人民党和社会党联合政府选择让奥地利在第二次世界大战后成为一个中立国家，使奥地利能够超然于东西方的对峙和冲突，并且在超级大国的相互斗争中充当一个宝贵的谈判对象，无论是无休无止的裁军

---

[1] Andrej Zaslove, "Exclusion, Community, and a Populist Political Economy: The Radical Right as an Anti-globalization Movement", *Comparative European Politics*, Vol. 6, No. 2, 2008, pp. 169–189.

谈判，还是间谍追踪等，美苏两大超级大国都把维也纳选为谈判的地点。从而也使奥地利寻求自身认同的诉求被掩盖起来。但是，一旦前中东欧社会主义国家开始转型，大量的东德难民过境奥地利，立刻给这个国家带来混乱。那么大联盟政府为此采取了什么新措施吗？完全没有。而是继续坚持共识民主。如果已经失去共识了，那么怎么维持共识呢？突然间，一向被边缘化的自由党成为一个敏感的选择。海德尔的成功，让人们不得不认识到，他所代表的一种奥地利的传统，在第二次世界大战后长期被压制，即奥地利的国家主义。[1] 而这正是主流政党所千方百计回避的。这种富于高度政治敏感性的传统和国家认同问题，难道真的成功地在全民"共识"中被刻意避开吗？

事实上，1986年的"瓦尔德海姆事件"打开了潘多拉的盒子，让奥地利在第二次世界大战后塑造的德国国家社会主义受害者的形象崩塌。[2] 瓦尔德海姆是奥地利著名政治家，曾在1972年至1981年底担任联合国秘书长。他卸任联合国的工作之后，决定参加1986年奥地利总统大选。为给参选造势，他于1985年出版了他的个人自传。但是奥地利的调查记者发现自传中瓦尔德海姆对其在第二次世界大战期间应召入伍参加德国国防军经历的描述有多处漏洞；不久，世界犹太人大会也认为，根据联合国战争犯罪委员会的调查，瓦尔德海姆对于自己在纳粹冲锋队以及1942年至1943年作为驻守希腊的德国军官经历撒了谎。这件事在奥地利和全球范围内引发强烈关注，奥地利政府委托一个国际历史学家委员会调查瓦尔德海姆在1938年至1945年的经历。该委员会的报告显示，没有任何证据显示瓦尔德海姆卷入纳粹屠杀暴行，但是委员会找到证据证明他知道纳粹所犯下的罪行，而他

---

① Jacob Heilbrunn, "A Disdain for the Past: Jorg Haider's Austria", *World Policy Journal*, Vol. 17, Iss. 2, 2000, pp. 71 – 78.

② Susanne Froehlich-Steffen, *Die oesterreichische Identitaet im Wandel*, Vienna: Braumueller, 2003, pp. 115 – 156.

## 第九章 奥地利向"右"转及其给"共识民主"模式带来的冲击

自己之前一直否认知情,声称自己不知道所发生的任何纳粹暴行。尽管如此,瓦尔德海姆仍然在1986年的总统大选中胜出,成为奥地利第9任总统。"瓦尔德海姆事件"激发了奥地利政坛和社会对奥地利在第三帝国期间究竟扮演了何种角色的大讨论或者更确切地说是大争论,也反映出奥地利国民对纳粹占领时期奥地利的复杂、两面性的认知。这种矛盾的心态构成了奥地利的"政治记忆"和"政治情感",它们最终也成为奥地利认同的组成部分。① 不过,尽管对奥地利的认同有绕不开的历史,但是从20世纪50年代到21世纪初,奥地利人对第二次世界大战后奥地利作为一个全新国家的认同从46%上升到76%。②

由此可见,人民党和社会党长期标榜自身代表"全民",凝聚全民"共识",但是这种"共识"里,其实不仅有公平和效率,还有欧盟和移民,特别是还有无形的国家和民族在全球化时代的认同问题,一旦出现空白,那么就会有新的政治力量在这块空间里"崛起",填补空白。所以,从这个意义上说,极右民粹主义政党自由党冲击的不仅是有形的"共识民主"模式,更耐人寻味的是冲击奥地利人内心中无形的"共识",让国家认同问题不再被回避,并且刺激社会和公民去探寻,那个关于"我们是谁"的"共识"究竟是什么。

---

① Heidemarie Uhl, *Zwischen Versoehnung und Verstoerung: eine Kontroverse um Oesterreichs historische Identitaet fuenfzig Jahre nach dem Anschluss*, Vienna: Boehlau, 1992, pp. 30–31.

② Susanne Froehlich-Steffen, *Die oesterreichische Identitaet im Wandel*, Vienna: Braumueller, 2003, pp. 115–156.

# 第十章

# 奥地利"共识民主"模式往何处去?

## ◇第一节 奥地利"共识民主"模式迎来"文艺复兴"?

奥地利第二次世界大战后"共识民主"模式的核心环节是"社会伙伴"关系,社会伙伴关系反映的是在经济和社会政策领域政府、政党和一些社会利益集团之间的"机制化"关系。这是第二次世界大战后奥地利政治最突出的特色,但是这种"机制化"的关系没有由宪法和其他法律来界定,而是在实践中运作和施行的。传统上拥有巨大影响力的社会利益集团,代表雇主一方的"经济协会"和代表雇员一方的"工人协会"都是义务会员制,奥地利虽然只有800万人口,但是付费的利益集团会员高达350万人,每月会费从其收入中自动扣除,会费约相当于会员毛收入的0.5%。当然,如前所述,代表雇主一方的"工业联合会"和代表雇员一方的"工会联合会"则是自由会员制,如"工业联合会"近年来不仅在欧盟层面,也在奥地利联邦层面致力于扩大其影响力。无论是哪种形式的社会利益集团,它们的组织架构都是"伞形"结构,对其下属组织都有很强的凝聚力,因此这些社会利益代表组织在奥地利政治决策中一直拥有巨大的影响力。

奥地利社会伙伴最突出的特征是其与主流政党人民党和社会党的"交叉"关系,不仅在财政资源方面,更重要的是在人事上。政党的精英也常常任职社会利益集团的高级职位；反之亦然，经济利益集团或者工会的负责人甚至担任政府副总理和部长，这在奥地利非常常见。这样，社会利益集团能够与联邦政府的主管部门保持长期、稳定的沟通，而这种沟通不仅以非正式的形式，同时也通过建立专门的"咨询委员会"，在正式的平台上进行。

虽然在20世纪50年代，"社会伙伴"模式刚刚起步时，只是作为一个解决当时所面临的现实问题的方法，但是后来这种方法逐渐"机制化"，解决问题的有效性使其不断扩大治理范围，并且长期存在下来，直至今天。其历史功绩在奥地利内外有目共睹，不仅推动了奥地利的经济增长和就业，同时也为公平分配和建立和谐的福利国家做出了关键性的贡献，从而被视为奥地利第二次世界大战后成功的"密码"。

自80年代以来，奥地利面临的经济发展环境发生了变化，经济增长率下降，失业率有所上升，外部的竞争压力持续加强，这为"社会伙伴"之间的合作带来了困难；而奥地利传统政党体系中"第三阵营"快速"崛起"，也让奥地利内部的政治环境变得更为复杂。在这种背景下，通过"社会伙伴"机制达成"共识"的模式开始逐渐失去其以往的魔力和光环，改革"社会伙伴"机制和"共识民主"模式，成为一直以来奥地利学术界、政界和社会探讨的重要议题。

奥地利成为欧盟成员国之后，特别是进入21世纪之后，人们看到奥地利固有模式不得不产生相应的变化，因为很多重要的经济和社会政策都是由欧盟做出的，奥地利政府特别是奥地利的社会利益集团当然可以在欧盟的体制框架内发挥其影响和作用，从而诉求自身的利益主张，但是无论如何，奥地利只是欧盟的28个成员国之一，其影响力的局限是显而易见的。

虽然"社会伙伴"机制和"共识民主"模式一直被批评、被检讨，但是它们离退出历史舞台尚有很远的路。2008年欧债危机爆发后，与深陷主权债务危机难以自拔和举步维艰的其他欧盟成员国不同，奥地利的经济发展和就业市场的表现，并未出现大的波折，奥地利并未停止"增长"，而且依然社会"和谐"。因此，有很多乐观自信的分析认为，奥地利的良好表现首先应归功于"社会伙伴"机制和"共识民主"模式。虽然自90年代，中东欧前社会主义国家开始向市场经济转型，中国和越南等社会主义国家也走上了市场发展道路，但是奥地利这种仍然通过"共识"来调控经济和社会生活的模式并没有发生大的改变。1995年之后，奥地利成为欧盟成员国，虽然根据欧盟的自由化要求，奥地利进行了私有化改革，对原有的国有企业进行了大刀阔斧的改革；但是"社会伙伴"机制和"共识"模式仍然继续生存，并且被包容在奥地利参与欧洲一体化的进程当中。在欧债危机中，奥地利之所以能够安然渡过，很大程度上应归功于"共识"模式。这种模式让不同的社会群体都能够平等表达自身诉求，这对弱势群体来说尤其重要；而正是对弱势群体诉求的回应，才使得奥地利在危机时刻仍然能够维持社会团结和稳定。为和谐和稳定奠定基础的福利国家，虽然开支巨大，但是并没有拖累奥地利的经济发展，良好的社会保障和高素质的劳动力反而成为支撑经济发展的必要因素。因此，在奥地利学术界也有一种奥地利模式在欧债危机考验下又经历了一次文艺复兴的看法。[1]

当然，欧债危机也让奥地利不得不与欧洲一起来思考：奥地利和欧洲的未来究竟要走向何方？是继续坚持福利国家模式，兼顾效率和公平，还是将一切置于全球化的自由市场之下，即为了提升市场竞争力可以抛弃原有的社会价值观和公平分配的社会模式？而这里的关键点是劳动力市场，究竟是将劳动力视为与其他商品一样，将其置于市场规则之下，还是应该在市场机制之外加上人为的调控，对弱势群体施以人道关怀和扶助？一旦面向未来的发展方向明确下来，就会决定"社会伙伴"机制和"共识民主"

---

[1] Daniela Rom, *der Standard. at*, 2012年11月21日对奥地利国家档案馆馆长历史学家Wolfgang Maderthaner的采访。

模式是继续其历史进程，还是不得不走进历史。①

无论如何，"共识民主"模式让不同阶层、不同群体的人能够坐在一起，有机会相互了解彼此，然后共同做出决定，这对大家共同解决所面对的问题无疑是更贴切的方式——直至欧债危机之后这仍然是奥地利社会相当主流的看法。

## ◇第二节　主流政党也对"共识民主"模式动摇了？

在1945—2017年这72年中有43年是人民党和社会党联合执政，共同治理奥地利，它们建立的协商民主模式，让几乎奥地利经济和社会发展的每一方面都纳入它们调控的范围里，这也使奥地利成为世界上一个非常独特的国家。但是近年来，两党在奥地利的政治垄断地位不断受到挑战，自由党和绿党都是挑战的力量。在2017年国会大选前，对于2017年10月15日将举行的国会选举，这个国家到时会发生什么？奥地利一份新闻杂志"Profil"写道：奥地利已经变得让人认不出来，令人惊异地在重新定义自己。而这一戏剧的核心就是库尔茨，年仅30岁，是现任政府外交部长，他实际上是奥地利旧体制的产物，出身自人民党。但是他给人民党带来了一股新风。在他担任人民党青年部主席时，他将一潭死水的机构转变为有活力的网络。通过举办酒吧之夜、自行车之旅等各种活动让青少年能够有机会相互沟通和交流。因此，2013年他以年轻、在维也纳长大、自由派的基础背景，成为世界上最年轻的政府外交部长。很快他因为对移民持有比较强硬的立场而赢得了人民党中右派的青睐。他在接受党主席桂冠时，让党

---

① Daniela Rom, *der Standard. at*, 2012年11月21日对奥地利国家档案馆馆长历史学家 Wolfgang Maderthaner 的采访。

内大佬们接受他的条件,那就是把人民党转变为一揽子提名候选人参加竞选,而且他有提名权,限制州层面党的负责人和利益群体的权力。然后他还力邀 NEOS("新奥地利和自由论坛")的著名人士、绿党和市民社会人士加入他的竞选名单。至于他的基本政策理念,知情人认为更贴近奥地利学派的自由主义传统,因为库尔茨认为征税后直接将其作为补贴发放是错误的。

相反,社会党的主席、现任总理科恩更像是一个旧模式的捍卫者。他认为,正是这个模式让"奥地利强大"。他认为库尔茨的设想是理想化的,质疑其是否能够真正从人民党的旧体制结构中"出逃"。但是事实上,奥地利的"家长制"式的体制确实正在走向消亡。过去,奥地利作为福利国家提供从摇篮到坟墓的社会保障,人们可以将业余时间消磨在阿尔卑斯俱乐部里,工作上简单地选择参加人民党或者社会党"主持"的工会,从医疗到急救服务等全都包办了,但是今天这个体制正在戏剧性地动摇甚至解体。科恩给予的建议是进一步的经济私有化和投资基础设施建设。科恩或者库尔茨,谁能够重塑奥地利的体制呢?与科恩相比,库尔茨显然是非常有野心的。这两位奥地利最重要的政党的领袖都认为奥地利的政治体制破裂了,但是无论 10 月选举中谁上台,都会面临很难推动全面的体制改革计划的困境。奥地利社会在不断地前进,但是政治是否跟上了社会前进的步伐是个未知数。①

2017 年 6 月 2 日,当时任总理科恩接受《经济学人》杂志采访时表示,在过去的 12 月里,奥地利发生了比较大的变化,经济和社会发展状况良好,创造了 63000 个新工作岗位,比德国同期的就业市场状况表现更好,300 个跨国公司来到奥地利发展,创造了一个纪录,同时在公共和私人领域投资增加 3%,也高于德国同期的水平。他谈到奥地利失业问题是最严峻的社会

---

① "Wunderkind: Austrian politics", The Economist, June 3, 2017, Vol. 423, Iss. 9043, p. 34.

问题，这一问题产生的原因之一是与奥地利独特地理位置直接相关，奥地利与东欧国家接壤，处在"最前沿"的位置，而其邻近的东欧国家比奥地利的工资水平低很多，比如罗马尼亚的平均工资水平相当于奥地利的18%，保加利亚相当于14%，斯洛文尼亚相当于46%；因此，大量来自这些国家的民众涌入奥地利劳动市场，给奥地利就业市场带来的压力可想而知。这次访谈中，科恩总理重点谈了他的 A 计划，这是社会党作为一个传统的左翼政党对奥地利现实挑战做出的最好回答，这个计划的核心和出发点是回应这个最尖锐的现实问题："我们如何能够创造繁荣以此保障公平的分配？"所以这个计划不仅关注左翼政党的传统领域公平和社会再分配，而且重点在能源技术领域和教育领域加大投资力度。科恩总理称之为现代化计划，升级所有领域。事实上，这一计划已经出师不利，并造成当时人民党和社会党大联盟政府濒于解体。主要的原因在于教育改革。社会党认为，教育是保障未来奥地利在世界上竞争力的重要方面，因此想把教育领域的决策拿到中央政府层面，这样决策的效率会大幅度提高；但是这一改革遭到人民党所把持的一些州政府的反对，因而难以推行。在能源领域双方也发生很大的分歧，社会党欲推行绿色能源政策，加大这一行业的投资，这样能源的利用会更有效率，价格会下降，以有利于工业界和普通的民众和家庭；但是，人民党欲推行"生态气"（沼气），大规模资助农民，而农会传统上是与人民党利益捆绑的。显然从两党的重大分歧来看，科恩总理承认，奥地利第二次世界大战后长期运行的共识模式破产了。记者问到奥地利独特的"共识"模式时，科恩认为"它使奥地利强大"。问到它适合未来吗？他答道，是，但是必须进行重大变革。他也承认，商会和农会传统上是与人民党捆绑的社团，而工会与社会党捆绑，但是现在很多刚起步者都选择不参加这些社团组织，这已经开始成为趋势。家长制式体制解体了。记者问到，教育改革是不是中央集权，科恩认为社会党一直是集权式，人民党相比之下，集权的力度较小。对于奥地利的模式，科恩认为应该通过升级来维持，因为除了北欧的斯堪的纳维亚国家，奥地利是世界上最公平的国家，奥地利长期坚持的是发展中"一个都不落下"，显然目前赢者和失败者之间的落差在加大，因此今后需要做的是进一步加强公平再分配。①

奥地利的"共识民主"模式是在人民党和社会党的"共识"基础上发展起来的，特别是社会党，在"社会伙伴"发展的历史进程中发挥了非常重要的作用。时至今日，无论是库尔茨借由2017年国会大选打破人民党和经济利益集团精英圈子对政党重要人事安排的垄断权力和模式，还是科恩总理公开宣称奥地利模式改革的必要性，都让人们看到奥地利模式存在的危机及改革的紧迫性。不过，主流政党能够担负起改革的重任吗？

## ◇◇ 第三节 "执政联盟"的改革方案和奥地利"共识民主"模式的走向

人民党作为主流政党借由库尔茨的高人气在2017年10月的国会大选中，并没有像左翼社会党一样，失去主流的地位，但是人民党赢得选举的主要亮点在哪里？是从改革奥地利固有的"共识"模式，从而让奥地利在未来获得新生吗？众所周知，库尔茨确实是从奥地利面临挑战的一个关键点，即借奥地利与欧盟的关系来处理奥地利的现实问题，而奥地利与欧盟关系恰恰是极右民粹主义政党奥地利自由党大做文章的领域，并借此收获选票的关键点。

### 一 库尔茨的右翼难民政策和对外开放政策

库尔茨作为欧洲最年轻的外交部长，在处理难民危机上赢得了奥地利

---

① "An Interview with Christian Kern: Austria's Changing Politics", *The Economist*, June 2, 2017.

民众的支持。难民危机给奥地利这个刚好处在东西欧之间的国家的国际化形象带来了巨大的考验。2015 年难民潮席卷欧盟，大批难民过境奥地利前往德国等国家，给奥地利造成极大的压力。例如，通往德国的重要交通站、奥地利闻名全球的音乐之都——萨尔茨堡为此甚至每天加开数趟"难民专列"运送难民，萨尔茨堡火车站的站前广场也几乎变成了"难民营"。而萨尔茨堡是通往欧洲各地的交通枢纽，难民运输也给通往欧洲其他地方的铁路交通秩序带来很大的困扰。奥地利民众对这样混乱的局面十分不满，认为奥地利变成了难民的"候车室"。因此，奥地利外交部长库尔茨明确反对德国总理默克尔欢迎难民的政策。2016 年 2 月，在欧盟刚刚召开首脑峰会并达成共同应对难民危机共识后仅 1 周，奥地利即组织巴尔干地区 9 个国家在维也纳召开会议，处于难民进入欧洲的"巴尔干通道"上的阿尔巴尼亚、黑山、保加利亚、马其顿、塞尔维亚、科索沃、斯洛文尼亚、克罗地亚、波黑 9 个国家的外交部长和内政部长，与奥地利同事一道，探讨欧洲难民危机的破解之道，并达成一致，要一起行动减少难民进入欧洲。十分引人注目的是，解决难民危机最重要的国家德国和深受难民危机困扰的希腊，并未获得邀请，而且欧盟也同样没有得到邀请；因此，这次会议被视为奥地利牵头、巴尔干国家抱团对抗"欧洲解决方案"。但是，库尔茨明确表示奥地利并不是反对欧洲解决方案，但在欧盟达成解决方案之前，国家的解决方案是必要的。到 2016 年 3 月初，斯洛文尼亚、克罗地亚、塞尔维亚、马其顿相继采取行动，"巴尔干通道"被关闭了。虽然关闭通道得到了欧盟理事会主席图斯克的肯定；但是遭到德国和希腊总理的批评，认为奥地利"擅自"联合巴尔干国家采取行动，解决了自己的问题，却使希腊等国的难民滞留，这些国家压力更大。2016 年 8 月初，库尔茨在奥地利电视新闻节目中表示，欧盟与土耳其达成的难民协议不会得到执行，因为土耳其在背离欧洲的道路上愈行愈远，欧盟应该中止与土耳其的谈判，避免被土耳其勒索。2016 年 12 月，库尔茨仍然明确表示，就土耳其当前的局面，奥地利不同意欧盟与土耳其展开入盟谈判。因此，在很多奥地利选民眼中，库尔茨采取了"奥地利第一"的强硬措施和立场，这无疑为库尔茨加分很多，让其在民调中支持率大涨。反对者认为，库尔茨采取的这种负面的反移民的政策，会让奥地利在布鲁塞尔被孤立。但是库尔茨对此的反应既很礼貌又很坚定，他认为奥地利作为欧盟成员国有自己的席位和投票权，有自己的权利选择对土耳其入盟采取何种看法。① 正是如此果断地处理难民危机，让库尔茨在选民中声望大涨。

在他以强硬手腕解决难民危机之后，2016年底接受采访时明确地阐述事实，奥地利作为人口规模非常有限的国家，仅在2015年就已经接收了9万名难民，如果以人均来统计，在欧洲，奥地利仅排在瑞典后面，位列第二，事实上为拯救欧洲的难民危机做出了很大的贡献，比人口规模比奥地利大很多的美国和加拿大都要做得更好。他明确强调他反对为提高生活水平而涌入欧洲的"非法"移民，虽然他完全理解这些非法移民寻求更好生活的动机和愿望，但是奥地利的体制已经不堪重负，他很高兴看到整个欧洲也已经逐渐认识到这一点。另外，虽然对难民问题采取如此强硬的立场和措施，但是库尔茨并不"排外"、反对全球化和欧洲一体化。从他自身成长的背景来看，他生长在维也纳，读中小学时期，同学中就有很多移民的子女。他强调，今天的奥地利有20%的人口有移民背景，移民毫无疑问为奥地利的经济发展做出了非常大的贡献。②

因此，观察家们注意到，库尔茨虽然对待难民危机的处理手段强硬，让很多人认为他在这个议题上与自由党没有什么差别，甚至还有质疑的声音，认为他是想"借难民危机上位"，捞取政治资本。例如，在库尔茨的人

---

① Ralph Atkins and Arthur Beesley, "Young Contender Shakes Austria's Old Guard: Profile: Sabastian Kurz", *Financial Times*, London (UK), June 14, 2017, p. 3.

② Ralph Atkins, "Austrian Foreign Minister Sebastian Kurz on Migrants and Far Right", *FT.com*, (London), November 3, 2016.

民党在 10 月 15 日的大选中获胜之后，就有评论认为在法国总统大选中马克龙成功当选，让很多人错误地认为民粹主义浪潮在西方民主国家已经退潮。但是这种认识和判断在新的事实上显得比较幼稚，因为 9 月 24 日德国大选中，德国的极右民粹主义政党选择党成功地"闯入"国会，并成为第三大党；而在 10 月 15 日的奥地利大选中，自由党以略超 26% 的得票率，成为第二大党，并与得票率最高的人民党（31.7%）联合组阁。如果分析得与失，在 2013 年上一次选举中，人民党和自由党的得票率分别为 24% 和 20.5%，显然两党都取得了很大的进步。但是进一步的统计资料显示，在 2016 年 12 月的民调中，自由党的支持率达到 35%，是传统政党人民党和社会党都难以企及的。这其中非常重要的因素就体现在移民问题上。相比之下，传统的右翼政党，如果在移民问题上态度温和，那么它们"空"出来的阵地就会被民粹主义政党填补，就像德国大选中发生的那样。但是奥地利大选证明，如果传统政党在这一块阵地上也强硬起来，就会挤压民粹主义政党生存的空间。[1] 这种分析当然也不无道理。事实上也有观察家认为库尔茨对待移民的立场与自由党有巨大的差异，这个差异主要体现在他是一种"就事论事"的立场，就是要寻找办法回应当前奥地利老百姓的最大诉求，结束奥地利一些地方由于难民大量涌入造成的混乱和无序，相比之下，自由党的移民政策带有明显的种族主义意识形态色彩。[2]

但是，他与社会党总理科恩的观点不同，科恩质疑欧盟与加拿大和美国展开的贸易协定谈判。库尔茨认为对外开放对奥地利非常重要，因为奥地利是出口型经济，每赚 10 欧元，其中就有 6 欧元来自出口，而且奥地利的企业在世界各地都很活跃，他也看不到这些企业对全球化怀有恐惧。

---

[1] William A. Galston, "Politics & Ideas: Is Populism a Threat to Democracy?", *Wall Street Journal*, Eastern Edition, New York, October 18, 2017, A.15.

[2] Ralph Atkins and Arthur Beesley, "Young Contender Shakes Austria's Old Guard: Profile: Sabastian Kurz", *Financial Times*, London (UK), June 14, 2017: 3.

另外，自由党的意识形态与东欧的"维谢格拉德"集团（波兰、匈牙利、捷克、斯洛伐克）有相通之处。但是，库尔茨的立场非常富有智慧，一方面他认为奥地利无疑是一个西欧国家，政治稳定、社会安全、教育公平；另一方面，奥地利独特的地理位置使其成为连接东西欧的桥梁，而奥地利本身也从中获益，正是这种优势使得超过300家大型跨国公司将地区总部设在维也纳。[1] 支持全球化和欧洲一体化，在奥地利对外政策的最重要方面库尔茨的立场与自由党也有明显的差别。

从上述分析可见，虽然库尔茨在难民问题上采取强硬立场，并在很大程度上因此而赢得了大选，但是这种强硬姿态一方面是"就事论事"性质，并不代表库尔茨及其领导的人民党在奥地利与欧盟关系上发生基本立场上的变化；另一方面，这种不符合欧盟规范的"非常规"操作确实有策略性的考量，当然也包括赢得2017年大选的策略性选择。正如前面所分析的，自由党作为极右民粹主义政党，不断地靠操作移民、难民议题而"上位"，实际上是把奥地利自身的经济和社会问题的根源错误地转移到移民和难民身上，限制移民、拒绝接收更多的难民可以缓解奥地利面临的现实困难，但对奥地利存在的真正的潜在危机的处理和解决，并不会起到根本性的作用，甚至可能掩饰了奥地利模式本身的问题。因此，从这个意义上说，人民党尽管在处理难民问题上让民众看到了"亮点"，但是并没有触及奥地利模式的问题，事实上也没有本质上改变奥地利和欧盟的关系。

而库尔茨所坚持的自由主义的立场，不仅与人民党的传统立场，也与人民党在奥地利加入欧盟之后，在新的全球竞争背景下，所坚持的自由化和全球化立场相吻合。尤其令人回味的是，从科恩总理在大选前接受采访时的表态来看，这也是社会党一直以来的主张。无论是右翼还是左翼都支持自由化和全球化，在两个主流政党的这种"共识"之外，全球化的"失

---

[1] Ralph Atkins, "Austrian Foreign Minister Sebastian Kurz on Migrants and Far Right", *FT.com*, (London), November 3, 2016.

败者",被市场竞争抛下的人们——谁来在"共识"框架下代表它们呢?因此,不难理解2017年奥地利大选的结果,本来代表劳工阶层和弱势群体的左翼主流政党——社会党被抛在主流之外了,社会党的一些选票流失到极右民粹主义政党阵营之中,它自己也被排除在执政之外,被迫成为反对党。显然,民粹主义政党转移了奥地利产生问题的真正原因,因此它不会提供真正解决奥地利自身问题的方案。令人忧心的正在于此:民众所担心的是全球市场经济化和竞争压力之下,奥地利和欧洲的福利国家会不会逐渐被拆散?虽然奥地利的福利国家并没有发生大的变化,奥地利和谐稳定的大局也没有发生动摇,但是奥地利和欧盟的命运捆绑在一起,欧盟的发展趋势无疑是一直迈向自由化的。库尔茨所代表的人民党的立场并没有真正意义上的变化,仍然运行在一直以来所行驶的轨道上。因此,人民党会有让奥地利新生的新方案吗?恐怕奥地利内外多数人对此会持有疑虑和保守的态度。那么,与人民党联合执政的自由党,如果不会提供解决问题的新方案,会带来令人担心的破坏性结果吗?

## 二 人民党和自由党"执政联盟"的施政计划

虽然奥地利自由党与人民党组成执政联盟,正式成为执政党,而且拥有副总理等重要的政府内阁职位;不过,作为总理的库尔茨显然认识到,与自由党结盟可能给执政联盟带来批评和质疑;因此在2018年12月他作为奥地利总理第一次发表施政演讲时,就特别再一次谈到他的亲身经历,他在中学念书期间,曾经亲访第二次世界大战期间纳粹集中营的幸存者,让他有机会亲身感受到国家社会主义给人们所带来的恐怖,并且指出,他作为一个"85后",很可能是"最后一代人"——还能有机会与纳粹集中营的幸存者面对面地谈话,亲耳聆听他们的遭遇。显然,库尔茨希望他的一再公开表态——明确反对法西斯主义、明确反对反犹主义,可以消除人们对自由党加入执政联盟的疑虑。①

2018年12月，在万众期待的库尔茨作为奥地利总理和欧洲最年轻的领导人第一次造访欧盟时，库尔茨尽力向欧盟解释，奥地利是一个亲欧盟的国家，奥地利也愿意在欧盟的发展中扮演积极的角色，以此来消除欧盟其他成员国对奥地利的疑虑。由于库尔茨的人民党与自由党结成执政联盟，虽然在人民党的要求之下，对欧盟一直持批评立场的自由党在执政协议谈判中，已经同意暂不在奥地利举行脱欧公投，而是与人民党一起履行亲欧基本路线。但是，两党的执政联盟对于德国默克尔政府对难民采取"欢迎"态度和政策表示反对，反对欧盟层面上对接收难民数额在成员国之间进行统一"分配"；由此出发，两党都赞同进一步阻止欧盟过多地干预成员国的内部事务。同时两党都同意对外国人甚至是来自欧盟其他成员国的移民的福利进行削减。虽然两党执政联盟的欧洲政策仍然基本上运行在既有的轨道上，不放弃奥地利作为欧盟成员国应承担的责任和义务，不放弃积极地参与欧盟事务并发挥奥地利的独特影响力，但是"阻止"欧盟过多地干预成员国事务，显然在"定调"上有了与以往不同的意味。在质疑欧盟的同时，奥地利自由党表示要争取更多的属于"人民"的权利，即在奥地利，也应该像其邻国瑞士一样，更便利地举行全民公投，让人民有更多的直接民主权利。这无疑是带有典型特色的民粹主义内外政策主张。如果从已经公布的具体施政计划来看，在内政外交方面，两党达成的协议将致力于"改革"奥地利模式。

### （一）总体改革方案

2017年12月执政联盟正式建立之后，公布两党达成的长达182页的施

---

① Andrea Beer, "Bekenntnisse und Kampfansagen", December 20, 2017, https://www.tagesschau.de/ausland/wien-regierungserklaerung-101.html.

政计划，① 从整体结构上看，把"国家与欧盟"放在第一部分，"秩序与安全"为第二部分，然后是"未来与社会""公平与正义""区位与可持续发展"。从这样的排列顺序可见这届政府最关注的是欧洲政策和难民危机带来的社会安全问题。

序言部分开门见山地指出，奥地利是世界上最美丽、最宜居的国家之一，两党的执政目标就是为了保持奥地利这种状态而努力，不仅要捍卫奥地利的财富地位，而且要进一步拓展。但是，在两党看来，奥地利在一些领域已经失去了在欧洲的领先地位，虽然奥地利强大的社会保障体系令人信任，但是有些方面已经导致效率的缺失；奥地利本来有着相当大的区位优势，但是与欧洲邻居相比却不再具备足够的竞争力；虽然奥地利人生活在一个自由而团结的社会，但是过去一些年里由于移民政策方面的失误而面临着前所未有的挑战。为了应对这些新的挑战，本届政府将采取新的政治风格，将鼓励创新、奖励勤奋、稳固社会平衡发展；由此可见，执政联盟将创新、勤奋工作排在社会公平的前面。具体的措施是：减税，防止社会福利被滥用，有效阻止非法移民来到奥地利。同时，通过扩大直接民主，提高公民参与政治过程的程度——这"额外"的一条无疑有着深深的民粹主义政党的烙印。

在序言之后，执政联盟强调了其执政的基本原则，这里也请注意其排序：自由——减少税赋负担和释放更多空间给个体，同时强调与自由相对应的个体责任；责任——积极的公民社会，不是推卸责任而是承担社会责任；祖国——保卫祖国奥地利作为宜居国家的文化特色，这包括由我们自主决定，谁可以移民来与我们生活在一起，杜绝非法移民；安全——保卫奥地利领土，保持奥地利的中立地位，保护奥地利公民的安全；代际公平——减少公共财政负债，为后代减轻社会负担；家庭——家庭是由男女

---

① OEVP, "Zusammen. Fuer unser Oesterreich. Regierungsprogramm 2017 – 2022", https://www.oevp.at/download/Regierungsprogramm.pdf.

和共同的子女组成的社会基本单位,是所有儿童健康成长和为走向生活做好准备的地方;可持续发展——保护生态与经济发展并不矛盾,政治必须具有长远眼光,顾及后代人的需求和发展空间;效率——意味着在家庭、学校、职场和社团等各个领域努力创造成效并准备为此承担风险;机会平等——为所有儿童提供最好的教育;清晰化——让立法和规范能够简单明了,使公民易于理解;分权——地方分权,个人承担责任。从这些基本原则及其排列顺序来看,自由主义排在社会公平分配的前面,给资本减负和个人承担更多责任排在社会团结和国家责任前面,具有强烈的右翼色彩,而从祖国和文化价值出发看待移民问题,民粹主义意味浓厚。

具体来看,这个"宏伟的"施政计划如果真正付诸实施,的确会给奥地利带来巨大的改变。

### (二) 内政改革方案

在第一部分"国家与欧盟"中,两党阐发了改革奥地利管理模式的必要性和目标,即提高公共管理质量,更贴近民众,提高效率,减少成本,有效利用公共资源。而实现这些目标,首要的措施就是使公共职责、税收收入和支出实现"三位一体",这不可避免地将给奥地利的联邦体制带来变革。因为奥地利长期的联邦"集权"特征,使得职责和财政资源的收入与支出存在明显的脱节,联邦形成了对职权和财政资源的垄断,但是地方政府却是完成公共职责的主角,其自主性和独立性遭受严重损害,而施政方案中,首先指出要明确划分不同层级政府的职权,并以此为基础确定其应当拥有的财政资源;以职责为导向来改革目前的财政平衡体系,从而让权责与财政资源相匹配;整个财政资源的控制更加明确和透明化,以此保障资源投入产生预期的成效。施政方案只是提出这些方向性和原则性计划,并没有更具体的方案,因此对现有体制究竟会产生哪些影响,目前还难以判断,如果讨论多年的联邦制改革能够进入实质性操作阶段,对奥地利的整个政治体制和"共识民主"模式，将带来较大的冲击和变化。

在第二部分"秩序与安全"中，执政联盟明确提出，必须严格区分哪些是受到威胁和迫害的难民，哪些是非法移民，从而杜绝滥用避难权利的现象；同时，对移民也加强管理，外国人加入奥地利国籍的前提条件是必须能够成功地融入奥地利社会。由于自由党加入执政联盟，相信奥地利未来的难民政策、移民政策会进一步收紧。另外，制订长期规划，通过预算和人员的扩充，加强奥地利国防军的建设，以有效地保障奥地利的安全。当然，也包括捍卫奥地利网络空间的安全。

在"公平和正义"部分，本届政府将致力于改革，让社会保障体系更高效地发挥作用，从而帮助真正的社会弱者。最值得关注的是，政府将采取措施阻止移民进入社会保障系统，因为奥地利公民长期为经济和社会发展贡献力量，他们创造的财富应当由他们享用，而一些并没有在奥地利长期工作的外来移民，将减少他们领取的社会补助金。

在"区位和可持续发展"部分，政府要做的工作集中在四个领域，即加强农村地区的可持续发展，包括创造条件和加强基础设施建设，让农村地区实现数字化和便利的人员流动，并创造更多有竞争力的工作岗位；通过推动能源转型加强生态环境的保护，从而让奥地利在未来更有区位竞争力，吸引到更多的资源投入；同时创造更多的有利条件，让企业的生存和发展更加自由，奥地利是旅游资源极其丰富的国家，旅游产业在国民经济中占有重要的地位，政府将有针对性地给旅游行业减轻赋税负担，并且推动"柏林模式"的禁烟（全部室内场所禁烟）；当然，这一部分的核心是减税，总体目标是将奥地利的税赋负担降到40%，政府将推出一个"EStG 2020"（所得税法2020）计划，即从2020年开始实施新的所得税法，以给企业和个人减负。

可见，在国内改革方面，库尔茨政府坚持自由主义的基本立场，推动奥地利经济竞争力的提高。为了兑现竞选承诺，2018年9月3日，奥地利财政部长罗格宣布，财政部将于2019年推动完成新一轮的税制改革，其目标是减税合计50亿欧元，不仅惠及企业，使一些企业的所得税能够获得减免，小型企业则实现单一税制，由此增强中小企业的竞争力，同时这一轮减税将使中等收入人群获益。① 税制改革是牵涉经济和社会发展领域最广泛的，因此，这场改革究竟如何推进，将引发怎样的经济和社会影响，还有待于进一步观察。

### （三）欧洲政策改革

第一部分中，关于奥地利和欧盟的关系一开始就被表述为奥地利的未来与欧洲的和平、统一计划密不可分，甚至"我们的祖国"是欧盟和欧元的组成部分。"我们"将作为积极的和可信赖的伙伴在欧盟的发展中继续发挥影响和作用，但是"分权"将是一个核心的原则——这一点无疑更具有自由党的色彩，以至于整个这句话的表述成为两党之间的"折中"。接下来，在第二段，则强调"中立"是奥地利在国际关系领域的重要标识，以此为出发点，奥地利才能够成为沟通和协调东西方的桥梁，从而发挥自己独特的作用。在具体措施部分，首先就谈到几年来的难民危机，而解决这些问题的立足点是必须符合奥地利人民的诉求和利益。难民危机确实是近几年来奥地利民众关注的焦点问题，而两党在2017年的大选中之所以能够胜出，也得益于其"强硬"的处理难民危机的政策取向，两党在这一问题上"共识"度比较高，而其"强硬"的基础则是奥地利的民意诉求。可以预见，两党执政未来在奥地利和欧盟层面上，对难民和移民将采取比较严厉的措施。在这一点上，奥地利的"右倾"是毋庸置疑的。

具体的欧洲政策上，第一条就提出本届政府认同容克在2017年3月关于《欧盟的未来白皮书》中提到的第4种未来图景。在欧盟遭遇难民危机，

---

① 《奥地利推进税制改革有望减税50亿欧元》，2018年9月11日，http://www.mofcom.gov.cn/article/i/jyjl/m/201809/20180902785514.shtml。

难以就解决处理危机问题达成一致之时，2016年夏天英国又通过全民公投决定退出欧盟，欧盟的发展面临空前的巨大挑战，在这种背景下，容克向欧洲议会提交"白皮书"，提出欧盟未来发展的5种可能性：第一种发展前景是在2016年9月27个成员国商定的《布拉迪斯拉宣言》及容克于2014年提出的"欧洲新开始"精神下展开经济的改革议程，即让欧洲一体化继续"渐进式"通过不断的革新而前行，出现什么问题，就设置相应的政治和法律议程来探讨解决这些问题。事实上这正是欧洲一体化一路走来、前进的轨迹。第二种发展前景是在27个成员国如果无法在更多领域达成一致的情况下，重新集中致力于统一市场建设，既然在难民、安全、防务等领域无法达成新的共识，那么就暂且将这些问题置于一旁，重新回到欧洲一体化出发的地方，即共同市场，这也是欧洲一体化认同度最高的成果。第三种前景是27国保持现状，但允许在防务、治安、税收或社会问题上同拥有共同利益和兴趣的国家达成合作，也就是说允许不同政策领域下"盟中盟"的建设，或者说允许出现"多速欧洲"，有能力的成员可以独自前行，不必等待其他成员同步。第四种前景是将注意力和有限的资源，以更高的效率投入到制定能够产生价值的政策上，减少在难以产生实际价值的政策方面的投入。这正是奥地利本届政府的诉求，即放弃那些虚无缥缈、遥不可及的宏大政策目标，重点实施"可以完成"的项目，强化欧盟委员会的决策机制，去除议而不决的顽疾。第五个前景是所有成员国共同携手前行，更加深入地推动欧洲一体化。5种发展前景实际上是3条路径，第五条最具理想和雄心，第一和第三条则是保持现状，而第二和第四条则是相当地保守，看上去非常务实，但是如果回避复杂的有争议的关键问题，特别是解决这些问题的体制问题，那么可能连现状也难维持，很可能会走向倒退。

其他的具体措施包括在欧洲议会决策机制的层面上探讨"分权"的可能性；明确反对土耳其加入欧盟，这也立即引发土耳其的批评和抗议；对于欧盟的进一步扩展，本届政府强调必须有清晰的标准，而奥地利支持西巴尔干国家加入欧盟的努力。

由人民党和自由党组成的库尔茨政府，也在上任后积极推进其新的欧盟难民政策。2018年下半年，正值奥地利担任欧盟轮值主席，9月19日在奥地利著名旅游胜地萨尔茨堡举行的欧盟首脑峰会上，库尔茨呼吁欧盟成员国为12月欧盟将出台的扩大欧盟边境与海岸警卫局权限与规模做好准备。该部门目标在于加强欧盟的边境管控，以防止更多的非法移民通过陆路和海上进入欧盟，给欧盟成员国带来安全隐患和其他棘手的经济与社会问题；该部门不仅将被赋予更大的权能，而且至2020年将人员扩充至1万人。自2018年6月欧盟布鲁塞尔峰会做出此项决定后，一些成员国一直存有疑虑，担心成员国的主权将进一步流失。这场非正式峰会结束后，库尔茨对媒体表示，各成员国领导人在会议上同意支持欧盟同埃及等北非国家展开对话，探讨合作、共同解决非法移民问题。库尔茨本人坚持其在移民问题上的一贯主张，他强调移民问题应该通过欧盟加强外部边境保护及与过境国的合作来予以有效的解决，在欧盟内部一直争论难民配额究竟应该如何分配，这显然不是解决问题的办法，他支持深化与埃及等北非国家的合作。据欧洲的相关媒体报道，欧盟正在探讨在2019年2月与阿拉伯联盟举行峰会的可能性。而库尔茨本人已经在9月16日与欧盟理事会主席图斯克一起与埃及总统塞西举行了会谈，讨论欧盟与埃及在经济和非法移民问题上的合作。① 而之前库尔茨作为奥地利外交部长通过与巴尔干地区国家积极合作，关闭非法移民的"西巴尔干通道"，缓解奥地利面临大批难民压境的巨大压力，这也是库尔茨赢得政治声望和民众支持的重要环节。今天来看，库尔茨仍然按照这样的思路来推动欧盟层面非法移民问题的有效解决。

事实上，奥地利对于其欧盟轮值主席的任期非常重视，2018年也被奥地利视为非常有历史联结意味的一年，它是对哈布斯堡王朝产生深远历史

---

① 《欧盟萨尔茨堡峰会同意深化与埃及等北非国家的合作》，2018年9月20日，http://www.xinhuanet.com//2018-09/20/c_1123461891.htm。

影响的1848年革命170周年；是1918年第一次世界大战结束100周年——哈布斯堡王朝走进历史，奥地利第一共和国由此诞生，奥地利人从此开始面对历史、现在、未来相互交织在一起纷繁复杂的国家和民族"认同"；同时，2018年也是1938年奥地利并入法西斯德国的80周年。但是奥地利政府认为，正是跌宕起伏的历史，让奥地利人和其他欧洲人一起，经历了无数的危机和深刻的政治变革。沉痛的历史教训，不仅让欧洲人学会从至暗时刻逃生，更让欧洲人因此而变得更加团结和强大。

奥地利现任政府认为，第二次世界大战后欧洲的持久和平、自由和繁荣是欧洲一体化的巨大成就之体现，而且这一成果必须加以捍卫。在全球化背景下，欧盟目前不仅面临国际竞争的加剧和席卷欧洲的难民潮危机，同时还有气候变化和恐怖主义的威胁，欧盟必须尽快找到应对这些全新挑战、解决问题的方法，才能够捍卫欧洲的成就、价值和欧洲式生活方式，才能服务欧洲的公民并维持欧洲作为一支世界力量的全球地位。应对这些挑战，只能依靠欧盟成员国的团结一致，但是奥地利作为轮值主席，既是其责任也具备雄心为欧盟寻找解决问题方案做出贡献。奥地利地处欧洲中部，并且在1955年确立其中立国地位，传统上一直致力于为欧洲国家之间沟通搭建桥梁，这一次将在欧盟的框架里发挥其作为轮值主席的积极而建设性的作用。

奥地利政府认为，2018年下半年，奥地利作为轮值主席主要面临两大重大任务，一个是欧盟与英国的脱欧谈判，必须达成实质性的方案，以使英国能够在预计的时间点即2019年3月31日有序脱欧，有利于欧盟和英国双方；另一个是欧盟2020后多年财政预算谈判，在欧盟委员会2018年5—6月间公布提案后，需要成员国之间进行进一步协商，以达成一致的意见。两个任务都是"重头戏"，面临诸多的挑战。

事实上，在2018年9月萨尔茨堡欧盟首脑非正式峰会上，关于英国脱欧并没有形成有实质意义的方案。而欧盟委员会5月初公布的《2021—2027

年多年期财政框架》提案中，预算额度为1.279万亿欧元，相当于整个欧盟国内生产总值的1.11%，涵盖单一市场、创新和数字、凝聚力和价值观、自然资源和环境、移民和边境管理、安全和防务、邻国和世界。奥地利政府预计的主要困难是英国将脱欧，也不再支付欧盟预算的相关费用，那么欧盟必须有全新的为成员国所接受的方案。事实上，除此之外，6月19日法国总统马克龙和德国总理默克尔达成欧元区财政体制改革的协议，欧元区将有自己的预算和财政框架，用于推动欧元区的投资项目，并促进19个成员国的经济一体化；并同意为弥合成员国内部贫富差距拟在2021年前推出欧元区预算，并为遏制移民潮加强边境管控。建立财政联盟一直是欧盟深化改革的关键点，国际货币基金组织2018年2月发布的报告指出，欧洲货币联盟不是政治联盟，其成员国之间依然各自非常独立，这使得它们在面临巨大的经济和金融危机时，特别是在公共债务水平非常高的情况下，成员国政府并没有多少空间推出财政政策来应对，因而在危机面前往往显得非常脆弱甚至不堪一击，而且欧元区银行有大量国内主权债务和政府债务，主权和金融危机二者相互推进，从而易于陷入恶性循环。因此，国际货币基金组织主张欧元区应该建立财政联盟，相应地建立银行联盟和资本市场联盟，从而从结构和机制上解决货币联盟的缺失，为未来经济和金融的稳健发展打下制度基础和保障。

虽然默克尔总理在巨大的国内压力之下，仍然支持马克龙总统的建议，与法国携手推进欧元区的改革，但是在随后6月底举行的欧盟布鲁塞尔峰会上，德、法这一改革建议却遭到包括奥地利在内的多个欧元区国家的质疑，峰会只是同意在12月对这一计划展开讨论。

由此可见，奥地利作为轮值主席，任重而道远。2019年5月，欧洲议会将展开新一轮的选举（2014年欧洲议会的选举中，包括奥地利自由党在内的欧盟各成员国的极右民粹主义政党取得了惊人的选举战绩，获得了超过140个欧洲议会的席位，它们质疑欧洲一体化的基本立场，让欧洲议会历史上第一次出现了反对派。时过境迁,像奥地利自由党已经登堂入室成为奥地利的执政党,那么2019年欧洲议会选举后,会出现怎样的政治图景,确实为欧洲和欧洲之外的整个世界所关注),届时成员国的公民们将为欧洲的前途投上他们各自的选票,奥地利政府希望通过其积极的工作,能够为欧盟解决这两个"老大难"问题做出贡献,为欧盟的良好发展做出贡献。

## 三 民粹主义等同于法西斯主义吗?

2000年,人民党曾经由于自由党在1999年联邦议会大选中的"崛起",而选择与其组成执政联盟,但是在当时的政治氛围之下,引发了欧盟的制裁,多个成员国决定暂时中断与奥地利的外交往来。虽然2017年两党再次组成联合政府,不过,在今日的气氛下,欧盟选择平静地接受,只是疑虑仍然存在。虽然近几年来,欧盟成员国内部极右民粹主义政党快速发展,在2017年的几场大选中,都让一些成员国的政坛"地震",荷兰自由党成为第二大党,法国国民阵线候选人成功进入总统大选第二轮并且取得了空前的选举成绩,赢得了超过1/3的选票;但是只有奥地利的自由党正式走上了执政舞台,获得了6个内阁席位,甚至掌控内政、国防、安全部门这些核心而且敏感的部门,不由得引发奥地利内外的担忧。在2017年12月16日,人民党和自由党宣布达成联合执政协议之时,奥地利自由党和来自欧盟其他成员国法国、荷兰、意大利、英国的极右民粹主义政党相聚布拉格,探讨欧洲的未来走向和民粹主义政党如何展开合作,不仅引发欧洲各国主流媒体的广泛报道和担忧,在奥地利本土,社会党党魁、时任总理科恩也公开发表谈话,对奥地利自由党、奥地利和欧洲的未来表示疑虑和担心。

在"共识民主"模式下,党派之间的沟通与合作非常活跃,党派变成了一些社会利益集团特别是经济利益集团的"伙伴"和利益代言人,而且这样很容易形成一些主流党派的"卡特尔化";那么政党作为重要的政治组织,失去了其作为连接公民与国家、表达公民诉求和意愿的中间媒介的应有作用,公民的选举权似乎也失去了意义。从这个意义上说,"反卡特尔化"是民粹主义政党的重要特征,它们的主要目标就是打破主流政党已经建立的政治格局和政治选择方式,打破政治精英们由于垄断带来的"舒适"状态。①

20世纪90年代以来,在欧洲弥漫着一种对现状不满的愤怒情绪,对建制派的政党、体制和政治领袖的支持率持续下滑,公民仿佛经历了一场对西方民主的"幻灭"。这有利于滋生民粹主义,民粹主义政党因此"应运"获得了快速的发展,从而反映出一方面公民诉求迫切的问题本身没有得到有效的解决,另一方面公民和政治精英之间的沟通出现了问题和障碍,因此政治精英没有确切地了解和掌握公民的意愿和要求究竟是什么。②

共识民主是建立在参与的社会群体上的,而多数民主制则是建立在政治精英的竞争基础上。共识民主因为其"包容"度非常宽,但是也"牺牲"了责任,如果决策的推出是由所有行为体参与决定的,出现失误时,究竟谁来承担责任?③ 这种民主形式更容易产生反建制和"反卡特尔化"的民粹主义政党。

以上分析解释了为什么奥地利共识民主模式之下,易于滋生民粹主义政党,那么民粹主义政党正式上台之后,危险几何?如果把奥地利自由党的"崛起"置于欧美民粹主义及民粹主义政党发展的大的时代背景之下,

---

① Richard Katz and Peter Mair, "Changing Models of Party Organization and Party Democracy: The Emergence of the Cartel Party", *Party Politics*, Vol. 1, Iss. 1, 1995, pp. 5 – 28.

② Yves Meny and Yves Surel, "The Constitutive Ambiguity of Populism", in Yves Meny and Yves Surel, eds., *Democracies and Populist Challenge*, Bakingstoke: Palgrave, 2002, pp. 1 – 21.

③ Rudy Andeweg, "Lijphart versus Lijphart: The Cons of Consensus Democracy in Homogeneous Societies", *Acta Politica*, Vol. 36, Iss. 1, 2001, pp. 117 – 128.

可能有助于我们更好地认识民粹主义政党参与执政的前景。

2016年12月初，奥地利自由党候选人霍费尔几乎赢得了奥地利总统大选，英国《卫报》为此有一篇评论题为"为什么这么多奥地利人与几乎赤裸裸的法西斯主义调情"，同月有一篇评论当时共和党候选人特朗普的文章"这就是法西斯主义如何来到美国的"（保守派评论员Robert Kagan）。但是如果回溯历史会发现，两次世界大战之间出现在欧洲的法西斯主义尽管在不同的国家有不同的表现，但是共同的特点是反民主反自由，深深怀疑资本主义。公民最重要的认同是民族，而民族是由宗教和种族来界定的。他们承诺在强有力的领导人的带领下革命性地改变自由民主体制，而用一种新的政治体制来取代，这种体制能够把一个纯粹的民族整合在一起。不过今天的极右民粹主义政党与20世纪30年代的法西斯主义政党有非常大的区别。①

与今天的民粹主义政党产生的环境相类似，实际上从某种意义上来说，法西斯主义也是全球化的产物。在19世纪晚期和20世纪初期，资本主义全球化快速地大规模地摧毁传统社区、职业和文化习俗，重塑了西方社会，而且那也是一个大规模的移民时代。一方面，大批的农民移居到城市；另一方面，贫困国家大规模的人口移民去追寻更好的生活。面临着如此剧烈的变化，多数人都陷入这样或那样不同程度的迷茫，而一些新涌现出来的民族主义政治家宣称他们能够给予人们答案，保护人们免于市场和外来移民带来的恐惧。法西斯主义运动席卷当时欧洲很多国家，虽然也影响一些国家的政治决策，但是并没有对1914年以前的政治秩序构成根本性的挑战。但是第一次世界大战结束后，欧洲在战争中经济上和物质层面上遭受毁灭性打击，整个过去的生活方式都消失了。特别是欧洲大陆的奥匈帝国、德意志帝国、奥斯曼帝国和俄罗斯帝国都解体了，帝国的废墟上诞生了一系列的新国家，缺乏民主治

---

① Sheri Berman, "Populism is not Fascism", *Foreign Affairs*, Vol. 95, No. 6, Nov/Dec 2016, pp. 39-44.

理的实践，而在德意志和西班牙，旧的体制崩溃了，开始向新的民主体制转型，同样是缺乏实践经验。但是第一次世界大战后的经济和社会重建给这些新政权带来巨大的考验，失业和高企的通货膨胀，到处是暴力和法治的失序。即使这样，第一次世界大战后初期，法西斯政党仍然是非常边缘化的，希特勒1923年啤酒馆暴动的结局是他和他的同伙都进了监狱。但是从第一次世界大战结束一直到20世纪20年代末，这些经济和社会失序的问题仍然没有得到有效的解决，这种背景下，情况发生了很大的变化。①

1929年爆发的全球性经济危机席卷了欧洲国家，经济发展遭遇灾难性打击，最重要的是当时的民主体制对此难以做出有效的反应。如果把美国和德国做一个比较，两个国家都是生产大幅度下滑、失业率高企，为什么结局如此不同？两个国家的政府对危机做出的反应不同。美国的罗斯福政府坚持认为政府应该也能够帮助陷入危机中的公民，从而开始建设美国的现代社会福利制度；而当时的德国政府却采取了紧缩政策，让经济发展雪上加霜，失业率扶摇直上。而欧洲多数国家的政府都没有对这场危机做出积极的反应，到20世纪30年代初期，自由派政党在欧洲几乎到处都失去了信誉，因为它们坚信市场的力量，政府不插手经济和社会生活，在史无前例的大危机面前几乎袖手旁观。社会党在危机面前也束手无策，告诉民众只有等到资本主义制度崩溃，他们的生活才有改善的机会。而法西斯政党正是在危机中人们对民主体制失望的背景下，利用机会发展壮大。他们指责民主政府脆弱、无效率，承诺用全新的体制取代民主制度，国家要创造工作岗位、扩展社会福利制度给纯粹种族的公民，铲除吸血鬼资本家（通常是犹太人），并且整合资源为国家利益服务。他们消除矛盾和冲突、建设和谐社会的基本途径是把种族中不纯粹的部分清除。法西斯政党的支持者主要是男性、中低收入阶层和退伍士兵，但是他们的支持基础在两次世界

---

① Sheri Berman, "Populism is not Fascism", *Foreign Affairs*, Vol. 95, No. 6, Nov/Dec 2016, pp. 39–44.

大战之间比任何其他政党都要广泛。不过,他们赢得政权还有距离。最后一步,是传统保守派精英协助他们完成的。他们不想失去统治地位,希望利用法西斯政党保有他们的精英地位,因此对法西斯政党的发展采取了纵容的策略。墨索里尼和希特勒上台时他们还幻想最终他们能够控制或者清除掉这些法西斯主义政治家。①

对今天有什么启发?看看今天的民粹主义者,勒庞或者特朗普,他们首先也宣称代表经常以宗教或者种族来定义的"人民",承诺保护他们的利益,不受那些外来的他们无法控制的因素的损害。在这一点上与法西斯是非常相像的。但是不同点也非常明显。最大的不同就是他们批评今天的民主制度运作失效,对人们的诉求失去反应,但是并不是要取代民主制度,而是要提升它的效率或者说改善它的功能。他们没有提供另外的一种制度选择。因此极右政党并不是法西斯政党,而更多的是民粹主义政党,代表普通的老百姓反对那些腐败的、失去基础的、脱离群众的精英和体制。他们反对自由主义,但是不是反民主的。这个差别,与法西斯政党比较起来,不是小的差别。即使民粹主义政党掌握了执政权,但是民主制度还在那里,那么就存在这种可能,即未来选举中民粹主义政党也可能落选。其实,这正是民主制度最大的力量所在,即它能够修正错误。另外,今天经济和社会问题的严重程度、民众的愤怒情绪,都不能与两次世界大战之间相比,而且民主制度有深厚的基础,在美国和欧洲国家有成熟的政党、规范的政治机构和政治程序,有充满活力的公民社会,给公民提供了多元的渠道表达他们的关切、影响政治决策、实现他们的诉求。当然西方不应该自满,与其探讨极右政党对民主制度的威胁,不如探讨如何解决困扰民主制度的问题,如何对公民的诉求做出真正有效的回应。否则

---

① Sheri Berman, "Populism is not Fascism", *Foreign Affairs*, Vol. 95, No. 6, Nov/Dec 2016, pp. 39–44.

民主制度确实要陷入麻烦当中。①

最新的一场由自由党引起的关于"新闻自由"的风波，很形象地向人们展示了极右民粹主义政党在现有体制框架内参与执政的真实状况，一方面令人担忧，另一方面现行的政治机制和其他行为体都对自由党形成了强大的制约。

2018年9月底，参与执政联盟的自由党陷入了一场危害新闻自由的风波，执掌重要政府部门内政部的是来自自由党的基克尔（Herbert Kickl）。2017年12月政府组建时，内政、安全、情报等敏感部门落入自由党手中，当时在奥地利和欧盟都引发很多担忧和讨论。而9月底，奥地利的多个权威媒体如《新闻报》（die Presse）都报道，内政部的发言人普尔茨尔（Christoph Plzl）日前给各州警察部门发出的一份电子邮件中提到，应该对经常进行负面报道的媒体采取措施，仅限于给其提供基础性信息，但是限制其获取更多的所谓独家新闻。这一消息传出后，引起奥地利各界的强烈反应。各大新闻媒体都对此展开强烈批评，总理库尔茨也在第一时间表态，奥地利不能容忍对新闻自由的限制；来自绿党的总统范德贝伦也强调新闻自由是奥地利的宪法原则，是奥地利自由民主体制的体现。对于助手引发的丑闻，内政部长表示完全不知情，并且强调无论是他本人还是他的助手从未质疑过民主、法治和言论自由这些奥地利宪法的基本原则。

这件事情的发生不禁让人想起，现任奥地利副总理的自由党主席施特拉赫曾抱怨奥地利主流媒体对作为"非主流"政党的自由党不公平，特别是奥地利电视台的金牌主持人伍尔夫在其主持的关注度极高的专栏节目中，一直营造自由党的负面形象，影响了自由党在2017年大选中的表现和选民对自由党的支持。在施特拉赫成为副总理后，于2018年2月，在脸书上发文称"有一个地方制造谎言和虚假新闻"，同时上传了伍尔夫在播音室的照

---

① Sheri Berman, "Populism is not Fascism", *Foreign Affairs*, Vol. 95, No. 6, Nov/Dec 2016, pp. 39 – 44.

片。随后，愤怒的伍尔夫和奥地利电视台将施特拉赫告上法庭，3月中旬，双方达成了庭外和解。施特拉赫在一份报纸（Kronen Zeitung）上发布广告，说明其在脸书上所发的帖子内容不属实，同时在脸书上也发布同样内容的帖子，并且持续10天。伍尔夫认为，达成庭外和解比长年累月地打官司的解决方式更好。除此之外，施特拉赫在支付诉讼费用之外，赔偿1万欧元，这笔钱伍尔夫将捐赠给奥地利抵抗运动资料馆。不过奥地利电视台对施特拉赫提起的诉讼仍将继续进行。虽然这样的结局符合主流价值观，但这件事情本身并不止表面上看上去那么简单。奥地利广播电视台与其他欧洲大陆国家的广播电视系统一样，属于"公法广播电视"，由受众缴费来维持运营，并且由一个由社会各界人士包括政党组成的监事会来代表公众进行监督，独立于资本和国家管控，以捍卫大众传媒的自主和独立的地位。但是事实上，与德国和瑞士等其他欧洲国家一样，虽然法律上"公法广播电视"的地位是独立的，不过在实际运作中，政党尤其是执政党通过监事会还是能够施加比较大的政治影响；因此，近年来，"公法广播电视"的模式一直受到质疑和批评。瑞士于2018年2月全民公投反对"公法广播电视"再向受众收费，这意味着"公法广播电视"体系在瑞士将走向终结，瑞士在广播电视领域将开启自由竞争的时代。这肯定会对奥地利起到示范作用。奥地利这一领域的复杂性体现在，不仅相当多的公民不满政党对"公法广播电视"施加影响力，而且其收费水平一直居高不下、令人不满。更深层次的问题是，人民党和社会党作为长期拥有执政地位的传统主流政党，对"公法广播电视"也一直拥有自己的政治影响；而自由党作为"建制"外政党一直对这一局面不满，目前，自由党走上了执政舞台，也希望施加自己的影响，在大众传媒领域打破主流政党的"垄断"——就像在其他经济和社会领域一样，而公众担心的也正是在这里：自由党长期以来在一些公众心目中难以摆脱支持法西斯的烙痕，它一旦施加影响，会不会出现目前这一幕，即自由党欲动用国家手段，限制新闻自由？如果新闻自由被限制，社会的"共识"将用何种方式形成呢？

　　这种担心不仅体现在大众传媒领域，社交媒体上也有广泛的讨论。不过，人们还应该看到奥地利政治对此的更进一步反应。2012年成立的代表中产阶级的"新奥地利和自由论坛"（NEOS）紧急在议会国民院提交了对政府不信任投票申请，该党的女议员公开批评内政部长是"披着狼皮的狼"。来自社会党的批评则更为尖锐，认为这是基克尔对民主的"入侵"；而且社会党将这件事放在更广泛地背景下来分析和探讨，认为自由党所为，与其他国家的右翼政党一样，首先是从接管安全情报部门入手，接下来就会对独立司法和自由媒体施压。欧洲记者联合会表示，这是奥地利对新闻自由的侵害，其主席拉赫戴恩斯基（Otmar Lahodynsky）认为基克尔在压制媒体方面有"前科"可循，并不是第一次对自由媒体出手；在波兰和匈牙利，目前新闻自由都遭受了制约和限制，基克尔是想追随这些国家的脚步，其所作所为与一个民选政治家身份不符。奥地利报纸协会也发声指出，新闻自由是民众知情权的保障，奥地利必须对所有媒体一视同仁，不能歧视和区别对待。① 行政管理学教授特莱特尔（Hannes Tretter）进一步分析指出，这一事件牵涉的不仅仅是新闻记者，如果媒体所报道的范围被限制，那么人们的知情权就会受到损害，这不符合国家的公共利益。在民主国家，重要的是民众能够通过新闻媒体获得广泛而多样性的信息，这样有利于人们对事实形成自己的自主判断，但是如果对新闻媒体预设价值导向，就等于是先形成一个判断，然后再把这个判断传递出去，这是对公民权利的损害。② 因此，在奥地利现有的政治体制之下，无论是政府、国会议员，还是社会团体、学者等，都是捍卫民主的力量，对任何可能破坏民主体制的言

---

　　① ORF, "Empoerung nach Kickls Rechtfertigung", September 26, 2018, https://orf.at/stories/3036221/.

　　② ORF, "Problem nicht nur fuer Journalisten", September 26, 2018, https://orf.at/stories/3033781/.

行形成制约，不仅在奥地利国家层面上，同时也在欧盟层面上，欧洲记者联合会的发声就是明证。

四 "左翼"力量在哪里？

回顾2013年联邦议会大选，社会党获得26.8%选票，人民党获得23.9%，自由党得到20.5%；在联邦议会国民院中，社会党和人民党各占有51席，自由党占有38席。最后社会党再一次选择与人民党结成"大联盟"政府，共同执政，让自由党成为议会中的少数反对派。

2017年10月联邦大选中人民党获得31%的选票，社会党26.8%，自由党25.9%；人民党取得了62个联邦议会国民院席位，社会党仅有52席，自由党则成功取得51席。人民党最终选择与自由党联合执政，社会党成为议会中的反对派。联邦参议院人民党取得22席，社会党21席，自由党16席，其他2席，总计61席。显然人民党和自由党联盟，社会党在联邦参议院也只能以反对派出现。

社会党成为反对派，在其网站上，目前挂在首页的是社会党欲在奥地利推动"don't smoke"（禁烟）。已经有接近90万奥地利公民签名，这说明公民迫切希望能够更好地保护非吸烟者的健康和权益。因此，社会党要求黑蓝政府（人民党和自由党）必须处理这个议题。社会党执行主席恩迪-瓦格纳（Pamela Rendi-Wagner）表示，接下来的几周时间里，将与联邦议会中其他的政党进行沟通，目标是推动跨党派的申请，要求对禁烟进行全民公投。她认为这个议题非常重要，关系到每个公民的健康，特别是儿童和青少年的健康，因此党派之争理应被置于一旁。据统计，在奥地利每年有13000人死于由吸烟引起的疾病。相比于其他欧洲国家，奥地利在公共场所禁烟方面一直处于落后状况，其他国家早就推出严格的规范，禁止在一切室内公共场所吸烟，像奥地利的邻居瑞士，即使在寒冷的阿尔卑斯山冬天，吸烟者也必须在室外吸烟，不能影响酒吧、餐馆等公共场所的其他顾客。但是在奥地利禁烟的推进阻力重重，令很多民众极其不满，看似是一件小事情，但是却暴露了奥地利政治体制的深层弊端。因此，社会党在2017年的大选中跌落到少数派反对党的地步，希望推动这场全民关注的运动重振社会党的声望和影响力。社会党指责黑蓝政府对此不重视，对民众的诉求置若罔闻，特别是自由党，信誓旦旦推动奥地利的直接民主，直呼要向瑞士邻居看齐，并在大选中提出只要征集到25万个公民签名，就可以在奥地利就公众普遍关注的公共议题举行全民公投，但是这一次已经征集到近90万的签名，自由党尚未作出明确的反映。[1] 这件事情的进展很值得关注，一旦成功举行全民公投，对奥地利既有政治决策体制必然带来深刻影响，即使这个主题不是关于欧盟，不是关于移民，但是它在奥地利非常重要，具有标志性的意义。假如在这一次能够实现直接民主的突破，那么未来奥地利直接民主的发展将非常引人注目。而公民直接民主权利的行使，势必对传统的两大阵营对政治权力和政治决策的垄断带来根本性的冲击，奥地利目前运行的带有浓厚精英色彩的、封闭性强的"共识民主"模式会发生真正意义上的变化。

如前所述，"禁烟"是执政联盟施政计划的内容之一，而推动直接民主又是自由党"反精英"的重要主张之一，如今这两项改革的推进，社会党已经扛起了大旗。那么作为联邦议会中少数派反对党的社会党，如何痛定思痛，重新深入调研选民的真正诉求，并且通过真正的创新，探索新的模式和政策，从而重整旗鼓，并给奥地利政坛注入新的活力，这确实值得关注，也值得期待。

工会目前在奥地利也比较活跃。保守派和极右派联合政府为了加

---

[1] SPOE, "Don't Smoke: SPOE kaempft fuer Volksabstimmung", October 9, 2018, https://spoe.at/story/don%E2%80%99t-smoke-spoe-kaempft-fuer-volksabstimmung.

快奥地利经济的发展，计划对现有的劳动法加以修改，而修改的重要内容之一就是允许将每天的工作时长延长到12小时，即达到每周60小时。人们熟悉的欧洲福利国家是工作时长的不断缩短，在一些行业甚至每周工作时长低于40小时，而奥地利政府此举无疑改变了人们的固有印象。奥地利工会对此非常不满，坚决反对将现有的每周工作时长40小时做出任何形式的延长，并且认为奥地利政府逆历史发展潮流而动，大幅度地延长工时，难以理解和接受。在工会的号召之下，2018年7月初，近10万人在奥地利首都维也纳举行示威游行，抗议政府的决策方案。但是库尔茨政府对此十分执着，尽管第一次爆发如此大规模的针对库尔茨政府的抗议行动，政府还是在接下来的那一周里通过了这项提议，并且将于2019年起正式实行。每天工作12小时，对奥地利人来说难以想象，但是已经成为现实。工会公开表示，抗议的行动不会停止，将一直持续到2019年，甚至应该推动在奥地利为此举行全民公投。但是库尔茨政府辩护说，延长工时是奥地利工商界的长期诉求，用法律的形式回应这一诉求，并不是工作时间必然延长，而是给企业的操作提供更多的灵活性，以利于企业提高竞争力。应该说，从20世纪欧洲工人通过长期艰难的斗争赢得了8小时日工作时长，成为保护每个劳动者权利的标志性的胜利，进入21世纪的今天，却有一股逆向潮流在发展，确实非常值得关注。应该说，右翼政党以往推动的劳动力市场改革、福利体制改革等，无疑都在向资本集团倾斜，而工作时间在劳动保护领域极其具有象征性意义，肯定是作为"中右"翼的人民党向"右"移动的显著现象。那么，工会在新的条件下，如何集结工人的力量，甚至借由新一轮关于工作时间的抗争，推动奥地利的直接民主权利，从而给奥地利模式带来改变，也值得进一步关注和期待。

相信在未来奥地利探寻变革的道路上，左翼的力量不会缺席。

## ◇第四节 "奥地利模式"给予欧盟的启示

奥地利新政府的欧洲政策很明确地强调奥地利的主权地位，这与自由党理念融入执政联盟有直接的联系。从更深层面来分析，一些学者认为从奥地利的角度来看，民族国家的强烈认同是未来欧盟民主体制发展绕不开的重要课题。欧盟一体化的治理模式，如果有效地运作，必须让布鲁塞尔掌握更多的治理权限，从而制定统一的规范，建立统一的秩序，这无疑是合乎逻辑的发展路径，也正是欧洲一体化事业的成就所在。但是，每个欧盟成员国自身的民族国家认同问题都是在长期的历史发展中形成的，而且非常复杂，必须予以充分的尊重，否则将会在未来影响欧洲一体化事业的前行。以奥地利来说，奥地利是一个"迟到的"民族国家，第一次世界大战后奥地利告别分崩离析的哈布斯堡王朝，建立第一共和国，实行现代民主制度；但是关于这个新组建的国家的认同几乎没有展开，在经历了"并入"法西斯德国、第二次世界大战后被占领之后，奥地利确立了中立地位，才开始一个全新的民族国家共同体的生活。在第二次世界大战后经济恢复时期，艰难时事迫使奥地利人必须推动统一的国家发展战略，而20世纪50年代确立起来的"共识民主"决策模式，则在整合社会中相互对立的物质利益和社会文化观念方面做出了突出的贡献。正是经济、政治和社会领域里的实践，让奥地利人感受到这个新国家共同体的"共同"命运和"共同"事业，从而有助于人们形成国家认同。所以，建立国家认同在第二次世界大战后的奥地利是缓慢的，直至今天仍然是现在进行时，但是它对奥地利第二次世界大战后发展至关重要，如果缺失了共同命运和共同事业的强烈感觉，第二次世界大战后建立的奥地利民主政治制度就不会得到巩固和发展，这正是奥地利第一共和国的深刻教训——当时虽然搭建起来现代民主制度框架，通过了现代国家的宪法，但是人们对这个新国家如此"陌生"，对它的"感觉"（feeling of national identity）缺失，这是造成第一共和国民主制度崩溃，最后走上跟随法西斯的道路的重要原因之一。简言之，奥地利的历史教训之———离开共同体的认同，民主缺乏可持续性发展。[1]

如果更进一步分析，在第一共和国时期，由于国家认同缺失，公民在这一政治文化的深层领域普遍感到迷茫和困惑。所以，一方面面对已然存在的社会经济利益的不同诉求，以及意识形态领域的分歧，当时的政府和社会并没有很好的应对之策；而在这种情形下，另一方面则出现了一个可供选择的方案——那就是加入一个共同的"德语共和国"，即共同的语言和宗教传统是国家认同的重要方面，所以奥地利"并入"法西斯德国，与其国民的某种深层诉求不无关联。这一奥地利独特的历史经历和教训，说明一个非常重要的问题：如果没有解决现实的经济和社会矛盾的有效机制和措施，现实利益上的分歧势必将社会划分为不同的群组，而不同群组之间没有办法沟通和调和，"共同体"就会分崩离析，人们可能会在超越现实的层面上去寻找一个"共同体"，最容易找到的"着陆点"就是共同的语言和宗教传统。但是如果把认同仅局限在语言和宗教传统上，从奥地利的历史经历来看，并没有拯救奥地利，而是几乎将其推入深渊，显然这一认同基础是非常狭窄的。奥地利第二次世界大战后，通过"共识民主"决策模式的运作，在调和社会不同群体的诉求方面取得了很好的成绩，克服了第一共和国的体制弊端。不过，仅仅有"共同"的经济和社会利益，仅仅有外在层面的共同点，还是远远不够的，因为外在的利益诉求总是存在这样或那样的分歧和争议，而如何处理这些矛盾和纷争，仅靠外在的法律和制度，在遭遇新的或者特别的挑战时往往并不能真正地解决，还需要内在的"共

---

[1] Josef Melchior, "The Austrian Understanding of Democracy and the Democratization of the EU", Paper for the Workshop on "National Traditions of Democratic Theory" ECPR Joint Sessions of Workshops-Uppsala 13–18th, April 2004.

同"点来支撑。如前所述,自由党的崛起,一方面,在某种程度上反映出全球化和欧洲一体化给奥地利不同社会群体的经济和社会价值重新分配带来的全新挑战;另一方面,第二共和国长期对奥地利国家认同问题采取"回避"的姿态,企图用外在的经济和社会发展成就、美丽的国土和风光、人们喜闻乐见的体育俱乐部等来"替代"内在的认同,没有深入和广泛地探讨"奥地利从哪里来""我们究竟是谁"这些核心问题。因此,在这块"空白"领域,自由党在适当的历史时机和条件下,乘虚而入了。自由党的崛起,反映了奥地利必须面对和解决的问题,同时,它也正是欧盟必须面对和解决的问题:欧盟有一体化事业的辉煌成就,但是今天在欧债危机、难民危机中暴露出来的问题,有外在的规范和体制问题,也有内在的认同问题。奥地利的教训给欧盟提供了一个必须重视的样板,而目前奥地利的问题与欧盟的问题又相互交织在一起了。

从奥地利自身的经历,在欧洲一体化的条件下,认同本身应该是多层次的。在第一次世界大战后,一些州就曾经想脱离奥地利;甚至到20世纪80年代,福拉尔贝格、蒂罗尔、克恩顿、施泰尔马克等西南部一些州的居民对州比对奥地利联邦更具有归属感。除此之外,也有很多奥地利人对其所生活的村庄和城市、州、奥地利国家同时有归属感,只不过这种归属感是在不同层面上的。所以从这个意义上说,欧盟框架之下,不是某种归属感和认同取代另一种归属感和认同,而是多种归属与认同并存,因为欧盟政治的运作本身也是多层治理模式。①

因此,奥地利的经历和对奥地利经历及其教训的探讨,对欧盟也富于启发意义。事实上,奥地利国家认同和欧盟认同今天也是相互关联、紧密联系在一起的,而认同问题对巩固和发展奥地利和欧盟的民主都是至关重

---

① Josef Melchior, "The Austrian Understanding of Democracy and the Democratization of the EU", Paper for the Workshop on "National Traditions of Democratic Theory" ECPR Joint Sessions of Workshops-Uppsala 13 – 18$^{th}$, April 2004.

要的。所以，奥地利面对其历史记忆和叙事，不仅要解决好自身"软性"层面的国家认同，同时也要解决好对欧盟的认同。自由党的"崛起"捅破了这个问题，让人们看到解决这一问题的迫切性，但是答案在哪里？只有继续关注欧盟和奥地利政治发展的动向。

# 附录一

# 相关统计表格

## 一 瑞士与欧盟的关系①

附表1-1 瑞士与欧盟成员国经济增长率的对比（相比于上一年的增长率，%）

| 国家和地区 | 2016年 | 2017年 |
| --- | --- | --- |
| 瑞士 | 1.4 | 1.0 |
| 欧盟28国 | 2.0 | 2.4 |
| 德国 | 1.9 | 2.2 |
| 法国 | 1.2 | 1.8 |
| 意大利 | 0.9 | 1.5 |

附表1-2 瑞士与欧盟人均BIP的对比（欧元）

| 国家和地区 | 2016年 |
| --- | --- |
| 瑞士 | 57900 |
| 欧盟28国 | 27000 |
| 德国 | 34700 |
| 法国 | 31700 |
| 意大利 | 25900 |

---

① "Eidgenoessisches Department fuer auswaertige Angelegenheiten EDA", Schweiz – EU in Zahlen, April 26, 2018, https://www.eda.admin.ch/dam/dea/de/documents/faq/schweiz – eu – in – zahlen_ de.pdf.

附表1-3　　　瑞士与欧盟成员国失业率的对比（年平均率,%）

| 国家和地区 | 2016 年 | 2017 年 |
|---|---|---|
| 瑞士 | 5.0 | 4.8 |
| 欧盟 28 国 | 8.6 | 7.6 |
| 德国 | 4.1 | 3.8 |
| 法国 | 10.1 | 9.4 |
| 意大利 | 11.7 | 11.2 |

附表1-4　　　瑞士与欧盟成员国青年失业率的对比（%）

| 国家和地区 | 2016 年 | 2017 年 |
|---|---|---|
| 瑞士 | 8.6 | 8.1 |
| 欧盟 28 国 | 18.7 | 16.8 |
| 德国 | 7.1 | 6.8 |
| 法国 | 24.6 | 22.3 |
| 意大利 | 37.8 | 34.7 |

附表1-5　　　2017年瑞士的货物出口（10亿瑞士法郎,%）

| 出口目的地 | 总量 | 占总出口额的比重 |
|---|---|---|
| 瑞士 | 220.53 | 100 |
| 欧盟 28 国 | 117.07 | 53.09 |
| 德国 | 41.14 | 18.66 |
| 法国 | 13.6 | 6.17 |
| 意大利 | 13.54 | 6.14 |
| 美国 | 33.69 | 15.28 |
| 日本 | 7.33 | 3.32 |
| 中国 | 11.4 | 5.17 |

附表 1-6　　2017 年瑞士的货物进口（10 亿瑞士法郎,%）

| 进口来源地 | 进口额 | 占总进口额的比重 |
|---|---|---|
| 瑞士 | 185.73 | 100 |
| 欧盟 28 国 | 132.64 | 71.42 |
| 德国 | 52.33 | 28.18 |
| 法国 | 14.76 | 7.95 |
| 意大利 | 18.01 | 9.70 |
| 美国 | 12.69 | 6.83 |
| 日本 | 3.55 | 1.91 |
| 中国 | 13.00 | 7.00 |

附表 1-7　　2017 年欧盟的货物出口（10 亿欧元,%）

| 出口目的地 | 出口额 | 占总进口额的比重 |
|---|---|---|
| 欧盟 28 国 | 1878.78 | 100 |
| 美国 | 375.46 | 19.98 |
| 中国 | 198.16 | 10.55 |
| 瑞士 | 150.81 | 8.03 |
| 俄罗斯 | 86.16 | 4.59 |
| 土耳其 | 84.74 | 4.51 |
| 日本 | 60.45 | 3.22 |
| 挪威 | 50.71 | 2.70 |

附表 1-8　　2017 年欧盟的货物进口（10 亿欧元,%）

| 进口来源地 | 进口额 | 占总进口额的比重 |
|---|---|---|
| 欧盟 28 国 | 1855.91 | 100 |
| 中国 | 374.57 | 20.18 |
| 美国 | 255.48 | 13.77 |
| 俄罗斯 | 145.10 | 7.82 |
| 瑞士 | 110.34 | 5.95 |

续表

| 进口来源地 | 进口额 | 占总进口额的比重 |
|---|---|---|
| 挪威 | 77.41 | 4.17 |
| 土耳其 | 69.75 | 3.76 |
| 日本 | 68.57 | 3.70 |

附表1-9　　2017年欧盟的服务贸易出口（10亿欧元，%）

| 出口目的地 | 出口额 | 占总服务贸易出口额的比重 |
|---|---|---|
| 欧盟28国 | 881.69 | 100 |
| 美国 | 232.56 | 26.38 |
| 瑞士 | 123.22 | 13.98 |
| 中国 | 42.31 | 4.80 |
| 日本 | 33.27 | 3.77 |
| 俄罗斯 | 27.44 | 3.11 |

附表1-10　　2017年欧盟的服务贸易进口（10亿欧元，%）

| 进口来源地 | 进口额 | 占服务贸易进口总额的比重 |
|---|---|---|
| 欧盟28国 | 700.27 | 100 |
| 美国 | 214.93 | 30.69 |
| 瑞士 | 70.41 | 10.06 |
| 中国 | 28.82 | 4.12 |
| 日本 | 17.00 | 2.43 |
| 俄罗斯 | 11.87 | 1.70 |

附表1-11　　2016年外国直接投资在瑞士（10亿瑞士法郎，%）

| | 投资额 | 占总投资额的比例 |
|---|---|---|
| 合计 | 965.48 | 100 |
| 欧盟 | 756.62 | 78.37 |

续表

|  | 投资额 | 占总投资额的比例 |
| --- | --- | --- |
| 荷兰 | 322.78 | 33.43 |
| 卢森堡 | 193.95 | 20.09 |
| 美国 | 124.20 | 12.86 |
| 奥地利 | 42.71 | 4.42 |
| 法国 | 37.87 | 3.92 |
| 德国 | 25.20 | 2.61 |
| 日本 | 5.26 | 0.55 |
| 意大利 | 4.85 | 0.50 |

附表1-12  2016年瑞士在海外的直接投资（10亿瑞士法郎,%）

| 投资目的地 | 投资额 | 占总投资额的比重 |
| --- | --- | --- |
| 合计 | 1214.72 | 100 |
| 欧盟 | 634.31 | 52.22 |
| 美国 | 234.38 | 19.30 |
| 卢森堡 | 173.52 | 14.29 |
| 荷兰 | 128.28 | 10.56 |
| 英国 | 54.16 | 4.46 |
| 法国 | 50.52 | 4.16 |
| 德国 | 39.10 | 3.22 |
| 中国 | 21.40 | 1.76 |
| 新加坡 | 16.06 | 1.32 |
| 巴西 | 10.67 | 0.88 |

## 二 奥地利与欧盟的关系[①]

**附表 1-13　2017 年奥地利出口统计 (%)**

| 出口目的地 | 占奥地利总出口额的比重 |
| --- | --- |
| 欧盟 27 国 | 69.79 |
| 美国 | 9.54 |
| 其他欧洲国家 | 9.52 |
| 亚洲 | 9.05 |
| 澳大利亚 | 1.16 |
| 非洲 | 0.91 |

**附表 1-14　2017 年奥地利进口统计 (%)**

| 进口来源地 | 占总进口额的比重 |
| --- | --- |
| 欧盟 27 国 | 70.9 |
| 亚洲 | 12.9 |
| 欧洲其他国家 | 9.7 |
| 美国 | 5.2 |
| 非洲 | 1.0 |
| 澳大利亚 | 0.1 |

**附表 1-15　奥地利货物出口占 BIP 的比重 (%)**

| 项目 | 1995 年 | 2017 年 |
| --- | --- | --- |
| 货物出口占 BIP 的比重 | 33.6 | 54 |

---

① WKO,"Oesterreich in der EU", July, 2018, https://news.wko.at/news/oesterreich/eutt_Oesterreich-in-der-EU.pdf.

附表1-16　奥地利出口欧盟"新成员国"统计（10亿欧元）

| 年份 | 出口至"新成员国" | 出口至波兰、匈牙利、捷克、斯洛伐克、斯洛文尼亚 |
|---|---|---|
| 2003年 | 11.3 | 9.7 |
| 2005年 | 13.9 | 11.4 |
| 2007年 | 18.9 | 15.5 |
| 2009年 | 15.2 | 12.7 |
| 2011年 | 19.7 | 16.7 |
| 2013年 | 20.1 | 16.9 |
| 2014年 | 20.7 | 17.6 |
| 2015年 | 23.0 | 19.0 |
| 2016年 | 23.0 | 18.6 |
| 2017年 | 25.0 | 20.0 |

附表1-17　2017年奥地利海外直接投资（10亿欧元）

| 投资目的地 | 资金规模 |
|---|---|
| 欧盟 | 141 |
| 其他欧洲国家 | 25 |
| 美国 | 17 |
| 亚洲 | 15 |
| 非洲 | 1 |

附表1-18　2017年奥地利在东欧国家作为直接投资者的排序

| 投资目的地 | 排序 |
|---|---|
| 波黑 | 1 |
| 克罗地亚 | 1 |
| 斯洛文尼亚 | 1 |
| 塞尔维亚 | 1 |
| 保加利亚 | 2 |
| 斯洛伐克 | 2 |
| 捷克 | 3 |
| 匈牙利 | 4 |

# 附录二

# 合作机制、社会平衡发展与提高竞争力

## ——以德国的经验为例*

在经济全球化不断推进、全球竞争日益加剧的背景之下，每个国家都为进一步提高自己的区位吸引力和竞争力而努力。但在推动竞争力提高的过程中，人们往往更为重视一些能够直接促进经济发展和进步的因素。尤其是地方政府，为了提高本地的经济增长指数，创造更佳政绩，对经济集团的利益诉求非常重视，在制定公共政策时，注意听取它们的意见，力求所推出的政策能够更好地为企业服务，支持它们创造更多的经济价值。事实上，在中国一些经济发达的地方，经济利益集团已经开始对政府决策发挥影响作用。① 但是这里存在着一个引人注目的问题，那就是一些地方对经济之外的社会发展因素没有给予充分的关注，经济上相对弱势群体的劳动、收入、医疗等缺乏有效的保障，社会不同阶层之间的差距在扩大，存在社会失衡发展的潜在危险，这也必将对经济的可持续发展带来不利的影响。因此如何有效地解决这一问题，成为政府和社会共同关注的焦点。关于如

---

\* 由"社会伙伴"关系的建立而形成的"共识民主"模式，在德语区表现得非常突出和"典型"，而最具影响力的莫过于"德国模式"，瑞士与奥地利的模式虽然与德国有诸多相似之处，但是由于领土、人口和经济规模的差异而呈现出"小而美"的独特之处。本文为笔者早期的论文，仅供作为理解瑞士和奥地利模式的参考。原载于《教学与研究》2007 年第 6 期，《新华文摘》2007 年第 17 期整文转载。

① 程浩等：《中国社会利益集团研究》，《战略与管理》2003 年第 4 期。

何加强中国的竞争力包括地方层面竞争力问题已经有很多讨论，并形成了较为系统的竞争力评价体系。① 但已有的研究很多都集中在经济实力和发展方面，对社会和谐因素没有予以充分的重视，而潜在的社会冲突因素不仅仅是社会和政治领域的问题，它最终也会使经济发展为此付出巨大成本代价。另外，已有的研究或者把政府与经济利益集团的沟通视为有利于地方经济发展的因素，或者把政府与代表弱势群体的社会利益集团的沟通视为有利于缓和社会矛盾、实现社会稳定的因素，② 而没有把经济和社会利益集团置于同一个对话平台上。因此本文将从欧洲国家德国的经验对中国具有的启发和借鉴意义角度出发，探讨如何通过建立和完善社会对话与合作机制，一方面推动社会平衡发展，另一方面促进竞争力的提高，从而把公平和效率有机地联结起来。

## 一 社会均衡发展是竞争力的组成部分

欧洲发达国家德国在19世纪后半期工业化突飞猛进时期，也曾把经济发展作为国家的战略目标，非常重视煤炭、钢铁、机械、化工等重工业的发展。例如，为了获得促进工业发展足够的技术和人力资源，国家开始推出相应的政策，推动教育和科研事业的建设，使科教界的成果直接为生产领域服务。但国家推出的这一整套的综合的政策存在一个明显的倾向，那就是向资本集团倾斜，为提高经济发展的效率服务，劳工的利益诉求相对来说被忽略。由于工人的工资非常低廉，使其很难有效地解决自身衣食住行问题，而且社会保障的缺乏，使工人在因为工伤、疾病和年老而失去劳动能力时，其个人和

---

① 邹薇：《再论国家竞争力的内涵及其测度体系》，《经济评论》2003年第3期；车文富：《国家竞争力理论综述》，《国际商务研究》2000年第1期；倪鹏飞：《中国城市竞争力报告》，社会科学文献出版社2003年版。

② 王名等：《中国社团改革》，社会科学文献出版社2001年版；邓国胜：《非营利组织评估》，社会科学文献出版社2001年版。

家庭的生活陷入困境，这就引发了劳资关系的持续紧张和工人运动的持续高涨，给社会和政治生活带来很大的不稳定因素，而社会的动荡不仅给经济的继续发展直接带来威胁，甚至威胁到资本主义制度的继续生存。为了解决这一突出的社会问题，当时的德国政府并没有采取简单粗暴的方式镇压工人运动，而是通过社会立法来满足劳工阶层最紧迫的生存需求。俾斯麦当政时期先后于1883年颁布疾病保险法，1884年颁布工伤事故保险法，1889年颁布残疾和老年保险法，这使德国在世界历史上首开先河，在制度上奠定了保护社会弱势群体劳工阶层利益的基础，从而缓解了劳资之间的紧张关系，从此德国社会主义运动逐渐脱离了暴力革命路线而走向议会民主道路。德国现代化进程中总结出来的这一经验显示，要真正实现经济的可持续发展，不能忽视社会的稳定，必须重视社会的平衡发展，这就要求公共政策的制定者不能只关注资本集团的利益取向，同时也要关注所有社会利益群体的诉求。第二次世界大战后，联邦德国在承继德国工业化发展这一经验和传统的基础上，更是进一步完善了倾向社会弱势群体的以养老、医疗和失业为核心的社会保障制度。与美国模式和日本模式相比，德国的社会支出占GDP的30%以上。[1]所以德国第二次世界大战后取得的成就不仅体现在创造经济奇迹上，同时也体现在社会的高度平衡发展上。而高水平的社会支出和高效的经济发展并不矛盾，正相反，由于弱势群体获得了有保障的生活条件，那么在经济层面上强势和弱势群体之间的冲突得以制度化地解决，减少了由于社会冲突而带来的巨大经济成本；高水平的社会支出也有利于提供训练有素的劳动力；较高的社会支出无疑提高了劳动力成本，使企业产生了通过扩大投资提高生产力的强烈动因，从而推动了经济现代化和经济的长期繁荣。[2] 因此，社会的平衡发展是德国竞争力的一个重要组成部分，它与经济高速发展构成了德国模式的两翼，二者相辅相成。

---

[1] Manfred G. Schmidt, *Wohlfahrtstaatliche Politik*, Opladen: Leske + Budrich, 2005.
[2] Manfred G. Schmidt, *Wohlfahrtstaatliche Politik*, Opladen: Leske + Budrich, 2005.

## 二 合作机制是联结平衡发展和竞争力的桥梁

由于在全球化条件下资源和信息以前所未有的速度流动着，所以今天的民族国家政府要想提高本国的区位吸引力和竞争力，必须对经济和社会发展外部环境的瞬息万变具有更敏感的反应能力，在此基础上及时制定应对措施，把稍纵即逝的资源吸引过来，这就对政府的公共决策提出了极高的要求。在这种条件下，公共决策不能只单纯依靠政府的力量孤立地完成，必须依靠社会的力量。既然经济发展和社会稳定都是竞争力的不可或缺的组成部分，那么政府在制定促进竞争力提高的公共政策时，就不能只关注资本集团，也必须关注劳动集团的意愿和诉求。只有这样，政府才能够全面地吸收社会和经济发展的信息，在制定政策时，对不同的社会利益群体在经济、政治、社会和文化等方面的主张和要求进行综合性的分析和权衡，从而保障所推出的政策能够不向某一个利益群体如资本集团倾斜而忽视其他相对弱势的社会群体，同时保障政策不只片面地解决某一方面如经济发展效率问题，而是顾及社会的全面、均衡发展。由此推出的公共政策才能得到比较广泛的社会认同，才能获得社会的支持，为公共政策的顺利施行奠定良好的基础。那么政府怎样依靠社会的力量，从而有效率地制定和施行公共政策？这就要依靠与社会的"合作"机制。社会利益集团是联结公民和政府的重要"媒介"。社会利益集团在一个国家政治生活中所发挥的作用体现在以下三个方面。第一，把其所代表的社会群体的利益要求传递给政治决策者，因为社会中存在不同的利益群体和集团，它们的利益和价值取向存在着很大的差别，而公共政策对所有的社会成员和组织都具有重要的影响，政府有必要听取不同群体的意见来获取完整的社会发展信息。第二，由于在制定公共政策时存在着不同利益集团之间的冲突，而德国的政治决策机制是在制定公共政策时政府与代表各个利益集团的组织进行沟通和协商，所有利益集团都能平等地提出它们的利益诉求，从而平衡各个集团的利益，避免利益冲突的可能性。例如，德国进入20世纪90年代以来，经济发展方面碰到很大的困难和挑战，一方面德国经济增长乏力，另一方面失业率一直居高不下，这也给德国的社会保障体系带来很大的压力，因为失业意味着创造财富的人减少了，但同时享受社会救济的人却增加了。对于如何从这一困境中解脱出来，各方意见不一。一种观点主张，德国经济发展效率在下降，一个不容忽视的原因是德国的劳动力成本过高，这方面有必要做出调整；[1] 而劳动集团即工会一方对此则坚决反对，认为应该通过其他结构改造措施解决德国的问题，而不是单纯地降低工人的待遇。[2] 第三，由于在制定政策时不同的利益集团都充分地表达了自己的意愿和要求，并且在政府的主导下相互协商和相互妥协，在与政府达成协议的基础上，社会利益集团协助政府在其所代表的社会群体中有效地推行国家政策。[3] 之所以在利益集团媒介作用下，政府与社会的合作能够促进公共政策的成功制定和执行，主要原因在于节约费用成本，提高效率。第一，在信息方面，单个社会成员对公共政策的利益诉求是千差万别的，如果政府面向每个社会成员吸收相关的信息，会陷入信息的海洋，得到的信息会是非常零碎和分散的；但如果由利益集团传递信息，它会对本集团成员的各种要求进行整合，经过整理和过滤的程序，使它们更能集中和明确地反映这一特定社会群体的利益。第二，在协调方面，经过各方利益团体与政府相互协作，更易于化解各种利益冲突和矛盾，把各方力量集中在一个总体目标之下，有利于及时推出解决问题的方案，从而提高公共政策的效率。第三，在执

---

[1] Hans-Werner Sinn, *Ist Deutschland noch zu retten*, Muenchen: Econ Verlag, 2003. pp. 115 – 153.

[2] DGB Bundesvorstand. Stellungnahme des DGB Bundesvorstandes, Abt. Mitbestimmung und Rechtspolitik zu dem Bericht der Kommission Mitbestimmung von BDA und BDI. 2004 – 11 – 12.

[3] Wolfgang Rudzio, *Das politische System der Bundesrepublik Deutschland*, Opladen: Leske + Budrich, 2000, pp. 106 – 110.

行方面，由于目标的整合和一致性，各种社会群体更容易配合，高效率地实现既定的政策目标。[①] 在政府与社会的合作框架之下，德国的经验使我们看到了和谐的社会和高度的经济增长之间的内在联系，特别重要的是这种联系是以合作为媒介的。

### 三　合作机制的基础

从德国的经验来看，以社会利益集团为中间媒介的政府和社会的合作能顺利进行，必须具备观念、法律、组织三个方面的基础。首先，德国并没有将社会发展的目标局限在单纯的经济领域和经济效率方面。德国在第二次世界大战后建立了比较完善的"社会市场经济"理论体系，并把它作为制定战后经济和社会政策的基础和指导。在"社会市场经济"理念里，自由竞争带来效率和财富，但在分配财富的方式上不能任凭市场的规则和资本的强势作用，而是需要借国家之手对市场经济进行一定程度的"修复"，通过国家介入的二次分配，避免出现贫富差距过大的情况，从而使广大的劳动者也能够分享经济成长和发展的果实。[②] 社会发展的目标不只体现在社会生产总值的增长上，而且还体现在让所有的社会成员都能过上不失尊严的生活。因此，衡量德国成功的标准就不只局限在经济效率方面，而且还包括社会公平。社会和解和团结是德国模式的重要组成部分，这种观念为广泛的和成功的社会合作奠定了坚实的基础。其次，在这种理念支配下，德国的公共政策不只关注规范资本自由竞争的秩序，同时也关注劳动

---

[①] Helmut Voelzkow, "Neokorporatismus", in Uwe Andersen, Wichad Woyke (Hrsg.), *Handwoerterbuch des politischen Systems der Bundesrepublik Deutschland*, Opladen: Leske + Budrich, 1993, pp. 362–363.

[②] Uwe Andersen, "Soziale Marktwirtschaft/Wirtschaftspolitik", in Uwe Andersen, Wichad Woyke (Hrsg.), *Handwoerterbuch des politischen Systems der Bundesrepublik Deutschland*, Bonn: Bundeszentrale fuer politische Bildung, 2000, pp. 534–537.

方面。第二次世界大战后的德国，不仅资本利益集团，同时代表劳工利益的工会都有了很大的发展，成为公民利益申诉的一个重要的渠道。德国无论是在联邦还是在地方政府层面都制定了政府的议事规则，在牵涉经济和社会发展问题决策时，由政府、雇主集团和工会三方的代表进行协商和讨论。这实际上是由国家搭建了一个组织的平台，在这个协商的舞台上，劳工和雇主集团充分发挥其利益代表的作用，为社会和解和稳定做出贡献。最后，无论是观念还是组织机制，必须有法律支持才能真正推行开来。在第二次世界大战后联邦德国基本法中明确规定，德国是一个社会国家，这就意味着社会平衡发展的理念是德国的一条宪法原则，是制定其他法律法规和政策的基础，如果联邦或地方政府的法规和政策单纯地向资本集团倾斜，就违背了宪法。正是有了这条宪法原则，德国才会建立完善的社会平衡发展体制，并真正地发挥作用。另外，德国宪法规定结社是每个公民的宪法权利，从而在宪法层面保障了公民通过利益集团这一政治参与渠道实现利益诉求，给广泛的社会对话和协商机制的建立奠定了有力的法律基础。

## 四 对中国的启示

从比较视角来看，其他国家在从传统社会向现代社会转变、实现工业现代化过程中，都曾在不同形式和程度之下遭遇到在经济快速发展中贫富差距加大、广大的劳动群体劳动条件和生活水平落在经济发展程度后面的问题。像德国这样的发达国家，在处理这一问题时，及时地调整了发展策略，开始关注经济和社会弱势群体的生存状态和利益诉求，重视社会平衡发展，并在观念转变的基础上，逐步通过立法和建立相应的制度解决这一问题，最后建立了独树一帜的兼顾公平和效率的发展模式，并取得傲人的成绩。但确实也有一些发展中国家由于没有重视社会平衡发展问题，致使贫困群体的生活被"优胜劣汰"的资本自由竞争的法则无情地冲垮，导致社会矛盾激化，并且由此造成政治上的动荡；而社会和政治的不稳定直接影响了经济的可持续发展，甚至带来经济发展的倒退。从这个意义上说，中国作为世界上最大的发展中国家，有必要借鉴其他国家发展中的经验和教训。事实上，自2004年党中央确立了建设和谐社会的发展目标以来，社会平衡发展、共同富裕和进步的发展理念已经深入人心。一方面，政府为了推动和谐社会建设，加大了在社会保障制度建设、新农村建设等方面的投入，力图缩小社会阶层和不同地区之间的发展差距，同时在评价各个地方发展时，把社会公正和稳定、环境保护等都列入了评价指标，促使地方政府在公共政策领域更为重视社会和谐因素；另一方面，公众也越来越多地把社会公正与和谐作为评判公共政策和公共管理的标准，这种价值观念的转变无论是在公众参与的公共事务决策方面的听证会，还是在公共舆论平台上的讨论都真切地反映出来。应该说，"和谐社会"体现了党、政府和社会在总结中国改革开放几十年经验和教训基础上完善了具有中国特色的发展理念。但在解决社会失衡发展问题时，仍碰到很大阻力和困难，比如在解决老百姓实现"住房梦""看病难"等切实问题时，政府的政策导向是有利于老百姓的需求和利益的；但在实际操作中，由于被触及巨额利润，既得利益集团并没有积极予以配合，社会团结与社会和谐的理念在它们那里仍难得到落实。除了政府在经济等方面施行必要的调控手段外，要真正解决这一问题，还有必要建立相应的组织机制。例如，借鉴欧洲国家的社会合作与对话机制，由政府搭建沟通平台，在不同社会利益集团充分讨论和博弈的基础上，做出公共政策的最优选择。一旦有了这样的机制，无论是社会强势还是弱势集团，在探讨公共问题时，都会树立一种全局的意识，即任何经济和社会发展问题都是全体社会成员所共同面对的，它的解决只能依靠全体社会成员的努力，如果某一集团只狭隘地拘泥于自身的利益，它坚持的解决问题的方案得不到其他社会集团的认同和支持，那么它也很难实现自己的计划和预期目的。只有与其他社会群体和集团进行合作，并通过对话和协商做出适当的妥协和让步，这样才能实现所有利益集团的利益"共赢"。有了这样的机制，不仅会强化不同社会集团的整体、团结、合作的意识和观念，更为重要的是在操作层面上"强制性"设置了一个按钮和开关，不通过利益的博弈，解决问题的政策不能够出台。目前，听证制度被各级政府采用作为制定公共政策时吸纳民意的一种有效的方式，如果能在此基础上形成一种规范化和常规化的机制，把主要的社会利益群体纳入这个对话和合作的系统里来，会有利于公共政策的全局性、公正性和高效性，不仅会有效率地促进经济和社会事务的发展进步，也会推动和谐社会的实现。当然，要建设和完善社会对话机制，还必须制定和完善相关的法律法规，在法律上明确社会集团的利益代表地位和范围，并支持代表不同群体的社会利益集团平等地表达各自的不同诉求，同时对社会对话和合作的具体操作给予详尽的规定，保障其有效地施行。应该说，在改革开放之后，特别是20世纪90年代以来，社会集团有了非常大的发展，在制定和执行政府决策时发挥了一定的影响作用，为推动经济和社会发展做出了努力和贡献。但其法律地位尚不明确，而且由于缺乏对话机制的相关规范，社会集团的发展非常不均衡，经济利益集团比其他社会利益群体的发展速度更快、掌握资源更多、政治和社会影响力更强势。因此，只有法律层面上的建设更完善，才能通过社会合作的健康发展，推动社会平衡发展与和谐社会的实现。

# 参考文献

《奥地利推进税制改革有望减税 50 亿欧元》，2018 年 9 月 11 日，http：//www.mofcom.gov.cn/article/i/jyjl/m/201809/20180902785514.shtml。

陈宣圣：《奥地利向何处去》，《瞭望新闻周刊》2000 年第 14 期。

方祥生：《"社会伙伴关系"成为奥地利平稳发展"压舱石"》，《光明日报》2014 年 4 月 10 日第 8 版。

顾周皓：《青年失业困扰欧盟》，《浙江日报》2013 年 7 月 8 日第 7 版。

黎念青：《瑞士医疗体制特征及其启示》，《中国社会保障》2004 年第 11 期。

梁锡江：《奥地利总统大选与分裂的欧洲》，《文汇报》2016 年 5 月 25 日第 6 版。

凌馨：《全民发钱这种好事，瑞士人为什么是拒绝的》，2016 年 6 月 6 日，https：//www.xinhuanet.com//world/2016-06/06/c_129043-67.htm。

[美] 史蒂芬·贝莱尔：《奥地利史》，黄艳红译，中国大百科全书出版社 2009 年版。

《欧盟萨尔茨堡峰会同意深化与埃及等北非国家的合作》，2018 年 9 月 20 日，http：//www.xinhuanet.com//2018-09/20/c_1123461891.htm。

曲星：《从海德尔现象说开去》，《世界知识》2000 年第 5 期。

王海霞：《奥地利社会民主党研究》，北京广播学院出版社 2003 年版。

项梦曦:《奥地利政党落下帷幕,右翼政党又下一城》,《金融时报》2017年10月18日第10版。

谢飞:《重新回到增长轨道 奥地利经济缓慢复苏》,《经济日报》2013年11月26日第7版。

中国银行股份有限公司、社会科学文献出版社编:《奥地利》,社会科学文献出版社2015年版。

左凌英:《瑞士:全球最佳养老国家》,《沪港经济》2015年第11期。

"2018 duerfte jede Person erstmals ueber 10000 Franken fuer ihre Gesundheit ausgeben", *Neue Zuercher Zeitung*, June 13, 2017, https://www.nzz.ch/schweiz/gesundheitskosten-in-der-schweiz-2018-duerfte-jede-person-erstmals-ueber-10 – 0 00-franken-fuer-ihre-gesundheit-ausgeben-ld. 1300609.

Adrian Vatter, "Die Kantone", in Ulrich Kloeti, Peter Knoepfel, Hanspeter Kriesi, Wolf Linder, Yannis Papadopoulos and Pascal Sciarini, eds., *Handbuch der Schweizer Politik*, Zuerich: Verlag Neue Zuercher Zeitung, 2006, pp. 203 – 232.

Alan Siaroff, "Corporatism in 24 Industrial Democracies: Meaning and Measurement", *European Journal of Political Research*, Vol. 36, Iss. 2, 1999, pp. 175 – 205.

Alexander Trechsel and Pascal Sciarini, "Direct Democracy in Switzerland: Do elites matter?", *European Journal of Political Research*, Vol. 33, Iss. 1, 1998, pp. 99 – 124.

Andrea Beer, "Bekenntnisse und Kampfansagen", December 20. 2017, https://www.tagesschau.de/ausland/wien-regierungserklaerung – 101.html.

Andreas Ladner, "Die Schweizer Lokalparteien im Wandel. Aktuelle Entwicklungstendenzen gefährden die politischen Stabilität", *Swiss Policitical Science Review*, Vol. 2, Iss. 1, 1996, pp. 1 – 24.

Andreas Ladner, "Swiss Political Parties: Between Persistence and Change", in

Jan-Erik Lane, ed., *The Swiss Labyrinth: Institutions, Outcomes, Redesign*, London: Frank Cass., pp. 123 –144.

Andrej Zaslove, "Exclusion, Community, and a Populist Political Economy: The Radical Right as an Anti-globalization Movement", *Comparative European Politics*, Vol. 6, No. 2, 2008, pp. 169 –189.

"An Interview with Christian Kern: Austria's Changing Politics", *The Economist*, June 2, 2017.

Anton Pelinka and Christian Smekal, eds., *Kammern auf dem Pruefstand. Vergleichende Analysen und institutionelle Funktionsbedingungen*, Wien: Signum Verlag, 1996.

Anton Pelinka and Sieglinde Rosenberger, *Österreichische Politik Kapitel 8*, (2. Auflage), Demokratiezentrum Wien, 2002, www. demokratiezentrum. org.

Arbeitskammer Oesterreich, "Brutto-Monatseinkommen 2016 in Oesterreich", Januar, 2018, https://ooe. arbeiterkammer. at/interessenvertretung/verteilungsgerechtigkeit/einkommen/WSG_2018_BruttoMonatseinkommen_2016. pdf.

Arend Lijphart, *Patterns of Democracies, Government Forms and Performance in Thirtysix Countries*, New Haven, C. T.: Yale University Press, 2012, pp. 31 –50.

Arndt Leininger: "Direct Democracy in Europe: Potentials and Pitfalls", *Global Policy*, Vol. 6, Iss. 1, 2015, pp. 17 –27.

A. Volkens, P. Lehmann, T. Matthiess, N. Merz, S. Regel and A. Werner, *The manifesto project dataset-Dokumentation.* Manifesto project (MRG/CMP/MARPOR), Version 2015a, Berlin: Wissenschaftszentrum Berlin fuer Sozialforschung (WZB), 2015.

Bernd Marin, *Die Paritaetische Kommission, Aufgeklaerter Technokorporatismus in Oesterreich*, Wien: Internationale Publikationen, 1982, p. 60.

Boris Burri, "Statistik ueber die Erlasse der Bundesversammlung", *Leges-Ge-*

setzgebung & Evaluation, Vol. 18, Iss. 2, 2007, pp. 319 – 326.

Bundesministerium fuer Arbeit, Soziales, Gesundheit und Konsumentenschutz, "Sozialstaat Oesterreich: Leistungen Ausgaben und Finanzierung 2018", https://www.sozialministerium.at/cms/site/attachments/9/1/5/CH3434/CMS1533893861892/sozialstaatoesterreich_web_neu2.pdf.

Cas Mudde, "Europe's Populist Surge", Foreign Affairs, Vol. 95, No. 6, Nov/Dec 2016, pp. 25 – V.

C. Green-Pederson, "The Growing Importance of Issue Competition: The Changing Nature of Party Competition in Western Europe", Political Studies, Vol. 55, Iss. 3, 2007, pp. 607 – 628.

Charbel Ackermann, "Vollzug und Durchsetzung von Berufsbildungsrecht in der Schweiz: eine empirische Untersuchung", Ph. D. dissertation, Universität Zürich, 1984.

Christine Trampusch, "Von einem liberalen zu einem post-liberalen Wohlfahrtsstaat: Der Wandel der gewerkschaftlichen Sozialpolitik in der Schweiz", Schweizerische Zeitschrift für Politikwissenschaft, 2008, pp. 48 – 84.

Claudia Liebeswar and Karin Steiner: "Oesterreichs Strategie zur Bekaempfung der Jugendarbeitslosigkeit: Eckdaten und Massnahmen im Ueberblick", AMS Info, No. 284, http://hdl.handle.net/10419/102528.

Daniel Oesch and L. Rennwald, "The Class Basic of the Switzerland's Cleavage between the New Left and the Populist Right", Swiss Political Science Review, Vol. 16, Iss. 3, 2010, pp. 343 – 371.

Daniel Oesch, Redrawing the Class Map: Stratification and Institutions in Britain, Germany, Sweden and Switzerland, Basingstoke: Palgrave, 2006, pp. 51 – 58.

Daniel Oesch, "Swiss Trade Unions and Industrial Relations after 1990: A History of Decline and Renewal", in Andre Mach and Christine Trampusch, eds.,

*Switzerland in Europe*: *Continuity and Change in the Swiss Political Economy*, London: Routledge, 2011, pp. 82 – 102.

Daniel Oesch, "Weniger Koordination, mehr Markt? Kollektive Arbeitsbeziehungen und Neokorporatismus in der Schweiz seit 1990", *Swiss Political Science Review*, Vol. 13, Iss. 3, 2007, pp. 337 – 368.

Daniel Schwarz and Wolf Linder, *Mehrheits-und Koalitionsbildung im schweizerischen Nationalrat 1996 – 2005*, Bern: Universitaet Bern, Institut fuer Politikwissenschaft, 2006.

*Das konkordanzdemokratische Modell in der vergleichenden Analyse politischer Systeme*, Vaduz: Verlag der Liechtensteinischen Akademischen Gesellschaft, 1991, pp. 13 – 24.

David Altman, *Direct Democracy Worldwide*, Cambridge: Cambridge University Press, 2010, pp. 1 – 29.

David Altman, "Does an Active Use of Mechanisms of Direct Democracy Impact Electoral Participation? Evidence from the US States and Swiss Cantons", *Local Government Studies*, Vol. 39, Iss. 6, 2012, pp. 739 – 755.

Die korporative Verhandlungsdemokratie in Westmitteleuropa, *Swiss Political Science Review*, Vol. 2, Iss. 4, Winter 1996, pp. 1 – 24.

"Die schweizer Politiklandschaft in Bewegung", October 5, 2018, https://www.srf.ch/news/schweiz/1 – jahr-vor-den-wahlen-die-schweizer-politlandschaft-ist-in-bewegung.

Dietmar Braun, "Dezentraler und unitarischer Foederalismus. Die Schweiz und Deutschland im Vergleich", *Schweizerische Zeitschrift fuer Politikwissenschaft*, Vol. 9, Iss. 1, 2003, pp. 57 – 90.

Eidgenoessisches Department fuer auswaertige Angelegenheiten EDA, Schweiz-EU in Zahlen, April 26, 2018, https://www.eda.admin.ch/dam/dea/de/documents/faq/schweiz-eu-in-zahlen_de. pdf.

Emmerich Talos and Bernhard Kittel, *Gesetzgebung in Oesterreich. Netzwerke, Akteure und Interaktionen in politischen Entscheidungsprozessen*, Wien: WUV-Universitaetsverlag, 2001.

Emmerich Talos and Christian Stromberger, "Verhandlungsdemokratische Willensbildung und korporatische Entschedidungsfindung am Ende? Entscheidende Veraenderungen am Beispiel der Gestaltung des oesterreichischen Arbeisrechts", *OEZP* 33, 2004, pp. 157 - 174.

Emmerich Talos and Marcel Fink, "Sozialpartnerschaft in Oesterreich: Das Korporatistische Modell am Ende?", in Sven Jochem and Nico A. Siege, eds. , *Konzertierung, Verhandlungsdemokratie und Reformpolitik im Wohlfahrtsstaat. Das Modell Deutschland im Vergleich*, Opladen: Springer VS, 2003, pp. 194 - 231.

Emmerich Talos, "Interessenvermittlung und partikularistische Interessenpolitik in der Ersten Republik", in Emmerich Talos, Herbert Dachs, Ernst Hanisch and Anton Staudinger, eds. , *Handbuch des politischen Systems Oesterreichs. Erste Republik 1918 - 1933*, Wien, Manz Verlag, 1995, pp. 371 - 394.

Emmerich Talos, "Sozialpartnerschaft. Kooperation-Konzertiertung-politische Regulierung", in Herbert Dachs, Peter Gerlich, Herbert Gottweis, Franz Horner, Helmut Kramer, Volkmar Lauber, Wolfgang C. Mueller and Emmerisch Talos, eds. , *Handbuch des politischen Systems Oesterreichs*, Wien: Manz'sche, 1997, pp. 390 - 409.

Emmerich Talos, *Staatliche Sozialpolitik in Oesterreich. Rekonstruktion und Analyse*, Wien: Verlag fuer Gesellschaftskritik, 1981, p. 143.

Erich Gruner and Hans-Peter Hertig, *Der Stimmbuerger und die 'neue' Politik*, Bern: Haupt Verlag, 1983.

Erich Gruner, "Die Schweiz", in Frank Wende, ed., *Lexikon zur Geschichte der Parteien in Europa*, Stuttgart: Kroener Verlag, 1981, pp. 599 – 625.

Erich Gruner, *Die Wirtschaftsverbaende in der Demokratie*, Erlenbach-Zuerich: Rentsch, 1956, pp. 105 – 106.

Erich Thoeni, "Intergovernmental fiscal relations: Die Verteilung der finanziellen Mittel in Oesterreich", in Peter Bussjaeger, ed., *Kooperativer Foederalismus in Oesterreich, Beitraege zur Verflechtung von Bund und Laendern*, Schriftenreihe des Institutes fuer Foederalismus, Braumueller, 2010, pp. 103 – 120.

Ernst Zehnder, Die Gesetzueberpruefung durch die Schweizerische Bundesversammlung, Ph. D. dissertation, Universitaet St-Gallen, 1988.

"EU Ratchets Pressure on Swiss to Clinch New Treaty", September 22, 2018, https://www.swissinfo.ch/eng/bern—brussels—brexit _ eu-ratchets-up-pressure-on-swiss-to-clinch-new-treaty/44418174.

Federal Council, "Federal Council Continue Negotiations with EU under Current mandate", September 28, 2018, https://www.admin.ch/gov/en/start/documentation/media-releases.msg-id – 72268.html.

Ferdinand Karlhofer, "Verbaende: Organisation, Mitgliederintegration, Regierbarkeit", in Ferdnand Karlhofer and Emmerich Talos, eds., *Zukunft der Sozialpartnerschaft. Veraenderungsdynamik und Reformbedarf*, Wien: Boehlau Verlag, 1999, pp. 15 – 46.

Franz Fallend, "The Rejuvenation of an 'Old Party'? Christian Democracy in Austria", in Steven Van Hecke and Emmanuel Gerard, eds., *Christian Democratic Parties in Europe since the End of the Cold War*, Leuven: Leuven University Press, 2004, pp. 79 – 104.

Franz Traxler and Ernst Zeiner, "Unternehmerverbende", in Dachs, Gerlich, Gottweis, Kramer, Lauber, Mueller and Talos, eds., *Politik in Oester-*

reich. Das Handbuch, Wien: Manzche Verlags-und Universitaetsbuchhandlung, 2006, pp. 371 -388.

Fritz Plasser and Peter A. Uram, "Regionale Mentalitaetsdifferenzen in Oesterreich. Empirische Sondierungen", in Herbert Dachs, ed., Der Bund und die Laender. Ueber Dominanz, Kooperation und Konflikte im oesterreichischen Bundesstaat, Wien: Boehlau Verlag, 2003, pp. 421 -440.

Gabriel Macedo, "Zurueck in die Zukunft", August 28, 2018, https://www.fdp.ch/aktuell/blog/blog-detail/news/zurueck-in-die-zukunft/.

Gerald Stourzh, Um Einheit und Freiheit. Staatsvertrag, Neutralitaet und das Ende der Ost-West-Besetzung Oesterreichs 1945 -1955, Wien: Boehlau Verlag, 1998.

Gerhard Lehmbruch, Proporzdemokratie, Politisches System und politische Kultur in der Schweiz und Oesterreich, Recht und Staat in Geschichte und Gegenwart. Eine Sammlung von Vortraege und Schriften aus dem Gebiet der Gesamten Staatswissenschaften, Tuebingen: J. C. B. Mohr (Paul Siebeck), 1967; Das konkordanzdemokratische Modell in der vergleichenden Analyse politischer Systeme, Vaduz: Verlag der Liechtensteinischen Akademischen Gesellschaft, 1991, pp. 13 -24; Die korporative Verhandlungsdemokratie in Westmitteleuropa, Swiss Political Science Review, Vol. 2, Iss. 4, Winter 1996, pp. 1 -24.

Goesta Esping-Andersen, Politics against Markets: The Social Democratic Road to Power, Princeton, N. J.: Princeton University Press, 1985.

Guenther Burkert-Dottolo, "Mit Optimismus und Skeptizismus in die Zukunft", OEJP, 2003, pp. 559 -581.

Hans-George Betz, "The New Politics of Resentment: Radical Right-wing Populist Parties in Western Europe", Comparative Politics, Vol. 25, Iss. 4, 1993, pp. 413 -427.

Hans Huber, Staat und Verbaende, Tuebingen: Mohr, 1958, pp. 510 -514.

Hans Kelsen, Georg Froehlich and Adolf Merkl, eds., *Die Verfassungsgesetze der Republik Oesterreich*, 5. Teil: *Die Bundesverfassung vom 1, Oktober 1920*, Wien: Verlag Oesterreich, 1922, pp. 53、80.

Hanspeter Kriesi and Alexander H. Trechsel, *The Politics of Switzerland: Continuity and Change in a Consensus Democracy*, Cambridge: Cambridge University Press, 2008.

Hanspeter Kriesi, *Direct Democratic Choice: The Swiss Experience*, Lanham, Md.: Lexington Books, 2005.

Hanspeter Kriesi, *Entscheidungsstruktur und Entscheidungsprozesse in der Schweizer Politik*, Frankfurt: Campus Verlag, 1980, pp. 693 – 697.

Hanspeter Kriesi, "Globalization and the Transformation of the National Political Space: Six European Countries Compared", *European Journal of Political Research*, Vol. 45, Iss. 6, 2006, pp. 921 – 956.

Hanspeter Kriesi, "Restructuring the National Political Space: The Supply Side of National Electoral Politics", in Hanspeter Kriesi, ed., *Political Conflict in Western Europe*, Cambridge: Cambridge University Press, pp. 96 – 126.

Heidemarie Uhl, *Zwischen Versoehnung und Verstoerung: eine Kontroverse um Oesterreichs historische Identitaet fuenfzig Jahre nach dem Anschluss*, Vienna: Boehlau, 1992, pp. 30 – 31.

Helmut Schreiner, "Provinz und Metropole-Die Laender und der Bund aus der Sicht eines Akteurs: Der Foederalismus als handlungsbestimmender Rahmen", in Robert Kriechbaumer, ed., *Oesterreichische Nationalgeschichte nach 1945. Bd. 1: Die Spiegel der Erinnerung. Die Sicht von innen*, Wien: Boehlau Verlag, 1998, pp. 859 – 885.

Herbert Dachs, "Struktur und aktuelle Fragen des Foederalismus in Oesterreich", in Udo Margedant, ed., *Foederalimusreform. Foederalismus in Europa*, Sankt

Augustin: Akademia Verlag, 2002, pp. 32 – 47.

Herbert Obinger, "Federalismus und wohlfahrtsstaatliche Entwicklung. Oesterreich und die Schweiz im Vergleich", *Politische Vierteljahresschrift*, Vol. 43, Iss. 2, 2002, pp. 235 – 271.

Hubert Sickinger, Parteien-und wahlkampffinanzierung in den 1990er Jahren, MS., http://homepage.univie.ac.at/hubert.sickinger.

"Initiative to Stop Free Movement with EU Takes Next Step", August 31, 2018, https://www.swissinfo.ch/eng/switzerland-eu_initiative-to-stop-free-movement-with-eu-takes-next-step/44364496.

Jacob Heilbrunn, "A Disdain for the Past: Jorg Haider's Austria", *World Policy Journal*, Vol. 17, Iss. 2, 2000.

Jan Fivaz and Andreas Ladner, *Fallstudie: Neugestaltung des Finanzausgleichs und der Aufgabenverteilung (NFA) zwischen Bund und Kantonen*, Forschungsbericht, Bern: Universitaet Bern, Oktober 2005.

Jan Flueckiger and Heidi Gmuer, "In der Schweiz fuehrt man nicht, man koordiniert", *Neue Zuercher Zeitung*, 2017.06.03, https://www.nzz.ch/schweiz/bundeskanzler-walter-thurnherr-in-der-schweiz-fuehrt-man-nicht-man-kooperi-ert-ld.1300496.

"Ja oder nein? Wo stehen die Schweizer Parteien", September 8, 2015, www.swissinfo.ch/ger/ja-oder-nein_wahlen-parteien/41627344.

Josef Klaus, *Macht und Ohnmacht in Oesterreich*, Wien: Molden, 1971, p. 108.

Josef Melchior, "The Austrian Understanding of Democracy and the Democratization of the EU", Paper for the Workshop on "National traditions of democratic theory" ECPR Joint Sessions of Workshops-Uppsala 13 – 18th April 2004.

Karl Aiginger, "Die wirtschaftsprogrammatischen Vorstellungen der OEVP 1945 bis 1985", *Schwarz-bunter Vogel*, Wien, 1985.

Karl Ucakar, *Demokratie und Wahlrecht in Oesterreich. Zur Entwicklung von politischer Partizipation und staatlicher Legitimationspolitik*, Wien: Verlag fuer Gesellschaftskritik, 1985.

Klaus Armingeon, "Schweizer Gewerkschaften im internationalen Vergleich: Gemeinsamkeiten und Unterschiede", in Klaus Armingeon and Simon Geissbuehler, eds., *Gewerkschaften in der Schweiz*, Zürich: Seismo, 2000.

Klaus H. Goetz and Jan-Hinrink Meyer-Sahling, "The Europeanisation of National Political Systems: Parliaments and Executives, Living Review", *European Governance*, Vol. 3, Iss. 2, 2008, pp. 1 – 30.

Klaus Schumann, *Das Regierungssystem der Schweiz*, Cologne: Karl Heymanns Verlag KG, 1971, p. 125.

Konrad Lachmayer, "*Demokratierechtliche Analyse des Oesterreichischen Corporate Governance Kodex*", Vienna: Arbeiterkammer, 2013, https://media.arbeiterkammer.at/PDF/Analyse_des_Corporate_Governance_Kodex.pdf.

Linda Rohrer and Christine Trampusch, "Continuity and Change in the Swiss Vocational Training System", in Christine Trampusch and Andre Mach, eds., *Switzerland in Europe: Continuity and Change in the Swiss Political Economy*, London: Routledge, 2011, pp. 144 – 161.

Ludwig Adamovich, Bernd-Christian Funk and Gerhart Holzinger, eds., *Oesterreichisches Staatsrecht, Bd. 1: Grundlagen*, Wien: Verlag Oesterreich, 1998.

Mariani, Daniele, "In Parlament mit flexiblen Koalitionen duerften Kompromisse schwierig sein", November 23, 2015, www.swissinfo.ch/ger/das-neue-schweizer-parlament-mit-flexiblen-koalitionen-duerften-kompromisse-schwierig-sein/41795768.

Martin Greiffenhagen, *Das Dilemma des Konservatismus in Deutschland*, Muechen: Piper Verlag, 1977.

Martin R. Schneider and Mihail Paunescu, "Changing Varieties of Capitalism and

Revealed Comparative Advantages from 1990 to 2005: A Test of the Hall and Soskice claims", *Socio-economic Review*, Vol. 10, Iss. 4, 2012, pp. 731 – 753.

Michael Gehler: "Die zweite Republik-zwischen Konsens und Konflikt. Historischer Ueberblick (1945 – 2005)", in Dachs, Gerlich, Gottweis, Kramer, Lauber, Mueller und Talos, eds., *Politik in Oesterreich, Das Handbuch*, Wien: Manzche Verlags-und Universitaetsbuchhandlung, 2006, pp. 36 – 51.

Michael Hermann, *Konkordanz in der Krise*, Zuerich: NZZ-Verlag, 2011.

Michael Ludwig, Klaus Mulley and Robert Streibel, eds., *Der Oktoberstreit 1950. Ein Wendepunkt der Zweiten Republik*, Wien: Picus Verlag, 1991.

"Mustn't grumble", Special report, *The Economist*, November 22, 2007, https://www.economist.com/special-report/2007/11/22/mustnt-grumble.

"New Survey Finds Nearly Half of Swiss Oppose an EU Framework Agreement", September 30, 2018, https://www.swissinfo.ch/eng/scepticism_new-survey-finds-nearly-half-of-swiss-oppose-an-eu-framework-agreement/44437020.

OECD Economic Surveys, *Austria 2013*, July 2013, p. 10.

"OECD erwartet 2018 hoeheres Wirtschaftswachstum in Oesterreich", OOENachrichten, October 12, 2018, https://www.nachrichten.at/nachrichten/wirts-chaft/OECD-erwartet-2018-hoeheres-Wirtschaftswachstum-in-OEsterreich;art15, 291 0871.

OEVP, "Zusammen. Fuer unser Oesterreich. Regierungsprogramm 2017-2022", https://www.oevp.at/download/Regierungsprogramm.pdf.

ORF, "Empoerung nach Kickls Rechtfertigung", September 26, 2018 https://orf.at/stories/3036221/.

Othma von Matt, "SVP umgarnt jetzt die Secondos: Neues Parteiprogramm mit erstaunlichen Toenen", *Aargauer Zeitung*, July7, 2018, https://www.aargauerzeitung.ch/schweiz/svp-umgarnt-jetzt-die-secondos-neues-parteiprogrammmit-erstaunlichen-toenen – 132781730.

Pascal Sciarini, "From Corporatism to Bureaucratic and Partisan Politics: Changes in Decision-making Processes Over Time", in Pascal Sciarini, M. Fischer and D. Traber, eds., *Political Decision-making in Switzerland: The Consensus Model under Pressure*, Palgrave Macmillan, 2015.

Pascal Sciarini, "More Power Balance, Less Consensus: Changes in Decision-making Structures Over Time", in Pascal Sciarini, M. Fischer and D. Traber, eds., *Political Decision-making in Switzerland: The Consensus Model under Pressure*, Palgrave Macmillan, 2015.

Pepper D. Culpeper, *Quiet Politics and Business Power: Corporate Control in Europe and Japan*, Cambridge: Cambridge University Press, 2011, p. 196.

Peter A. Hall and David Soskice, "An Introduction to Varieties of Capitalism", in Peter A. Hall and David Soskice, eds., *Varieties of Capitalism: The Institutional Advantages of Comparative Advantage*, Oxford: Oxford University Press, 2001.

Peter Blunschi, "Showdown im National Rat", September 11, 2018, https://www.watson.ch/schweiz/session/755508451–showdown-im-nationalrat-das-musst-du-ueber-den-ahv-steuer-deal-wissen.

Peter Buessjager and Karl Koessler, *Die Foederalismusreform in Deutschland and ihre Erkenntnisse fuer die Verfassungsreform in Oesterreich*, Herausgeber und Verleger: Institut fuer Foederalismus, Innsbruck, 2008.

Peter Bussjaeger, "Oesterreich. Verhandlungsfoederalismus im Banne von Budgetsanierung und Verwaltungsreform", in Europaeisches Zentrum fuer Foederalismus-Forschung Tuebingen, ed., *Jahrbuch des Foederalismus 2002. Foederalismus, Subsidiaritaet und Regionen in Europa*, Baden-Baden, 2002, pp. 330 – 342.

Peter Farago and Hanspeter Kriesi, *Wirtschaftsverbaende in der Schweiz: Organisation und Aktivitaeten von Wirtschaftsverbaenden in vier Sektoren der Industrie*, Gruesch: Ruegger, 1986, pp. 45 – 102.

Peter Katzenstein, *Corporatism and Change: Austria, Switzerland and the Politics of Industry*, Ithaca, N. Y.: Cornell University Press, 1984, pp. 133 – 161.

Peter Mair, "The Green Challenge and Political Competition: How Typical is the German Experience", in Stephen Padgett and Thomas Poguntke, eds. , *Continuity and Change in German Politics: Beyond the Politics of Centrality? A Festschrift for Gordon Smith*, London: Routledge, 2001, pp. 99 – 116.

Peter Perthaler and Fried Esterbauer, "Der Foederalismus", in Herbert Schambeck, ed. , *Das oesterreichische Bundes-Verfassungsgesetz und seine Entwicklung*, Verlag: Berlin, Duncker&Humblot, 1980, pp. 325 – 345.

Peter Selb and Romain Lachat, *Wahlen 2003, Die Entwicklung des Wahlverhaltens*, Zuerich: Institut fuer Politikwissenschaft der Universitaet Zuerich, 2004, pp. 6 – 10.

Peter Siegenthaler, "Schweiz entscheidet sich fuer Abschottung", October 19, 2015, www. swissinfo. ch/ger/internationale-pressestimmen _-schweiz-entscheidet-sich-fuer-abschottung/41728192.

"Petra Goessi will die FDP zur Bewegung fuehren", March 24, 2018, https: // www. fdp. ch/aktuell/medienmitteilungen/medienmitteilung-detail/news/petra-goessi-will-die-fdp-zu-einer-bewegung-formen-und-die-wahlen-gewinnen/.

Philippe Koch and Daniel Kuebler, "Aufbruch zu neuen Grenzen? Debatten um den Schweizer Foederalismus", *Zeitschrift fuer Staats-und Europawissenschaften*, Vol. 9, Iss. 2, 2011, pp. 262 – 280.

Philippe Schmitter, "Reflections on Where the Theory of Neo-corporatism has Gone and Where the Praxis may be Going", in Gerhard Lehmbruch and Philippe Schmitter, eds., *Patterns of Corporatist Policy Making*, London: Sage, 1982, pp. 259 – 279.

Pippa Norris, *Democratic Deficit: Critical Citizens Revisited*, Cambridge: Cambridge University Press, 2011, pp. 1 – 17.

Projektorganisation, *Der Neufinanzausgleich zwischen Bund und Kantonen, Schlussbericht der Projektorganisation an den Bundesrat*, Februar 8, 2006, https://www.zrk.ch/fileadmin/dateien/dokumente/nfa/schlussberichtbr.pdf.

Raimund E. Germann, *Politische Innovation und Verfassungsreform: Ein Beitrag zur schweizerischen Diskussion ueber die Totalrevision der Bundesverfassung*, Bern: Haupt, 1975.

Raimund E Germann, *Staatsreform: Der Uebergang zur Konkurrenzdemokratie*, Bern: Haupt, 1994.

Ralph Atkins and Arthur Beesley, "Young Contender Shakes Austria's Old Guard: Profile: Sabastian Kurz", *Financial Times*, London (UK), June 14, 2017, p. 3.

Ralph Atkins, "Austrian Foreign Minister Sebastian Kurz on Migrants and Far Right", *FT.com*, (London), November 3, 2016.

Rene L. Frey, "Standortwettbewerb und Finanzausgleich", in Rene L. Frey, ed. *Foederalismus-zukunftstauglisch?* Zuerich: Verlag Zuercher Zeitung, 2005, pp. 11 – 42.

Rene L. Frey, *Ziel-und Wirkungsanalyse des Neufinanzausgleichs, Bericht zu Handen der Eidg. Finanzverwaltung und der Konferenz der Kantonsregierungen*, May 14, 2001.

Richard Katz and Peter Mair, "Changing Models of Party Organization and Party Democracy: The Emergence of the Cartel Party", *Party Politics*, Vol. 1, Iss. 1, 1995, pp. 5 – 28.

Rick Kuhn, "The Threat of Fascism in Austria", *Monthly Review*, June 2000, pp. 21 – 35.

Robert Kriechbaumer, "Liebe auf den zweiten Blick-die Laender und der Bund 1945. Zu Vorgeschichte und Geschichte der Laenderkonferenzen 1945", in Robert Kriechbaumer, Hubert Weinberger and Franz Schausberger, eds., *Liebe auf den zweiten Blick. Landes-und Oestereichbewusstsein nach 1945*, Wien: Boehlau Verlag, 1998, pp. 15 – 46.

Robert Kriechbaumer, *Parteiprogramme im Widerstreit der Interessen. Die Programmdiskussion und die Programme von OEVP und SPOE 1945 – 1986*, Wien: Verlag fuer Geschichte und Politik, 1990.

Roland Fischer, Tobias Beljean and Jan Fivaz, "Mehr Chancengleichheit und Eigenverantwortung. Der neue Schweizer Finanzausgleich zwischen Bund und Kantonen", *Vierteljahreshefte zur Wirtschaftsforschung*, Vol. 72, Iss. 3, 2003, pp. 407 – 422.

Romain Lachat, "Switzerland: Another Case of Transformation Driven by an Established Party", in Hanspeter Kriesi, ed., *West European Politics in the Age of Globalization*, Cambridge: Cambridge University Press, 2008, pp. 130 – 153.

Ronald L. Watts, *Comparing Federal Systems*, 2. Auflage, Montreal: McGill-Queen's University Press, 1999.

Rudy Andeweg, "Lijphart Versus Lijphart: The Cons of Consensus Democracy in Homogeneous Societies", *Acta Politica*, Vol. 36, Iss. 1, 2001, pp. 117 – 128.

Ruedi Studer, Nico Menzato, Andrea Willimann, Monika Mueller and Spiridon Petridis, "Wo stehen SVP, SP und Co ein Jahr vor den Wahlen? Der grosse Parteien-Formcheck", July 15, 2018, https://www.blick.ch/news/politik/wo-stehen-svp-sp-und-co-ein-jahr-vor-den-wahlen-der-grosse-parteien-formcheck-id8615051.html.

Sandra Lavenex and Frank Schimmelfennig, "EU Rules beyong EU Borders: Theorizing External Governance in European Politics", *Journal of European Public Policy*, Vol. 16, Iss. 6, 2009, pp. 791 – 812.

Sheri Berman, "Populism is not Fascism", *Foreign Affairs*, Vol. 95, No. 6, Nov/Dec 2016, pp. 39 – 44.

"Sleeping with the Enemy", Special Report, *The Economist*, November 22, 2007, https://www.economist.com/special-report/2007/11/22/sleeping-with-the-enemy.

Sozialdemokratische Partei, "Unser Wirtschaft. Vorschlaege fuer eine zukunftsfaehige Wirtschaftspolitik 2019 – 2029", https://waedenswil.spkantonzh.ch/app/uploads/2018/08/wirtschaftskonzept_d_def.pdf.

SPOE, "Don't Smoke: SPOE kaempft fuer Volksabstimmung", October 9, 2018, https://spoe.at/story/don%E2%80%99t-smoke-spoe-kaempft-fuer-volksabstimmung.

"Steuervorlage/AHV-Paket stoesst bei SP-Delegierten auf Zustimmung", September 29, 2018, https://www.swissinfo.ch/ger/steuervorlage-ahv-paket-stoesst-bei-sp-delegierten-auf-zustimmung/44435934.

Susanne Froehlich-Steffen, *Die oesterreichische Identitaet im Wandel*, Vienna: Braumueller, 2003, pp. 115 – 156.

"Tamedia Wahlumfrage 2019", September 30, 2018, https://www.tamedia.ch/tl_files/content/Group/PDF%20Files/Franzoesisch/Bericht_Tamedia_Wahlumfrage3_Sept2018.pdf.

Thomas Delapina, "Sozialer und ziviler Dialog: zwei ungleiche Brueder", in Markus Marterbauer, Michael Mesch and Josef Zuckerstaetter, eds., *Nationale Arbeitsbeziehungen und Lohnpolitik in der EU 2004 – 2014*, Wirtschaftswissenschaftliche Tagungen der AK Wien, Reihne Band 18, Wien: OeGB Verlag, 2015, pp. 310 – 317.

Ulrich Kloeti, "Consensual Government in a Heterogeneous Policy", *West European Politics*, Vol. 24, Iss. 2, 2001, pp. 19 - 34.

"Ungrateful Europeans", Special Report, *The Economist*, November 22, 2007, https: //www. economist. com/special-report/2007/11/22/ungrateful-europeans.

Wilfried Haslauer, "Der Foederalismus Oesterreichs in der politischen Praxis", in Alois Mock and Herbert Schambeck, eds. , *Bundesstaat heute*, Wien 1983, pp. 17 - 35.

William A. Galston, "Politics & Ideas: Is Populism a Threat to Democracy?", *Wall Street Jounal*, Eastern Edition, New York, October 18, 2017, A. 15.

WKO, "Oesterreich in der EU", July, 2018, https: //www. wko. at/branchen/tourismus-freizeitwirtschaft/OesterreichInEU_Oexit. pdf.

Wolfgang C. Mueller and Christian Scheucher, "Persoenlichkeitswahl bei der Nationalratwahl 1994", *OEJP'*, 94, 1994, pp. 171 - 197.

Wolfgang Mueller, "Conservatism and the Transformation of the Austrian People's Party", in Brian Girvin, ed. , *The Transformation of Contemporary Conservatism*, London: Sage Publications, 1988, pp. 98 - 119.

Wolf Linder and Daniel Schwarz, "Moeglichkeiten parlarmentarischer Opposition im schweizerischen System", *Parlament, Parlement, Parlamento*, Vol. 11, Iss. 2, 2008, pp. 4 - 10.

Wolf Linder, "Die deutsche Foederalismusreform-von aussen betrachtet. Ein Vergleich von Systemproblemen des deutschen und des schweizerischen Foederalismus", *Politische Vierteljahresschrift*, Vol. 48, Iss. 1, 2007, pp. 3 - 16.

Wolf Linder, "Europe and Switzerland: Europeanization without EU Membership", in Christine Traumpusch and Andre Mach, eds. , *Switzerland in Europe: Continuity and Exchange in the Swiss Political Economy*, London: Routledge, 2011, pp. 43 - 59.

Wolf Linder, *Politische Entscheidung und Gesetzgebung in der Schweiz*, Bern: Haupt, 1987, pp. 144 – 145.

Wolf Linder, *Schweizerische Demokratie: Institutionen, Prozesse, Perspektiven*, Bern: Haupt, 1999.

Wolf Linder, *Schweizerische Demokratie: Institutionen, Prozesse, Perspektiven*, Bern: Haupt Verlag, 2012.

Wolf Linder, *Villmergen und der lange Weg zum religioesen Frieden*, Vortrag an der Gedenkfeier vom 11. August, 2012, https://www.ag.ch/media/kanton_aargau/bks/dokumente_1/kultur/erinnerungskultur_1/BKSAK_villmergen-gedenken_Linder.pdf.

"Wunderkind: Austrian politics", *The Economist*, June 3, 2017, Vol. 423, Iss. 9043, p. 34.

Yves Meny and Yves Surel, "The Constitutive Ambiguity of Populism", in Yves Meny and Yves Surel, eds., *Democracies and Populist Challenge*, Bakingstoke: Palgrave, 2002, pp. 1 – 21.